ELISABETH LUKAS

Auf dass es dir
wohl ergehe

Für Frau
Prof. Mag. Elisabeth Schüller,
eine exzellente Musikpädagogin,
der ich die größte Freude
meiner späten Jahre verdanke.

ELISABETH LUKAS

Auf dass es dir wohl ergehe

Lebenskunst fürs ganze Jahr

KÖSEL

Inhalt

Vorwort

Das Gedankengebäude der Logotherapie und Existenzanalyse des Wiener Psychiaters und Neurologen Viktor E. Frankl enthält neben einer philosophisch-anthropologischen Fundierung der von ihm begründeten »Dritten Wiener Schule der Psychotherapie« zahlreiche Weisheitsschätze, die es wert sind, im praktischen Alltag umgesetzt zu werden. Es handelt sich dabei um Lebensprinzipien, die Unglück verhindern und Glück erfahrbar machen können. Denn Unglück ist meistens die Folge sinnwidriger Entscheidungen und/oder eine Begleiterscheinung sinnlosen Leides, und Glück ist meistens ein Nebeneffekt sinnvoller Entscheidungen und/oder das Erfülltsein von sinnbezogener Freude. Zwar liegen – von unserem Entscheidungsspielraum abgesehen – weder Leid noch Freude zur Gänze in unserer Hand, doch ist in jedem Fall die »Zutat der Person« mit dabei: *unser persönlicher Beitrag*, von dem abhängt, in welche seelischen Abgründe ein Leid uns hinabzudrücken und in welche himmlische Höhen uns eine Freude emporzujubeln vermag. Von solchen »Zutaten der Person« handelt dieses Buch.

Es will die Leserinnen und Leser mit 52 Denkanstößen Woche für Woche durch das Jahr begleiten. Authentische Geschichten von Kindern und Eltern, Männern und Frauen, sowie kleine Impulse aus der Wissenschaft bilden das Anschauungsmaterial, das, psychologisch kommentiert, Essenzielles verdeutlichen soll. So, wie alle großen Wahrheiten im Grunde sehr schlicht und einfach, aber schwierig zu begreifen und noch schwieriger zu leben sind, so sind auch die Fallbeispiele aus meiner mehr als 30-jährigen Tätigkeit als praktizierende Psychotherapeutin einfach und dennoch vielsagend. Sie erzählen vom Wohl und Wehe des Menschen; von Menschen wie du und ich. Mögen diese Kurzberichte in ihrer Warnungs- oder Vorbildfunktion dem »Wohl« der Leser dienen und ihr »Wehe« verringern – nicht nur im aktuellen Jahr, sondern noch lange darüber hinaus, das wünscht

Elisabeth Lukas

*Der Mensch,
der nur sich liebt, hasst nichts so sehr,
als mit sich allein zu sein. Deshalb suchen
die Menschen so sehr den Lärm und das
Geräusch der Welt, deshalb ist Gefangenschaft eine so schreckliche Strafe, und
deshalb gibt es so wenige Menschen, welche
die Einsamkeit zu ertragen imstande sind.*

(Blaise Pascal)

1. Woche

An sich selbst denken?

Ich bin ein »Kriegskind«, und da meine Großeltern mütterli-
cherseits ausgebombt waren, wohnten sie bei uns in der
2-Zimmer-Wohnung meiner Eltern. Nun gab es in jener
Nachkriegszeit hie und da am Nachmittag einen kleinen Dis-

put zwischen meinen Großeltern, der die Familie zu erheitern pflegte. Es war kein Ehestreit, keineswegs, meine Großeltern waren einander bis zu ihrem Tod von Herzen zugetan. Aber gerade dieses Einander-zugetan-Sein bewirkte den Disput. Es ging nämlich darum, dass manchmal vom Frühstückskaffee eine Tasse voll übrig geblieben und zum Aufwärmen für den Nachmittag aufgehoben worden war. Dann ging ein Zwiegespräch los.

Mein Großvater sagte zu meiner Großmutter: »Hier, trink deinen Kaffee, der wird dir gut tun!« Woraufhin meine Großmutter prompt widersprach: »Nein, nein, trink nur, ich bin nicht durstig.« Großvater ließ dies nicht gelten. »Trink du ihn«, beschwor er meine Großmutter, »du brauchst ihn mehr als ich.« »Mir geht es prima«, wies Großmutter ihn erneut zurück, »du würdest mir wirklich einen Gefallen tun, wenn du ihn trinken würdest.« So ging das Spielchen weiter, mitunter so lange, bis der aufgewärmte Kaffee wieder kalt geworden war. Einer drängte dem anderen die übrig gebliebene Tasse Kaffee auf, wohl wissend, dass das bisschen Koffein, sofern überhaupt eines darin enthalten war, dem unterernährten Körper des anderen die Kraft geben würde, sich bis zum Abend aufrecht zu halten.

Das war die Generation meiner Großeltern, die Generation, in deren Kindertagen sich eine Psychologie entwickelt hat nach der Devise: »Du musst auch einmal an dich selbst denken und dir etwas Gutes gönnen!« Recht hat sie gehabt, diese Psychologie von damals, die den Menschen vor seiner eigenen »Aufopferungswut« bewahren wollte.

Wenden wir uns jetzt der Gegenwart zu. Vor einigen Monaten führte ich ein Beratungsgespräch mit den Eltern von zwei Kindern, einem 1-jährigen und einem 3-jährigen Kind. Der Konflikt bestand in der unterschiedlichen Urlaubsplanung beider Elternteile. Die Mutter sagte zum Vater: »Ich habe die Kinder das ganze Jahr über daheim, deshalb will ich wenigstens drei Wochen abschalten. Nimm du die Kinder und lass' mich wegfahren.« »Kommt gar nicht infrage«, antwortete der Vater, »ich arbeite das ganze Jahr lang für euch, aber wenn ich Urlaub habe, will ich mich ohne Kindergeschrei erholen!« »An mich denkst du überhaupt nicht«, schrie die Mutter zurück, »wenn du mir die Kinder anhängst, wo bleibt dann meine Erholung?« »Das weiß ich nicht«, zuckte der Vater mit den Achseln, »aber mir hängst du sie jedenfalls nicht an ...«

Die Zeiten haben sich gewandelt, neue Generationen sind herangewachsen, und ohne dass ich behaupten möchte, das soeben erwähnte Elternpaar sei repräsentativ für den modernen Menschen schlechthin, muss doch zugegeben werden, dass »Aufopferungswut« mittlerweile rar geworden ist. Was aber geschieht, wenn die Psychologie weiterhin ihre alten Sprüche klopft? Wenn sie etwa den urlaubshungrigen Eheleuten aus dem obigen Beispiel nichts anderes anbietet als den antiquierten Rat, sie mögen an sich selbst denken und sich etwas Gutes gönnen? – Heute brauchen wir eine andere Handelsmaxime. Die Psychologie hat nicht zuletzt ungesunde Extreme auszugleichen und muss sich daher in Erfüllung dieser Aufgabe stets aufs Neue fragen, *welche* ungesunden Extreme in den Strömungen der Zeit gerade die meisten Turbulenzen verursachen, um sie dann möglichst zu entschärfen.

Es gab eine lange, dunkle Periode in der Menschheitsgeschichte, in der der Einzelne von vielerlei Zwängen geknechtet war und Mühe hatte, »sich selbst zu verwirklichen«, wie wir es heute ausdrücken würden. Als sich diese Periode ihrem Ende zuneigte, begann eine noch viel dunklere heraufzudämmern. Eine, in der die Welt, unsere Lebenswelt, von vielerlei Zwängen geknechtet ist: von Zwängen, die von den herrschenden Kapitalmärkten, von der medialen Informationsüberflutung, von der Überbevölkerung der Erde, vom Machbarkeitsrausch der Technologie und von ideologischen Fanatismen ausgehen. Was jetzt gebraucht wird, ist nicht mehr die Selbstverwirklichung des Einzelnen, sondern *die*

Verantwortlichkeit vieler, das Wissen, Mitverantwortung zu tragen im Weltgeschehen. Nach der Befreiung von der sinnlosen »Aufopferungswut« muss etwas in diesem Ausmaß noch nie Dagewesenes entstehen: die sinnvolle »Opferbereitschaft im Namen aller« – Egoismus ist heute keine vertretbare Alternative mehr.

Von daher gewinnen die Ideen Frankls, der niemals irgendwelchen egoistischen Handlungsmotiven das Wort geredet hat, zunehmend an Gewicht. Er sprach bereits zu Sigmund Freuds Zeiten von einer therapeutischen »Erziehung zur Verantwortung« – als die Beschäftigung mit der menschlichen Psyche noch pure »Nabelschau« war, wenn auch eine »Nabelschau« mittels hochpräziser seelenärztlicher Okulare. Das Verständnis der eigenen Psychodynamik, wie es tiefenpsychologisch angepeilt wird, genügt jedoch nicht, um den Menschen zu einer ihm und seinem Daseinsraum entsprechenden Lebensführung zu befähigen.

Der Mensch, seinem Wesen nach geistige Existenz, fragt nach dem ihm Übergeordneten; der Blick auf den »Nabel« kann beim Ego nicht stehen bleiben, er gleitet suchend weiter, die »Nabelschnur« entlang zum Woher des Lebens, zum Wohin des Lebens und zum Sinn des Lebens. Bei dieser Suche reichen die seelenärztlichen Okulare jedoch nicht aus, wir müssen die weniger präzisen, aber dafür komplexeren philosophischen und theologischen Okulare, die uns zur Verfügung stehen, mit heranziehen, und selbst mit ihrer Hilfe erschauen wir das Übergeordnete nicht – nur seinen Abglanz, der in unser Innerstes fällt. Dieser Abglanz durchstrahlt und durchklingt uns und ruft uns via Gewissen auf, die Leuchtspuren des »Logos« in jeder Stunde zu entdecken und ihrem Rufe zu folgen.

So könnte man in Anspielung an Sigmund Freuds Konzepte sagen, dass auch die Psychotherapie nach Viktor E. Frankl etwas ins Bewusstsein heben möchte, das in manch kritischem Falle einem Menschen nicht oder fast nicht bewusst ist. Doch dreht es sich dabei weder um verdrängte

Schocks, noch um heimliche Wünsche, die ihrem Träger offenbart werden sollen, sondern um die Bewusstmachung der dem Menschen immer wieder dargebotenen Sinnofferte des Lebens und um die Bewusstmachung seiner persönlichen Verantwortung, sie – zum Wohle aller Beteiligten – zu realisieren. *Das* befähigt ihn, Gutes zu tun, und wer Gutes tut, tut sich selbst das Beste, obwohl er dabei an sich selbst am wenigsten denkt.

Das alles klingt sehr rational, dennoch ist Bewusstmachung kein rein rationaler Akt. So bewusst, dass man es auch beherzigt, wird einem nur, was man über das Verstehen hinaus emotional erspürt und empfindet. Deswegen sind bei jeder Bewusstmachung Verstand und Gefühl gleichermaßen bedeutsam: Die geistige Erhellung muss einhergehen mit seelischen Schwingungen, die den Wechsel vom Dunklen und Ungeschauten zum Hellen und Einsichtigen mit vollziehen. Das zu erkennende Sinnofferte der Stunde soll den Menschen anrühren und berühren, damit er zügig zu dessen Umsetzung schreitet. So kommt es in der Psychotherapie nicht bloß auf rationale Abwägungen, sondern auch auf die Weckung und Aktivierung von Gefühlen an.

Allerdings müssen wir, was diese Weckung und Aktivierung von Gefühlen betrifft, Acht geben, dass wir nicht den heute verbreiteten »Gefühlsexhibitionismus« der westlichen Psychokultur unterstützen. Im Gegensatz zur asiatisch-östlichen Kultur, in der Gefühlsäußerungen eher verpönt sind und es als eine hohe Tugend gilt, seine Gefühle schützend zu verbergen, ist es bei uns Mode geworden, sich und seine Gefühle öffentlich zur Schau zu stellen. Die Selbstdarstellung hat Hochkonjunktur, was auf jene psychologisch forcierte »Nabelschau« zurückgeht, von der die Rede war. Denn es ist doch klar, dass jemand, der nur auf Selbstverwirklichung und Selbsterfahrung ausgerichtet ist, bald nichts außer seinem eigenen »Nabel« mehr sieht und daher leicht in Gefahr gerät, diesen für das Höchste und Vorzeigenswürdigste zu halten. Aber nicht nur dies. Die Gefühle, die bei einer solchen

Selbstbeobachtung und Selbstbespiegelung in psychotherapeutischen Etablissements zum Vorschein kommen, sind
mehrheitlich vom Weltbezug abgekoppelt. Allzu häufig sind
es kleinliche Ängste, narzisstische Sehnsüchte, hochstilisier-
te Frustrationen und wehleidige Selbstbemitleidungen, die
zu einem endlosen Klagefluss über des Lebens Beschwerden
gerinnen. In einen solchen Fluss ist das Kraftwerk »Verantwortung« nicht einzubauen, seinen Fluten ist kein Energie-
potenzial abzugewinnen. Die Welt ist nicht zu retten durch
Menschen, die ihre eigenen psychischen Zustände zum Mittelpunkt ihres Lebens machen und die extrapsychische Wirklichkeit um sich herum vergessen. Es muss uns heute um
mehr gehen, als um die Überwindung eines innerseelischen
Unbehagens, und wir haben heute mehr zu erobern als nur
unser seelisches Gleichgewicht, nämlich *eine menschenwürdi-
ge Zukunft für uns und unsere Kinder!* Da lohnt es sich schon,
den Blick vom eigenen »Nabel« zu lösen und Gefühle in etwas zu investieren, das über das Ich hinausreicht, Gefühle,
die Energien freisetzen könnten zur geistigen Erneuerung
unseres Geschlechts.

*Eine Wahrheit
kann erst wirken, wenn der
Empfänger für sie reif ist.*

2. Woche

Lernen! Lernen!

Eine allein stehende, nicht berufstätige Mutter, die von der Witwen- und Waisenrente lebte, kam zu mir wegen ihres achteinhalbjährigen Sohnes Johannes (Name geändert). Das Kind hatte erhebliche Schulschwierigkeiten. Es war aus der ersten Klasse Grundschule wegen fehlender Schulreife wieder ausgeschult worden, hatte die erste Klasse ein Jahr später durchlaufen und besuchte mittlerweile die 2. Klasse. Sein EEG (Ableitung der Hirnstrompotenziale) war leicht auffällig. Ich untersuchte das Kind psychologisch und fand Begabungswerte zwischen Normalschul- und Sonderschulniveau. Es lagen Rückstände in den Bereichen Sprachentwicklung, visuelle Merkfähigkeit und Konzentrationsfähigkeit vor.

Die Mutter versuchte mit allen Mitteln, bessere Schulleistungen des Kindes zu erzwingen. Sie übte mit ihm täglich den ganzen Nachmittag und oft noch abends, obwohl das Kind sich weigerte, Wutanfälle hatte, Aufgaben unterschlug und in jeder Form der Überforderungs- und Drucksituation zu entkommen trachtete. Das Thema »Schule« war ihm zum Albtraum geworden. Nach Ansicht seiner Lehrerin sollte eine Umschulung in eine Sonderschule für Lernbehinderte erwogen werden.

Die Mutter erschien voller Widerspruchsgeist bei mir. Sie war bereits allergisch gegen den oft gehörten Rat, dem Kind mehr Freiheit zu gewähren. Der folgende Dialog stammt von einer Tonbandaufnahme unseres Gesprächs.

Mutter: Sie können doch nicht behaupten, dass ich es nicht gut mit meinem Johannes meine. Einmal wird er schon begreifen, dass er lernen muss, dass es nur zu seinem Besten ist. Was soll denn aus ihm werden, wenn er in die Sonderschule muss? Können Sie mir das sagen? Wo kriegt er dann eine Lehrstelle? Wer nimmt heute noch Sonderschüler auf? Und was er dort für Klassenkameraden hätte – da lernt er nichts Brauchbares!

Ich: Ich verstehe Sie sehr gut. Dass Sie sich um Johannes sorgen, zeigt nur, dass Sie eine liebende Mutter sind, so, wie eine Mutter sein soll.

Mutter: Ich kann doch nicht zuschauen, wie er mehr und mehr versagt. Er muss lernen! Er muss lernen!

Ich: Sie denken dabei an das Glück Ihres Kindes?

Mutter: Ja natürlich, nur an sein Glück, an nichts sonst!

Ich: (nach einer Pause) Sagen Sie, können Sie sich noch an Ihre eigene Kindheit erinnern? Wie war das denn bei Ihnen? Haben Sie leicht gelernt?

Mutter: Nun, eigentlich auch nicht. Besonders mit der Rechtschreibung habe ich gekämpft, aber ich musste sie auch erlernen. Die vielen Diktate ... mir läuft es heute noch kalt über den Rücken ...

Ich: Mussten Sie in der Schule so viele Diktate schreiben?

Mutter: Nein, aber meine Mutter war sehr streng. Sie war gleich mit dem Kochlöffel bei der Hand, da hieß es immer: Hinsetzen und üben! Es war damals nicht wie bei den Kindern heute, die andauernd vor dem Fernseher sitzen. Das gab es noch nicht.

Ich: Ihre Mutter war streng mit Ihnen. Hat sie denn auch Ihre Freizeit eingeschränkt?

Mutter: Eingeschränkt? Ich wusste gar nicht, was das ist! Meine Mutter war eine ehrgeizige Frau, die wollte aus mir eine Krankenschwester oder eine Beamtin machen, die hatte immer Pläne mit mir. Na ja, ich bin bloß Hausfrau und Mutter geworden. Sie hat es schon gut gemeint, meine Mutter, sie war nur sehr autoritär, hat alles besser gewusst, hat alles vorgeschrieben, da durfte man nicht aufmucken. Wenn ich von der Schule heimkam, hat sie sich auf mich gestürzt, und dann hat es Diktate und Aufgaben nur so gehagelt.

Ich: (naiv) Das war gewiss recht schön für Sie?

Mutter: (überrascht) Schön? Wieso? Nein, überhaupt nicht. Wieso?

Ich: Ich dachte nur, weil Sie es so ähnlich bei Ihrem Sohn machen, und da Sie doch möchten, dass er eine schöne Kindheit hat ...

Mutter: (stutzt) Sie meinen, ich mach' es wie meine Mutter? Aber es muss ja etwas aus ihm werden! Er ist schließlich ein Junge!

Ich: Sagen Sie, wann war die schönste Zeit Ihres Lebens?

Mutter: (nachdenklich) Wenn ich es recht bedenke, war es die Zeit, als ich jung verheiratet war. Das Kind war noch nicht da, von den Eltern war ich fortgezogen, mein Mann hat mir keine Vorschriften gemacht, hat mir den ganzen Haushalt überlassen. Ich hab' zwar nicht viel Können mitgebracht, aber ich durfte langsam meine Erfahrungen sammeln, und wenn etwas schiefging, beim Kochen zum Beispiel, habe ich es eben nochmal probiert. Niemand hat mir auf die Finger gesehen. In dieser Zeit, glaube ich, habe ich mich erst so richtig zu einer erwachsenen Frau entwickelt. Ja, das war meine schönste Zeit.

Ich: Dann wird Ihr Sohn also noch ein paar Jahre warten müssen, bis seine schönste Zeit beginnt, nicht wahr?

Mutter: Der Johannes! Sie glauben, er fühlt sich so wie ich als Kind?

Ich: Ich weiß es nicht. Sie kennen ihn besser als ich. Vielleicht fühlt er ganz anders als Sie. Vielleicht macht er all das, was ihm vorgeschrieben wird, sehr gerne und möchte gar keine selbstständigen Erfahrungen sammeln, so wie Sie als junge Frau ...

Mutter: Nein, nein, es stimmt schon, der Junge ist genau wie ich! Er leidet bestimmt auch darunter – (erschrocken) glauben Sie denn, ich bin, wie meine Mutter war?

Ich: Wie könnte das sein? Sie sagen doch, Sie wollen nur das Glück Ihres Kindes, während ich aus Ihrem Bericht heraushöre, dass Ihre Mutter Sie nicht gerade glücklich gemacht hat.

Mutter: Ja, ich will das Glück meines Kindes, aber ob das Kind das auch empfindet? Vielleicht mache ich es unglücklich und will doch eigentlich nur sein Bestes? Sie haben mich ganz verwirrt. Kann es sein, dass mein Johannes die ganze Zeit unglücklich ist? Dass er erst aufatmen wird, wenn er von mir fortgezogen sein wird? Oh Gott! (schluchzt)

Ich: Es passiert vielen jungen Frauen, dass sie die Fehler ihrer eigenen Eltern begehen, obwohl sie selbst unter diesen Fehlern gelitten haben. Das kommt daher, weil ihnen nie jemand Hilfe bei der Erziehung angeboten hat. Deshalb orientieren sie sich am einzigen Beispiel, das sie je erlebt haben, am Vorbild ihrer Eltern. Es ist aber schade, wenn sich die Erziehungsfehler von Generation zu Generation wiederholen: Wenn Sie zum Beispiel Ihren Sohn so unter Druck setzen, dass er am Ende gar nichts mehr selbst machen will und kann, und wenn er wiederum später seine eigenen Kinder so unter Druck setzen wird, weil er es nicht anders kennt, dass auch sie versagen werden. Das ist wirklich schade. Jemand muss diese Unglückskette unterbrechen, und ich glaube, dass Sie das könnten! Ich traue es Ihnen zu! Mit ein wenig pädagogischer Anleitung und mit der großen Liebe, die Sie für Ihren Sohn empfinden, könnten Sie eine erstklassige Mutter sein, sodass Ihr Johannes als Erwachsener einmal sagen wird: »Meine schönste Zeit war meine Kindheit. Ich hatte zwar keinen Vater mehr, aber meine Mutter war eine verständnisvolle und gütige Frau. Sie war meine beste Kameradin!«

Mutter: Das möchte ich! Das möchte ich! Helfen Sie mir bitte! Ich will alles tun, was Sie mir raten ...

Ich habe mit der Mutter ein gezieltes Förderprogramm erstellt, in dem es auch den nötigen Freizeit- und Spielraum für das Kind gab. Auch habe ich ihr die Bewältigung der täglichen Schulaufgabensituation im Detail erklärt. In relativ kurzer Zeit besserte sich die Konzentrationsfähigkeit des Kindes und aus dem notorischen Verweigerer wurde ein munteres Kerlchen. Die Umschulung in eine Sonderschule ließ sich zwar nicht verhindern, aber sie erfolgte mit der Option einer baldigen Rückführung des Kindes in die Normalschule. Die Mutter meisterte all dies mit Bravour.

Liebende Eltern sind geradezu eine Bastion jener wichtigen Personengruppe, die imstande ist, über ihren eigenen Nabel hinauszuschauen und Mitverantwortung für andere zu übernehmen. Allerdings sind die Gefühle der Eltern für ihre Kinder oft mit Sorgen belastet und das mittlerweile nicht ganz ohne Berechtigung. Es sieht nicht einmal in unserer Wohlstandsgesellschaft danach aus, dass rosige Zeiten am Horizont heraufziehen werden. Die Zeichen stehen eher auf Sturm – globalen Ausmaßes. Umso drängender stellt sich die Frage nach der optimalen Mitgift an die junge Generation. Was wird sie zum Überleben benötigen? Wissen? Wissen ist nie verkehrt, aber vermutlich werden die Computer und Roboter die Menschen der Zukunft an Informationsspeicherkapazität derart übertrumpfen, dass man sich schlichtweg auf sie verlassen wird (müssen). Was wird sonst noch benötigt werden? Ich möchte anhand von drei Überlebensressourcen eine Prognose wagen. Die Menschen des 21. Jahrhunderts werden in erster Linie *seelische Stabilität, Friedensfähigkeit und Bescheidenheit* benötigen. Seelische Stabilität, um rasche und bedrohliche Veränderungen unbeschadet auszuhalten; Friedensfähigkeit, um einander trotz Fremdheit und Andersartigkeit auf engstem Raum auszuhalten; und Bescheidenheit, um den erforderlichen Verzicht auf zahlreiche unethische Verlockungen auszuhalten. Generell wird »Aushalten« angesagt sein.

Eine glückliche Kindheit stärkt diese drei Überlebensressourcen. Das sollten Eltern bedenken, die ihr Hauptaugenmerk den schulischen Leistungen ihrer Kinder widmen. Die Korrelation zwischen glänzenden Schulabschlüssen und gelingendem Lebensvollzug ist unheimlich niedrig. Oder anders ausgedrückt: Gute Zeugnisse garantieren absolut keine Zufriedenheit mit sich und der Welt.

Ihr müsst
die Menschen lieben,
wenn ihr sie ändern wollt.

(Pestalozzi)

3 . W o c h e

Wer ist behindert?

Ich hatte einmal mit dem Vater eines körperbehinderten jungen Mädchens zu tun, der bei mir saß und weinte, weil er seine Tochter nicht zu akzeptieren vermochte. »Die Ärzte haben mir alles über ihre Behinderung gesagt«, schluchzte er, »nur nicht, wie ich sie ertragen soll. Wenn ich das Mädchen humpeln sehe, ekelt es mich, würgt es mich im Hals, ich könnte in den Boden versinken vor Scham. Ich bringe einfach keine Vatergefühle auf ...«

Ich ließ mir mehr von seiner Tochter erzählen. Sie hatte einen Geburtsfehler, eine Rückenmarkmissbildung, auf Grund derer sie sich nur unbeholfen und »watschelnd« fortbewegen konnte. Trotzdem war sie ein fröhliches, aufgewecktes Kind, besuchte das Gymnasium und war beliebt bei ihren Mitschülern. Sie hatte sogar ein sonniges Verhältnis zu ihrem Vater und gerade erst zu seinem Geburtstag eine Strickweste mit Zopfmuster für ihn gehandarbeitet. Dann ließ ich mir vom Vater über sich selbst erzählen. Er gab zu, ein skrupulöser, schwieriger Mensch zu sein, der an allem etwas auszusetzen hatte. Er sei selten fröhlich und eigentlich nie beliebt gewesen; eine engere Beziehung zu den Mitmenschen sei ihm von jeher schwergefallen. Er verachte das Schwache, Fehlerhafte, strebe Vollkommenheit an, aber wo gäbe es diese schon?

Nachdenklich betrachtete ich ihn. »Es gibt eine gewisse Vollkommenheit«, sagte ich zu ihm, »nämlich in gegenseitiger Ergänzung. Sie denken, nur Ihre Tochter sei behindert, aber Sie irren sich. Auch Sie sind behindert, wenn auch auf eine andere Weise. Ihre Tochter ist körperlich behindert, aber seelisch erstaunlich reif. Sie wiederum sind körperlich gesund, aber seelisch verwachsen. Wenn Sie beide sich als zwei behinderte Menschen miteinander solidarisieren würden, wären Sie miteinander stark.« »Sie vergleichen mich mit meiner Tochter?«, fragte der Vater verblüfft. »Ja«, antwortete ich, »Sie beide besitzen große intakte Lebensbereiche, dennoch haben Sie beide einen kleinen Schönheitsfehler. Ihre Tochter kann nicht normal gehen, wie andere Menschen, und Sie können nicht normal fühlen, wie andere Väter. Leihen Sie Ihrer Tochter Ihre Beine, indem Sie sie spazieren fahren, begleiten, stützen usw., und sie wird Ihnen ihr Gefühl leihen, indem sie genug Liebe aufbringt für Sie beide. Vielleicht liegt sogar ein verborgener Sinn der Behinderung Ihrer Tochter darin, dass Sie lernen, in der Auseinandersetzung mit ihr Ihre eigene Behinderung zu erkennen und zu überwinden.«

Die Tränen des Vaters versiegten bei meinen Worten. Seine Schultern strafften sich unwillkürlich. »So habe ich es noch nie gesehen«, erklärte er mir, »immer habe ich auf sie hinuntergeschaut. Aber wenn wir beide in einem Boot sitzen ...« Bewegt und innerlich aufgewühlt verließ er mich, doch, wie ich nachträglich von seiner Frau gehört habe, befasste er sich von Stunde an wesentlich freundlicher und zugewandter mit seinem Kind.

Es ist eine viel diskutierte Frage, ob der Klinische Psychologe bzw. Psychotherapeut selbst eine positive Lebensphilosophie besitzen sollte oder ob eine solche Forderung ein zu starker Eingriff in seine Privatsphäre wäre. Ich bin der Auffassung, dass es unbedingt notwendig ist, dass jede/r Heilkunde Ausübende zur Lebensbejahung und Sinnorientierung tendieren sollte, um etwas davon als »miteinzusetzendes Heilmittel« auszustrahlen: ein Stück seiner Heilkunst, das sich beim zu Heilenden in Lebenskunst verwandeln möge.

Solange diagnostische Untersuchungen oder gezielte Behandlungen an der Reihe sind, mag die persönliche Lebenseinstellung eines Therapeuten unerheblich sein. Er ist nur als Spezialist am Werk, und vom Spezialisten wird erwartet, dass er sein »Handwerk« versteht. Der Arzt, der operiert, oder der Psychologe, der testet, sieht nur einen bestimmten Ausschnitt seines Klienten, und zunächst hat ihn auch nur dieser Ausschnitt zu interessieren. Ihm hat er seine volle Aufmerksamkeit zu widmen. Sobald aber die Operation oder die Eignungsuntersuchung vorüber ist und der Arzt ans Krankenbett seines Patienten tritt oder der Psychologe dem Ratsuchenden die Ergebnisse vorlegt, muss sich das Gesichtsfeld des Spezialisten weiten. Nicht mehr sind es die Gallenblase oder die Intelligenz allein, die ihn an seinem Gegenüber zu interessieren haben. Jetzt steht er als Mensch einem Menschen von Angesicht zu Angesicht gegenüber und muss ihm Kunde tun von dem, was er als Diagnostiker festgestellt hat, und von dem, was er als Therapeut zu empfehlen hat. Im Gespräch wird sich manche Not und Angst des Klienten offenbaren, zum Beispiel die Frage, ob denn ein von einer schweren Operation überschattetes Leben noch lebenswert ist; oder ob der psychologische Befund nicht Defizite enthüllt, die das Vertrauen in sich selbst erschüttern können.

Hier setzt die wahre Heilkunst, das echte Arzttum, ein, dem es um das Leiden in der Welt geht, das es zu verringern gilt, in welcher Gestalt es auch auftreten mag. Jetzt hängen die Augen des Klienten an den Lippen des Therapeuten, der unweigerlich über das Leiden sprechen muss, über dessen Ursachen, über dessen Prognose und über – einen Sinn in dem Leiden oder trotz des Leidens. Wird er ein Wort mit auf den Weg nach Hause geben können, das alles erträglich macht, und wenn es noch so schmerzt? Er wird es können, wenn er selbst durchdrungen ist vom Glauben an die ausnahmslose Sinnhaftigkeit des Lebens und an die unverwirkbare Möglichkeit, ein Leiden in eine menschliche Leistung umzufunktionieren, sozusagen in einen Triumph über sich selbst.

Es sind nicht nur die tragischen *Ereignisse*, die uns Menschen plagen. Die eigentliche Tragödie ist oft unsere Art, mit den Ereignissen *umzugehen*. Wir erlauben gewissen Ereignissen, uns in einen Zustand der Hoffnungslosigkeit oder der Hilflosigkeit (amerikanisch: »given-up« oder »giving-up«) zu bringen. Das ist destruktiv und überflüssig. Eine behinderte Tochter zu haben, ist kein Weltuntergang. Sie kann ein »Schatz« sein und in vieler Hinsicht »normaler« als ihre gesunden Eltern, wie die erwähnte Fallgeschichte zeigt. Auch verhaltensgestörte und erziehungsschwierige Kinder, die in Heimen aufwachsen, sind nicht die Schreckensgestalten, als die sie oft abgestempelt werden. Ich habe jahrzehntelang Kinderheime psychologisch betreut und dabei die unterschiedlichsten Erfahrungen gemacht. Ich habe Erzieherinnen und Erzieher kennen gelernt, die zahlreiche Schulungen durchlaufen und ein enormes Fachwissen angehäuft hatten. Ein Großteil von ihnen kam mit den Kindern nie zurecht. Daneben kannte ich Erzieherinnen und Erzieher, die allein auf ihre Herzensbildung bauen konnten. Einige von ihnen waren begnadete Pädagogen. Die meisten von ihnen schafften den Alltag mit ihren Schützlingen ohne größere Pannen. Was soll man daraus schließen? Es wäre der falsche Schluss, Schulungen für ineffizient zu halten. Nur ist leider das Wichtigste nicht erlernbar. Denn das wichtigste Erziehungsmittel ist die Liebe zu den Mädchen und Buben, die so früh aus dem »Nest« gerutscht sind und im Bemühen, sich in einer für sie noch zu kalten Gesellschaft durch »Flügelschläge« zu erwärmen, überall anecken. Die Liebe ist das Heilmittel und der Glaube daran, dass nichts umsonst ist, was man für die jungen Geschöpfe an Mühe, Plage und unermüdlichem Engagement einbringt. Erzieherinnen und Erzieher, deren Arbeit auf einem solchen Überzeugungsfundament basierte, hatten die geringsten Probleme und so manche »Wunderkinder« in den von ihnen geleiteten Gruppen.

Man sieht, auch für den Sektor Pädagogik gilt, was für die Psychologie und Psychotherapie stimmt: Die positive Lebenseinstellung und Daseinshaltung des Fachmanns (der Fachfrau) geleitet durch deprimierende Stunden voller Rückschläge, die man in diesen Berufen einstecken muss, und ist zugleich die Quelle, aus dem das intuitive Gespür für das je angemessene Verhalten sprudelt, das sich dann – optimalerweise! – mit dem erlernten Wissen paart.

Wenn nichts

mehr zu helfen scheint, schaue ich dem

Steinmetz zu, der 100-mal auf einen

Stein einhämmert, ohne dass sich

auch nur der geringste Spalt zeigt.

Doch beim 101. Schlag bricht der Stein

entzwei, und ich weiß, dass es nicht

dieser Schlag war,

der es vollbracht hat –

sondern alle Schläge zusammen.

(Jacob Riis)

4. Woche

Sorgenkinder

Fall Nr. 1: Einen Fehler muss man nicht zwei Mal begehen!

Ein 18-jähriger Jugendlicher hatte bereits 13 Versuche eines Arbeitsbeginns hinter sich, und jedes Mal hatte er nach wenigen Tagen oder Wochen die Arbeit abgebrochen, oder es war ihm wegen Unbeständigkeit und Unzuverlässigkeit gekündigt worden. Das bedrückte ihn sehr, denn er hielt sich für unfähig, regelmäßige Arbeit durchzuhalten. Nach seinem 13. Versuch wurde er vom Jugendamt zu mir geschickt mit der Frage, ob es noch irgendwelche Stabilisierungsmaßnahmen für ihn gäbe. Zugleich wurde mir eine dicke Akte zur Einsichtnahme überreicht, in der seine Familienverhältnisse bis zurück zu den Großeltern verzeichnet waren.

Gemäß den Aktenvermerken war seine Mutter ein »haltloses Mädchen« gewesen, hatte ihn unehelich bekommen und später von diversen Männern, an die sie sich teilweise nicht mehr erinnerte, noch weitere acht Kinder empfangen.

Der Junge war von Verwandten, Omas und Pflegeeltern in verschiedenen Erziehungsstilen aufgezogen worden und hatte niemals Beständigkeit, Geborgenheit oder einen geregelten Tagesrhythmus kennen gelernt. Von Zeit zu Zeit waren betrunkene und gewalttätige Männer bei ihm zu Hause erschienen. Dann war der Junge mitten in der Nacht aus dem Bett gerissen und in einem Kellergeschoss versteckt – manchmal auch »vergessen« – worden. Die Pflegeeltern, bei denen ihn die Jugendfürsorgebehörde schließlich untergebracht hatte, hatten sich zwar um ihn gekümmert, aber auch heftige Konflikte mit ihm ausgetragen. Sie hatten ihm Undankbarkeit und seine schlechten Schulerfolge vorgeworfen. Zweimal war er ausgerissen, aber immer wieder zurückgebracht worden. Kleinere Delikte wie Kaufhausdiebstähle, Tierquälerei und Beschädigung fremder Fahrräder begleiteten seine Laufbahn. Als er am dritten Arbeitsplatz gescheitert war, sagten sich seine Pflegeeltern von ihm los. Danach ging es mit ihm bergab, und die kurzfristigen Hilfsarbeiterstellen, die er fand, verstärkten nur seine Arbeitsscheu und Motivationsschwäche. Kurzum, die Chancen für eine Resozialisierung des Jugendlichen standen schlecht.

Also setzte ich alles auf eine Karte. Ich zeigte dem jungen Mann die dicke Akte und sagte ihm klipp und klar, dass ihm wahrscheinlich kaum mehr jemand zutraue, dass er sich in ein geordnetes Leben einfügen werde. Sogar er selbst habe sich innerlich aufgegeben. *Ich* aber sei nicht bereit, ihn aufzugeben. Ich würde nun den Aktendeckel vor seinen Augen schließen, verschnüren und alles zurücklassen, was ich darin gelesen hätte. Wir würden ganz von vorne anfangen, so als stünden ihm sämtliche Möglichkeiten des Lebens offen. Denn auch wenn er Beständigkeit, Zuverlässigkeit und Durchhaltevermögen in seiner Kindheit nie gelernt habe, sei es nun umso dringender an der Zeit, es selbst zu erlernen. Wir würden davon ausgehen, dass er diese Eigenschaften durch eigene Erfahrung lernen könne und dass seine bisherigen gescheiterten Versuche das »Lehrgeld« dafür seien. Andere Menschen würden vieles durch Erziehung und Vorbild der Eltern lernen, er lerne es eben durch zehn oder zwanzig misslungene Anläufe. Und wenn der Lernprozess abgeschlossen sei, dann habe er endlich die Bedeutung des Durchhaltenmüssens erkannt und dann solle er in einer gewaltigen Anstrengung alle seine Kräfte sammeln für den ersten wirklichen Start in seinem Leben. Dieser würde ihm dann auch gelingen.

Der junge Mann war dieser Interpretation gegenüber aufgeschlossen. Zum ersten Mal erlebte er, dass jemand ihm etwas zutraute, dass ihm eine Hoffnung zugesprochen wurde. Er begann seinen nächsten Job als Aushilfskraft in einem Spielwarengeschäft mit einer Menge guten Willens, aber es glückte ihm dennoch nicht, die Erwartungen seines Arbeitsgebers zu erfüllen. Er war zu unbeholfen im Verkauf. Das war der 14. Versuch. Beim 17. Versuch wollte er kapitulieren, aber ich konnte ihn gerade noch einmal zur neuerlichen Annahme einer Arbeit bewegen. Es waren Dienste in einem Blumengeschäft zu leisten: Er musste Pflanzentöpfe austragen, das Auto be- und entladen und durfte auch in der Gärtnerei mithelfen. Dort blieb er – es mag unglaublich klingen – und gewann zusehends Freude an seiner Arbeit. Nach einem Jahr belegte er an der Volkshochschule einen Kurs, um seine Rechtschreibkenntnisse aufzufrischen, und hielt auch diesen durch! Ich war sehr stolz auf ihn.

Edison, der Erfinder der Glühlampe, hat seinerzeit den Satz geprägt: »Das ist das Schöne an einem Fehler: man muss ihn nicht zwei Mal begehen.« Ein wunderbarer Satz, und er lässt sich beliebig variieren. Der junge Gärtnergehilfe war der lebendige Beweise dafür, dass man einen Fehler – nicht 18 Mal begehen muss. 17 Mal ist genug; wie schön!

Fall Nr. 2: Zwei Seiten der gleichen Medaille
Eine Mutter stellte mir ihren 10-jährigen Sohn wegen Überempfindlichkeit vor. Eine ärztliche Untersuchung hatte ergeben, dass das Kind tatsächlich vegetativ bereits auf

minimale Reize ansprach, ein Dermographismus (dies bedeutet, dass die Haut sich bei geringster taktiler Reizung rötet) vorlag, und auch sonst eine erhöhte Sensibilität in allen Bereichen bestand. Das wirkte sich im erzieherischen Alltag als »Wehleidigkeit« aus. Wackelte ein Milchzahn, wollte der Junge nicht mehr Zähne putzen, war das Badewasser eine Spur zu kalt, wollte er nicht mehr hineinsteigen; der kleinste Kratzer geriet zum Drama. Gewiss mochte es dem Kind möglich sein, sich mit dem Älterwerden gegen einen Teil seiner Überempfindlichkeit abzuhärten, doch zum Zeitpunkt der Beratung der Mutter gab es kein erfolgversprechendes Rezept gegen die erhöhte Sensibilität des Kindes. Die Mutter musste sich damit abfinden. Um ihr zu helfen, erforschte ich die Interessen des Buben, wobei zum Vorschein kam, dass der Knirps überdurchschnittlich musikalisch war und von seinem Geigenlehrer insbesondere wegen eines absoluten Gehörs und einem feinen Empfinden für Tonnuancen gelobt wurde. Die Mutter war froh über die musikalischen Leistungen des Buben, der in einem Kinderorchester mitspielte und schon gelegentlich ein kleines Solo übernommen hatte.

Hier bot sich die Chance, das Manko neu zu bewerten. Ich machte der Mutter klar, dass man eben nicht alles haben kann: ein hervorragendes musikalisches Gehör, das gewissermaßen eine hohe Sensibilität im akustischen Bereich darstellt, und gleichzeitig eine robuste Unempfindlichkeit in anderen sensorischen Bereichen. Wäre ihr Kind insgesamt weniger empfindsam, wäre es auch für die Klänge der Musik unempfänglicher. Diese Gedankenverknüpfung dämpfte schlagartig den Ärger der Mutter über die ständige »Wehleidigkeit« ihres Sohnes und als Nebeneffekt sogar dessen »Wehleidigkeit« selbst. Wann immer nämlich der Junge wieder wegen Kleinigkeiten schrie und heulte, begann die Mutter nun laut zu singen, was die Aufmerksamkeit des Kindes von seinem Minischmerz ablenkte und es in seinem Gezeter einbremste. Die Mutter-Kind-Beziehung entwickelte sich dadurch deutlich positiver.

Bei beiden »Sorgenkindern«, dem großen und dem kleinen, gab es unabänderliche Faktoren. Der 18-Jährige trug eine traurige Vorgeschichte mit sich herum. Sie hing ihm wie ein Stein um den Hals und zog ihn immer wieder in den Sumpf des desolaten Milieus zurück, in dem er aufgewachsen war. Der 10-Jährige hatte, verglichen damit, mehr Glück. Aber auch er lief mit einem Handicap herum: mit einer angeborenen Hypersensibilität, die seiner wichtigsten Erziehungsperson »Nerven kostete«. Hier also ein endogener Faktor, dort ein exogener Faktor, und beide waren gegenwärtig nicht zu ändern. Was jedoch stets zu ändern ist, ist die Beurteilung bzw. Bewertung von Faktoren und die Mächtigkeit, die man ihnen zugesteht.

In solchen Fällen ist es wichtig, die Mächtigkeit von Belastungsfaktoren durch eine »weisere« Beurteilung bzw. Bewertung zu entschärfen, und »weise« ist sie, wenn sie Raum schafft für Hoffnung. In dem Augenblick, als der 18-Jährige seine Vorgeschichte als einen Lernprozess auffasste, der irgendwann abgeschlossen sein würde und ihn dann befähigen würde, neu durchzustarten, begann er, an sich zu glauben und auf eine bessere Zukunft zu vertrauen. Als die Mutter des 10-Jährigen begann, dessen Empfindsamkeit als Voraussetzung einer überdurchschnittlichen Musikalität zu erkennen, hatte sie kein Problem mehr, ihr Kind anzunehmen, wie es war.

In der therapeutischen Arbeit sind es Sternstunden, in denen es gelingt, eine Sachinterpretation zu finden, die dem Patienten hilft, schlagartig eine ungesunde Denkhaltung aufzugeben und sich eine »weisere« Sichtweise anzueignen, mit der er ausgeglichener leben kann. So ist zum Beispiel in der logotherapeutischen Literatur eine Sachinterpretation von Viktor E. Frankl bekannt geworden, mit der er einst einen Arztkollegen bezüglich des Todes von dessen Frau getröstet hat. Die dabei angebotene Überlegung, dass das Leid des

Überlebenden eines Paares dem zuerst Dahingeschiedenen erspart bleibe und dass daher der Überlebende (in diesem Fall der Arzt) es für den anderen (in diesem Fall dessen Frau) gleichsam mittrage, löste die Unerträglichkeit, weil Sinnlosigkeit, des Schmerzes auf. Das Leid des Arztes bekam plötzlich einen Sinn, einen »Opfercharakter«: *er* trug es statt seiner Frau, der es erspart geblieben war; *er* litt und nicht *sie*. Ja, dem konnte er zustimmen. *Sie* war vom furchtbaren Leid des Nachtrauern-Müssens verschont geblieben. So war das – trotz allem – in Ordnung ...

5. Woche

Schlechte Eltern?

Eine 18-Jährige, soeben volljährig geworden, wurde vom Frauenarzt zur Schwangerschaftskonfliktberatung an mich überwiesen. Sie kam mit hängenden Schultern, den Blick auf den Boden geheftet, schleppenden Ganges zur Türe herein. Als sie am Tisch saß, begann sie herumzustottern, die schweißnassen Hände ununterbrochen in Bewegung. Die Gründe für die gewünschte Abtreibung seien, dass sie sich der Erziehung eines Kindes noch nicht gewachsen fühle. Sie habe Angst vor dieser Aufgabe, sei sehr unselbstständig und wisse nicht, wie es weitergehen solle.

Ich schaltete das milde Licht einer Stehlampe ein und ließ sie reden, um mir ein erstes Bild von ihr zu machen. Allmählich hob sie den Kopf, wagte sogar hie und da einen Blick in meine Augen und sprach flüssiger. Was sie aber sagte, war nicht nach meinem Geschmack. »Meine Eltern haben mich total unfrei erzogen«, jammerte sie. »Sie haben mir stets alle Verpflichtungen abgenommen, und jetzt, da ich erwachsen bin, traue ich mich an nichts heran und finde mich nirgends zurecht. Sie haben immer das kleine Kind in mir gesehen, und ich habe ihnen auch meistens brav gefolgt und mich von ihnen verwöhnen lassen. Jetzt kann ich mich nicht entscheiden, wenn mir nicht jemand sagt, was ich zu tun habe. Meine Eltern sind an meiner Misere schuld.«

Zugegeben, vielleicht sind Erziehungsfehler begangen worden. Es ist wahrscheinlich, dass die Eltern dieser jungen Frau überbehütend gewesen sind und demzufolge das Mädchen in einer gewissen Abhängigkeit gehalten haben. Sicher kann man das allerdings allein aufgrund der subjektiven Schilderung einer Person nicht wissen, denn Eltern werden gerne als Ausrede und Sündenböcke für eigene Schwächen benützt. Wie dem auch sei, eines war sicher: Wenn sich die junge Frau nicht in einem aktiven Selbstentwicklungsprozess davon distanzieren würde, ja, wenn sie sich ein Leben lang als unselbstständig und unfähig einschätzen würde, dann würde sie in ihrem regressiven Stadium stecken bleiben und dann würde sie auch mit 50 Jahren noch nicht viel reifer sein. Und ihr Körper spielte bereits mit! Der gesenkte Blick, die schweißnassen Hände, die fahrige Unsicherheit ihrer Bewegungen, das ganze präneurotische Reaktionsmuster mit allen vegetativen Spielarten etablierte sich unausweichlich auf der Grundlage ihrer infantilen Klage und Anklage.

Das war also der kritische Punkt im Gespräch, an dem ich nicht mehr ruhig zuhören durfte, sondern ihr die Augen für eine angemessenere Sicht zu öffnen hatte. Ich wagte es, sie ein bisschen aufzurütteln. »Sie berufen sich auf eine anerzogene Unselbstständigkeit und Hilflosigkeit gegenüber den

Anforderungen des Lebens«, begann ich. »Sollen wir gemeinsam diese Ihre Unselbstständigkeit unterstützen, sollen wir sie hegen und pflegen, damit sie sich noch mehr aufbläht und Ihre sämtlichen Ziele und Pläne durchkreuzt? Wenn Sie wollen, können wir stundenlang darüber spekulieren, was die Wurzeln Ihres Übels sind, und Sie werden sich Ihrer Schwäche umso bewusster sein, je mehr wir finden werden. Danach opfern Sie Ihr ungeborenes Kind und bestätigen sich damit, dass Sie tatsächlich unfähig sind, mit den Anforderungen des Lebens fertig zu werden. Diese Bestätigung ist endgültig, es gibt keinen besseren Weg, um sich die Überzeugung, ein Versager zu sein, einzuprägen. Wie aber wird Ihr Lebensweg aussehen, wenn Sie allen Schwierigkeiten auszuweichen versuchen, nur weil Sie sich ihnen nicht gewachsen fühlen?«

Sie dachte nach und kam zu dem Schluss, dass Ausweichen keine langfristige Lösung sei. »Ich möchte kein Versager sein«, flüsterte sie weinerlich.

Wir haben zwei weitere Stunden miteinander geplaudert, zunehmend ohne schweißnasse Hände und gesenkten Blick ihrerseits, sondern als zwei mündige Menschen. »Warum haben Ihre Eltern Sie stets umsorgt?«, fragte ich sie, und sie gestand ein, dass es wohl aus Liebe geschehen war. »Wenn Sie bei Eltern groß geworden sind, die Sie geliebt haben, dann haben Sie ein wunderbares Fundament für Ihr eigenes soziales Verhalten, denn dann können auch Sie problemlos lieben; und das ist zunächst alles, was Ihr Baby brauchen wird«, sagte ich ihr. »Das Einzige, was Sie noch lernen müssen, ist, Verantwortung zu tragen, nämlich Verantwortung für sich selbst und für Ihnen anvertraute und nahestehende Personen. Verantwortung aber lässt sich nicht einfach abschieben, auf die Eltern, auf besondere Umstände – ohne dass ein Unbehagen zurückbleibt und ein Versagensgefühl. Wenn Sie eine verantwortungsvolle Entscheidung treffen, erwächst Ihnen auch die Kraft, die Folgen auszuhalten. Wenn Sie hingegen eine leichtfertige Entscheidung treffen, nur weil sie im Moment am bequemsten erscheint, dann fällt sie später umso schwerer auf Sie zurück.«

So und ähnlich klärte ich die junge Frau auf. Am Ende nahm sie von dem geplanten Schwangerschaftsabbruch Abstand. Ich lud sie zu einem Selbstständigkeitstraining ein, das sie gerne annahm. Im Zuge dieses Trainings beschrieb sie mir, wie sie ihre Lage als allein erziehende Mutter zu managen gedachte. Sie wolle sich halbtags einer begonnenen Ausbildung und die restliche Zeit ihrem Kinde widmen. Auf meine Frage, wer das Kind während ihrer Ausbildungszeit beaufsichtigen solle, hieß es: »meine Eltern«. Auf meine Frage, wer während ihrer Ausbildungszeit für ihren Unterhalt aufkommen solle, hieß es »meine Eltern«. Sanft erinnerte ich sie daran, dass sie ihren Eltern doch allerhand nachtrage und insbesondere deren Erziehungsstil verurteile, woraufhin sie schmunzelnd abwinkte. Nein, nein, so schlimm sei es auch wieder nicht. Ihre Eltern würden immer zu ihr halten, und dafür sei sie sehr dankbar ...

Manche Menschen züchten in sich einen »Böse-Eltern-Komplex«, das heißt, sie deklarieren ihre Eltern zu den Alleinverursachern eigenen verpfuschten Lebens. Man kann den traditionellen Psychotherapie-Konzepten den Vorwurf nicht ersparen, dabei reichlich »Öl ins Feuer gegossen zu haben«. Jahrzehntelang wurde die Entstehung seelischer Krankheiten vorwiegend zulasten der Eltern und insbesondere der Mütter gedeutet. Einmal waren sie zu streng und zu leistungsbezogen gewesen, einmal waren sie zu gleichgültig, zu wenig lobend und zu indifferent gewesen, einmal waren sie zu ängstlich oder zu inkonsequent gewesen, einmal haben sie nicht genug Körperkontakt gepflegt, nicht genug gespielt, gescherzt u.s.f. Dazu kam eine Überfülle von widersprüchlicher psychologischer Literatur, deren Hauptakzent im Aufzeigen von verheerenden Folgen elterlichen Fehlverhaltens bestand. So ist es kein Wunder, dass die junge Generation anfällig wurde für pauschale Schuldabwälzungen auf ihre Erzeuger.

Damit will ich selbstverständlich keine echte Brutalität, Kindesmisshandlung, Kindesvernachlässigung und Kindesablehnung beschönigen oder gar rechtfertigen. Es gibt scheußliche Gräueltaten in Familien und eindeutig schädliche Milieus für den Nachwuchs. Ich selbst habe gelegentlich per Gerichtsgutachten empfehlen müssen, Eltern das Sorgerecht für ihre Kinder zu entziehen bzw. die Kinder aus ihrer Obhut zu entfernen. Aber man darf nicht vergessen, dass diese Fälle traurige Ausnahmen sind. Die meisten Eltern bringen unzählige Opfer für ihre Kinder, kümmern sich pflichtbewusst um sie, sind ihnen in inniger Zuneigung verbunden, wachen an ihrem Krankenbett und bangen um ihre Zukunft. Insbesondere die Mütter, heutzutage häufig im Spannungsfeld zwischen Familie und Beruf, nehmen ohne zu zögern Mehrfachbelastungen auf sich, um noch ein wenig Zeit für ihre Kinder zu gewinnen. Das alles kann man nicht einfach beiseitefegen und nur jene Momente fokussieren, in denen Eltern gut gemeint irren oder unter Stress falsch reagieren.

Außerdem erleichtert es Patienten nicht, wenn sie sich zu »verdorbenen Erziehungsprodukten« abstempeln. Im Gegenteil, sie schlagen sich damit die Türen möglicher Weiterentwicklung zu. Unvergleichlich ermutigender ist es, wenn sie verstehen, dass sie selber etwas zu ihrem Erwachsenenleben beitragen können und müssen. Jeder bringt ein anderes Paket an Vorgaben mit. Das Paket des einen ist gut bestückt, das des anderen ist dürftig ausgestattet. Dennoch ist das Gelingen bzw. Misslingen eines Lebens deswegen nicht vorprogrammiert. Man kann auch bei idealen Ausgangsbedingungen in die Irre gehen – und bei schlechten Ausgangsbedingungen einen prächtigen Aufstieg schaffen. Es ist jungen Menschen gegenüber nicht oft genug zu betonen, wie sehr sie es *immer noch* selbst in der Hand haben, ihrem Leben Richtung zu geben, zum Schlechten wie zum Guten ... und dass sie milde urteilen mögen über Vater und Mutter, solange sie nicht unter Beweis gestellt haben, dass sie es bei ihren eigenen Kindern wesentlich besser machen als dereinst ihr Vater und ihre Mutter!

Auswege
führen oft über die Hindernisse,
die man bisher zu umgehen
versucht hat.

(Therapeutischer Spruch)

6. Woche

Eine Rolle spielen

Eine 24-jährige Frau kam zu mir, weil sie »mit den Nerven völlig fertig war«, wie sie sagte. Sie hatte früh geheiratet, und zwar einen Mann aus einer angesehenen, einflussreichen Familie. Bald darauf hatte sie einen Sohn geboren. Die Frau war Halbwaise und hatte sich von Anfang an ihrem Mann und seiner Familie gegenüber minderwertig gefühlt. Angeblich hatten ihre Schwiegereltern ihr unmissverständlich signalisiert, dass sie für den Mann keine passende Partnerin sei und sich nur mittels Schwangerschaft in die Familie gedrängt habe. Die Ehe ging nicht gut. Nach kurzer Zeit wurde sie geschieden, wobei der Sohn dem Vater zugesprochen wurde, weil dessen Familie vor Gericht nachwies, dass sie dem Kind bessere Entwicklungsbedingungen bieten konnte als die Mutter in ihrer beschränkten Situation. Die junge Frau stand also vor der schwierigen Aufgabe, nicht nur die zerbrochene Ehe innerlich zu bewältigen, sondern auch ihre Zukunft neu zu gestalten. Aber sie fühlte sich nicht fähig dazu, sie sah nur die Trümmer ihrer Welt und versank in Tränen. Nicht einmal von dem ihr zustehenden Besuchsrecht bezüglich des Kindes wagte sie Gebrauch zu machen, weil sie die Begegnung mit der Familie ihres Exmannes fürchtete; andererseits sehnte sie sich nach ihrem Sohn.

Darin sah ich einen Ansatzpunkt für die Beratung, denn wenn es um ein geliebtes Kind geht, erwachsen einer Mutter ungeahnte Kräfte, und das war es exakt, was diese Frau brauchte: Kräfte, vor allem geistige Kräfte. Nichts hilft mehr zur Bewältigung von seelischen Verletzungen als die Kraft, dem Schicksal zu trotzen, die »Trotzmacht des Geistes«, wie Viktor E. Frankl es formuliert hat.

Ich erklärte der jungen Frau, dass es ihr wohl unangenehm sein könne, mit den Verwandten ihres geschiedenen Mannes in Kontakt zu kommen, dass sie aber dennoch dem Kinde gegenüber die Verpflichtung habe, es zu besuchen, da es doch nach der Mutter fragen und unter deren plötzlichem Verschwinden leiden würde. Zugleich machte ich ihr den Vorschlag, ihren Verwandten beim Abholen des Kindes in einer neuen Rolle gegenüberzutreten, nämlich nicht in der gehemmten und niedergeschlagenen Verfassung, in der sie sie kannten, sondern als selbstbewusste, hübsche Dame, die sich nicht »unterkriegen« ließ. Damit würde sie nicht nur in deren Achtung steigen, sondern auch sich selbst wohler fühlen und außerdem dem Kind den Besuchstag erleichtern und verschönern. Sie brauche die Rolle vorerst ja bloß zu spielen, einen Tag lang, hauptsächlich ihrem Kind zuliebe. Die junge Frau war damit einverstanden, wenn auch zögernd, und wir probten ihren Auftritt.

Nach dem Besuchstag kam sie zufrieden wieder. Er war reibungslos verlaufen, und sie war sogar ein bisschen stolz darauf, dass die Verwandten ihres Exmannes verblüfft gewesen waren. »Sie könnten noch andere Leute aus Ihrem Bekanntenkreis verblüffen«, meinte ich dazu, »denn jeder wird annehmen, dass Sie unter der Wucht Ihres Schicksals einknicken, und wird perplex sein, wenn dies nicht geschieht!« »Aber ich kann doch nicht andauernd eine Rolle spielen, nach der mir innerlich gar nicht zumute ist«, wandte die junge Frau ein. Nun galt es, unter ihren Möglichkeiten die sinnvollste herauszufinden.

»Lassen Sie uns gemeinsam verschiedene Rollen durchdenken«, begann ich, »und versuchen Sie, sich diese intensiv vorzustellen, bis Sie eine gesichtet haben, die Ihnen so imponiert, dass Sie sie wirklich gerne übernehmen und am besten ganz mit ihr verschmelzen möchten.« Ich bat sie, sich im Sessel zurückzulehnen, die Augen zu schließen und zuzuhören. Dann schilderte ich ihr anschaulich-konkret verschiedene Lebenspositionen, die für sie in Frage kämen. Als ich ihr den Alltag einer Frau schilderte, die als Helferin in einem Kindergarten arbeitet, die mit Bastelzeug beschäftigt an einem niedrigen Tisch sitzt, während die Kinder rund um sie neugierig darauf warten, was da unter ihren geschickten Händen entstehen wird, oder die in der Küche mithilft, kleine Imbisse für die Kinderschar vorzubereiten, rief sie plötzlich: »Das fände ich herrlich! Das würde ich gerne machen!«

Wir überlegten, welche Wege zu diesem Ziel führen könnten und welche Ausweichmöglichkeiten bestünden (z. B. als Hilfskraft in einer Kinderklinik oder als Babysitterin zu wirken). Es war unfassbar, welche Veränderung mit der jungen Frau vor sich ging. Sie verlor einen Großteil ihrer Resignation und Bedrücktheit und arbeitete fleißig an der Planung einzelner Schritte in Richtung des vorgestellten Zieles mit. »Vielleicht habe ich dann sogar die Aussicht, meinen Sohn öfter zu sehen. In einen Kindergarten etwa könnte ich ihn mitnehmen ...« Sowie sie Überlegungen ihre Zukunft betreffend anstellte, versiegten ihre Tränen.

Tatsächlich erhielt sie zwei Monate später ein Angebot, in einer Kindertagesstätte zu arbeiten. Vor dem Erstgespräch mit dem leitenden Direktor sank ihr nochmals der Mut, doch wieder bewährte sich unsere »Probe für die zu spielende Rolle«.

Als sie die Arbeit angetreten hatte, erweiterten wir unsere Sinnsuche auf die Zeit nach Arbeitsschluss, auf die einsamen Abende. Sie sehnte sich nach einem Freund, doch legte ich ihr nahe, vor einer neuerlichen Bindung erst an Standfestigkeit und Selbstsicherheit zu gewinnen. Vor allem musste der alte Groll gegen ihren geschiedenen Mann abgeklungen sein, ehe sie sich einem neuen Partner zuwandte. Das verstand sie durchaus und füllte die »Wartezeit« mit Trainingsabenden in einem Fitness-Studio aus.

Etwa ein halbes Jahr später erhielt ich eine Hochzeitsanzeige von ihr, in der geschrieben stand: »Liebe Frau Lukas, mir geht es gut. Hans, mein jetziger Mann, hat Kinder sehr gerne und unterstützt meinen Plan, mich noch zur Kindergärtnerin auszubilden. Auch mein Sohn entwickelt sich prima, und meine früheren Schwiegereltern sind mittlerweile sehr freundlich zu mir. Ich glaube, sie haben eingesehen, dass ich nicht so dumm bin, wie sie dachten. Vielleicht war es ganz gut, wie es gekommen ist, sonst wäre ich immer nur Hausfrau geblieben und hätte Hans nie kennen gelernt. Sie haben mir in großer Not die richtigen Ratschläge gegeben ...«

Seelische Not zieht nicht unbedingt Verzweiflung und Dauerkrisen nach sich. Im Rahmen einer Forschungsarbeit an der Universität Wien habe ich 1970 tausend Personen befragt, welche Aufgaben und Vorhaben sie für sich persönlich als am meisten sinnstiftend bezeichnen würden. Aus der Menge der Antworten ließen sich neun Kategorien von »sinnstiftenden Inhalten« im menschlichen Dasein herausfiltern, die kurz charakterisiert folgendermaßen lauteten:

* ❄ *Eigenes Wohlergehen (Besitz, Glück, Erfolg)*
* ❄ *Selbstverwirklichung (Bildung, Arbeit an sich selbst)*
* ❄ *Familie (Partnerschaft, Kindererziehung)*
* ❄ *Hauptbeschäftigung (Arbeit, Beruf)*
* ❄ *Sozietät (Freundschaft, mitmenschliche Beziehungen)*
* ❄ *Interesse (spezielle Neigungen, Ausübung von Hobbys)*
* ❄ *Erlebnisse (Natur-, Kunst-, Kulturgenuss)*
* ❄ *Dienst an einer Überzeugung (Politik, Weltanschauung)*
* ❄ *Vitale Not (Überwindung von Problemen, Krankheiten)*

Die letztgenannte Kategorie ist bemerkenswert. Denn dass jemand seine Lebenserfüllung in der eigenen Karriere, im Kontakt mit anderen Menschen, im Dienst an einer Idee, von der er überzeugt ist, oder in ergreifenden Erlebnissen findet, wundert niemanden. Aber dass es eine Sinnmöglichkeit – und sogar eine sehr edle – im menschlichen Leben darstellt, eine vorhandene Notlage entweder unter Einsatz aller Kräfte zu lindern, oder, wenn sie nicht zu lindern sein sollte, sie in Würde zu akzeptieren, das muss erst überdacht und in düsteren Stunden sich selbst abgerungen werden.

Viktor E. Frankl hat in diesem Zusammenhang das Wort von der »Trotzmacht des Geistes« geprägt und an zahllosen Beispielen (nicht zuletzt in seinen Berichten über Häftlinge in Konzentrationslagern) nachgewiesen, dass es eminent sinnvoll ist, in einer Notlage über sich selbst hinauszuwachsen und heldenhaft bis an den Rand des Machbaren vorzudringen. Ein hilfreicher »Trick« dabei kann sein, zunächst einfach den tapferen Helden so echt wie möglich zu spielen, den Helden, der man *noch nicht ist, aber werden möchte.* Ein Rollenspiel färbt allemal auf den Spieler ab, wie auch umgekehrt die Eigenart eines Spielers in jede Rolle mit einfließt. Die Grenzen zwischen Echtheit und Spiel pflegen sich sukzessive zu verwischen. So muss manches im Leben begonnen werden im Zustand des Noch-nicht-Könnens, aber indem und während es begonnen wird, wird bereits zart und gleitend in den Zustand des Könnens hinübergewechselt.

Überlegen wir deswegen – auch ohne den Auslöser einer vitalen Not –, ob es nicht eine Rolle gäbe, die es wert wäre, von uns eingeübt und gespielt zu werden, weil sie einem »höheren Ich« in uns entspricht. Die es wert wäre, entfaltet zu werden. Die es wert wäre, uns von uns selbst abgetrotzt zu werden.

In dir

muss brennen, was du in anderen
entzünden willst.

(Augustinus)

7. Woche

Problemchen

Eine Ehefrau jammerte: »Mit meinem Mann kann ich nichts besprechen. Er versteht mich nicht.« Ich gab ihr den Auftrag, bis zur nächsten Therapiestunde sämtliche positiven Eigenschaften ihres Mannes in einer Liste zusammenzutragen. Nach einer Woche brachte sie mir einen Zettel, auf dem geschrieben stand: »Er ist treu, er trinkt wenig Alkohol, er beschäftigt sich prima mit den Kindern, er ist sparsam ...« Die Frau machte ein nachdenkliches Gesicht. »Was denken Sie?«, fragte ich sie. »Hm«, meinte sie, »eigentlich kann ich froh sein, einen solchen Mann zu haben. Wenn ich im Bekanntenkreis sehe, wie andere Ehemänner sind ...«

Noch war die Frau nicht kuriert. Sie fühlte sich bei jedem winzigen Anlass unverstanden, vernachlässigt, frustriert. Die geringfügigsten Vorkommnisse wurden von ihr auf etwaige negative Bedeutungen analysiert, und jedes minimale Unbehagen wurde eifrig registriert. Nachdem wir ihre aufgebauschten Ehedifferenzen und auch gelegentliche Reibereien mit den Nachbarsleuten bearbeitet hatten, tauchten neue »Problemchen« auf: eine schlechte Verträglichkeit gewisser Fernsehfilme, eine Empfindlichkeit bezüglich des Geruchs vom nahen Kanal, unruhige Schlafperioden während der Monatsregel und Unlust beim Hausputz. Zwar ließen sich alle »Symptome« recht gut therapeutisch angehen, aber ich begriff bald, dass es die Grundhaltung der Frau war, die ständig neue Krankheits-Reflexionen produzierte, und an diese Grundhaltung kam ich nicht heran.

Ich hatte mir schon ein kompliziertes Trainingsprogramm zurechtgelegt, als mir der Zufall zu Hilfe kam. In der Nähe des Wohnortes meiner Patientin wurde ein vietnamesisches Flüchtlingslager errichtet. Als sie mir davon erzählte, machte sie einen überaus wachen und interessierten Eindruck. Deshalb brachte ich die Überlegung ins Spiel, ob sie vielleicht bei der Verwaltung des Lagers nachfragen könnte, inwieweit Geschenke oder sonstige Unterstützungen aus der umliegenden Bevölkerung erwünscht seien.

Die Frau kam dem Vorschlag nach und entwickelte eine enorme Emsigkeit, Hilfsgüter für die Flüchtlinge zu organisieren. Sogar mit ihren Nachbarn söhnte sie sich vollends aus, um abgelegte Spielsachen von deren Kindern für das Lager zu erbitten. Wann immer sie zum Gespräch zu mir kam, berichtete sie von ihrer neuen ehrenamtlichen Tätigkeit. Ich wartete darauf, dass wieder irgendwelche emotionalen Unstimmigkeiten zur Sprache kommen würden, sozusagen das »Haar in der Suppe«, aber nichts dergleichen geschah. Es ließ sich nicht leugnen, diese Frau war plötzlich genesen.

Des Menschen Fähigkeit zur »Selbsttranszendenz« (Frankl) ist im gesunden Leben unverzichtbar. Wahrscheinlich sind alle individuellen und kollektiven, kulturellen und sozialen Verfallserscheinungen im Wesentlichen auf ihr Fehlen zurückzuführen. Selbsttranszendenz ist ein Sich-selbst-Zurückstellen, ist ein An-etwas-anderes-Denken, auch An-jemand-anderen-Denken, kurz, ist der Gegenpol zum blanken Egozentrismus. Kümmert sich ein Mensch ausschließlich um seine jeweilige Befindlichkeit, wird er immer »Problemchen« entdecken, und niemand wird ihn heilen können. »Die bloße Reflexion ist die gefährlichste Geisteskrankheit«, hat schon Schelling gesagt. Das wahre menschliche Glück liegt in einem hingebungsvollen Sich-selbstvergessen-Können.

In der psychotherapeutischen Praxis befinden wir uns diesbezüglich in einem Zwiespalt. Einerseits müssen wir einen Patienten dazu veranlassen, über seine Krankheit nachzudenken. Aber allein das Sich-Befassen mit seinem eigenen Störungsbild erhöht die Aufmerksamkeit, die der Betreffende auf sich selbst richtet, und entfernt ihn vom Sich-selbst-Vergessen. Es muss daher andererseits auch Ziel jeder wirksamen therapeutischen Intervention sein, die Krankheits-Reflexion eines Patienten abzufangen und zu reduzieren. Ideal wäre ein allmähliches Unwichtig-Werden seiner Problematik, was voraussetzt, dass für ihn ein außerhalb des Selbst Liegendes an Wichtigkeit zunimmt. Auf diese Weise schrumpfen manche »Problemchen« bis zur Unkenntlichkeit, ohne direkt behandelt worden zu sein.

Im obigen Beispiel erwies sich der Zufall als idealer »Therapeut«. Die neue Aufgabe begeisterte die Frau, und ihre sämtlichen kleinen Beschwerden verschwanden im Nu. Im Wort »Begeisterung« steckt ja auch der »Geist«, und dieser kann eben (bildlich gesprochen) ein bisschen aus der körperlichen und seelischen Haut schlüpfen und sich mit den Objekten und Subjekten unserer Hingabe verbinden. Dann spüren wir unsere körperlichen und seelischen Unreinheiten nicht mehr, und so – unbeachtet – gleichen sie sich aus.

Ich habe die besten Erfahrungen mit jeglichem Zuwachs an Selbsttranszendenz bei Rat suchenden Personen gemacht. Zum Beispiel ist die Aufmerksamkeit eines übergewichtigen Menschen, der abnehmen möchte, beim Durchführen einer Diätkur meistens auf sein Gewicht fixiert, das er täglich per Waage kontrolliert. Diese Reflexion steht aber einem unverkrampften Abnehmen im Wege. Kann die Aufmerksamkeit des Übergewichtigen hingegen etwa auf Gartenarbeiten umdirigiert werden, die er noch schnell vor Einbruch des Winters erledigen möchte, wird es vorkommen, dass er manche

Mahlzeit einfach vergisst und unmerklich an Gewicht verliert. Es wäre die leichtere und natürlichere Taktik.

In diesem Kontext ein Wort zur *Sinnerfüllung*. Sie ist des Menschen Lebenselixier. Nichts schützt so sehr vor Neurosen, Depressionen, psychosomatischen Störungen, Zukunftsängsten oder Beziehungskrisen wie ein weites Spektrum an innerlich bejahten Sinngehalten. Arbeit, Spiel, Sport, Freundschaft, Familie, Hobby zählen dazu. Allerdings gibt es auch eine Sinneinengung trotz Auslastung; Sinneinengung muss nicht zwangsläufig mit Nichtstun und Langeweile verknüpft sein. Zum Beispiel ist eine Hausfrau, die für eine große Familie ständig wäscht, kocht, näht, einkauft und putzt, oft überlastet und dennoch in Bezug auf innerlich bejahte Sinngehalte frustriert. Fände sie gelegentlich Zeit, ein Buch zu lesen, eine Party zu besuchen, eine Wanderung zu machen oder einen Theaterabend zu genießen, würden ihr die Hausfrauenpflichten wieder mehr Freude bereiten. Sowohl Unterbelastungen als auch einseitige Überlastungen sind gefährlich und schaffen einen labilen psychischen Zustand. Ein reiches und weites Betätigungs- und Erlebnisfeld ohne Hektik wirkt hingegen wie ein Rettungsring, der vor dem Absinken in Dauerfrust schützt.

Die Volksweisheit hat dafür in Form von Bräuchen geniale »Lösungen« entwickelt. So ermöglicht zum Beispiel die Faschingszeit ein amüsantes Aussteigen aus dem Jahrestrott und ein Probeauffrischen vergessener Sinngehalte im Tanzen, Singen und Lachen. Natürlich ist der Fasching in unserer Kultur auch Symbol der Freude über ein baldiges Ende der kalten Winterzeit und einer Sehnsucht nach dem Lockeren, Leichten und Sorglosen, das sich Menschen, die eine lange, dunkle und wachstumsfeindliche Periode überstehen müssen (bzw. früher mussten), im Alltag nicht einfach erlauben können (bzw. früher konnten).

Dazu tritt jedoch ein psychologischer Faktor, der – im Unterschied dazu – auch heute noch von ungebrochener Aktualität ist. Die Menschen in unserer Kultur sind hart gefordert. Weniger von den Naturbedingungen her wie unsere Vorfahren, dafür aber von den Bedingungen einer hoch technisierten Leistungsgesellschaft, in der sich jeder mittels Selbstdisziplin eisern behaupten muss. Dies verlangt nach einem Gegengewicht. Das ständige Sich-kontrollieren-Müssen verlangt nach dem Frei-Beschwingten, das Ernst-sein-Müssen verlangt nach einem Fröhlich-sein-Dürfen usw. Die eingeschliffene Selbstdisziplin braucht die Narretei, um nicht die seelische Substanz anzugreifen. Deshalb sind die »närrischen Tage« Gesundheitstage pur für die Seele!

Und warum die Verkleidung? Nun, das Übliche und Alltägliche muss wenigstens für ein paar Stunden hinter der Maske des Neckischen und Humorigen verschwinden, damit man es wagt, eine ganz andere Seite von sich selbst auszuleben. Eine Seite, die nicht imstande wäre, unsere Angelegenheiten vernünftig zu ordnen, dafür aber imstande ist, unser Kraftreservoir für ein ganzes Jahr aufzufüllen.

*Es gibt sieben Sünden der
Menschheit: Politik ohne Prinzipien,
Reichtum ohne Arbeit, Genuss ohne
Gewissen, Wissen ohne Charakter,
Geschäft ohne Moral, Wissenschaft
ohne Menschlichkeit, Religion
ohne Opfer.*

(Mahatma Gandhi)

8. Woche

Lottogewinn

Aus der »Süddeutschen Zeitung« vom 30.4.1992: Gespräch eines Journalisten mit Frau H., 51 Jahre alt. Sie hatte drei Jahre zuvor 1,3 Millionen DM im Lotto gewonnen.

SZ: Frau H., wann sind Sie heute aufgestanden?

Frau H.: So gegen zehn. Ich liege immer noch eine Weile im Bett und höre Radio. Dann habe ich mir erst einmal gemütlich Frühstück gemacht.

SZ: Schön, wenn man es sich leisten kann, so lange auszuschlafen!

Frau H.: Sie sind gut! Ich würde was drum geben, wenn ich um acht Uhr in mein Büro gehen könnte wie früher auch. Aber ich finde ja keine Arbeit mehr – Sekretärinnen werden heute kaum noch gebraucht.

SZ: Sie haben Ihren Job gekündigt, nachdem Sie im Lotto gewonnen haben?

Frau H.: Das war das Erste, was ich gemacht habe. Ich arbeitete in einem Architekturbüro als Sekretärin. Als ich von meinem Gewinn erfuhr, dachte ich: Nichts wie weg hier! Nie mehr die dumme Tippse sein! Inzwischen weiß ich, dass die Arbeit gar nicht so übel war.

SZ: Wie haben Sie sonst auf die Nachricht vom Gewinn reagiert?

Frau H.: Ich habe mir eine Eigentumswohnung in Hannover gekauft. Und dann ging's erst einmal auf Urlaub nach Afrika. Das wollte ich immer, nach Kenia zur Safari. Es war ganz nett, obwohl ich es mir anders vorgestellt habe. Ich wollte so gerne einmal Löwen sehen, aber das hat nicht geklappt. Wir sind durch die Steppe gefahren und haben ein paar Elefanten und Giraffen gesehen.

SZ: Reisen Sie jetzt öfter?

Frau H.: Dieses Jahr war ich in Marokko, mit einer Reisegruppe. Da lernt man wenigstens Leute kennen.

SZ: Haben Sie denn keine Reisepartner?

Frau H.: Zu meinen Kolleginnen von früher habe ich keinen rechten Kontakt mehr. Die meisten können es sich auch nicht leisten zu reisen.

SZ: Viele Menschen träumen von einem Sechser im Lotto. Sind Sie jetzt glücklich?

Frau H.: Na ja ... schon ...

SZ: Das klingt eher deprimiert.

Frau H.: Ich langweile mich entsetzlich. Ich weiß gar nicht, was ich die ganze Zeit machen soll. Deshalb würde ich ja gerne wieder arbeiten. Ich war bereits bei meinem alten Chef und habe gefragt, ob er mich wieder nehmen will, zumindest halbtags. Der hat aber schon eine andere.

SZ: In Ihrem Beruf müssten Sie doch eine Stelle finden?

Frau H.: Ich bin ja nicht mehr jung, ich kann nicht Englisch und kenne mich mit Computern nicht aus ...

SZ: Das könnten Sie lernen. Sie haben doch Zeit!

Frau H.: Könnte ich, ja ...

SZ: Wie viel von dem Geld haben Sie denn noch?

Frau H.: Genau weiß ich es nicht, das meiste ist fest angelegt, aber insgesamt wird es noch eine halbe Million sein. Es wird natürlich weniger, denn ich lebe ja von dem Geld.

SZ: Geben Sie viel aus?

Frau H.: Nein. Ich kaufe mir gern was zum Anziehen, und die Nachmittage verbringe ich im Caféhaus. Das geht allerdings ziemlich ins Geld.

SZ: Was machen Sie den ganzen Tag – heute zum Beispiel?

Frau H.: Ich sehe fern. Der Fernseher läuft fast immer, auch wenn ich gerade nicht hingucke.

SZ: Spielen Sie noch Lotto?

Frau H.: Zum Zeitvertreib hin und wieder. Letztes Mal hatte ich einen Dreier, das waren drei Mark fünfzig. Aber ich hätte sowieso nichts davon, wenn ich noch mal einen Sechser tippen würde ...

Dieses Gespräch ist herzergreifend, wenn auch nicht auf die übliche Weise. Herzergreifend sind im allgemeinen Storys über tragische Schicksale, Verwicklungen oder Ungerechtigkeiten. Beim obigen Bericht haben wir es aber mit einer Frau zu tun, die in der Mitte ihres Lebens steht, kerngesund (jedenfalls reisefähig!) ist, keine Not leidet, keine finanziellen Sorgen hat und eine Freiheit von jedem nur denkbaren Stress genießt, wie sie kaum jemandem sonst beschieden ist. Ihr immenses Kapital ist nicht nur ihr Bankkonto, sondern vor allem die Zeit, über die sie täglich beliebig verfügen kann. Verglichen mit einem chinesischen Grubenarbeiter, der wöchentlich 65–70 Stunden in finsterer Tiefe Schwerstarbeit verrichten muss für einen Lohn, mit dem er sich, seine Frau und seine Kinder nicht satt bekommt, geschweige denn, in der kalten Jahreszeit seine Hütte wärmen kann, lebt die Lottospielerin aus dem Interview bereits lange vor ihrem Tod im »Himmel«.

Nur ist es ein leerer »Himmel«. Keine Freude, keine Zielperspektive, keine Initiative, kein Unternehmungsgeist, kein Wertbezug, keine sinnvolle Aufgabe, keine Freundschaft, keine kulturelle Betätigung, keine Fortbildung – rein gar nichts füllt ihren »Himmel«. Die eine oder andere enttäuschende Reise, der Kauf von überflüssigen Kleidern, der Routinebesuch von Cafés und das unaufhörliche Geflüster des Fernsehapparates sind beim besten Willen nicht im »Himmel« lokalisierbar. Nein, er ist leer, bis auf die Frau, die darin ihr armseliges Leben »absitzt«.

Der Psychologe Mihaly Csikszentmihalyi hat in seinen breitangelegten Untersuchungen zum Phänomen des Glücks bestätigt, was Viktor E. Frankl ein halbes Jahrhundert zuvor intuitiv entdeckt und beschrieben hat, nämlich dass das Eintreten von Glücks- und Hochgefühlen (im Amerikanischen »flow« genannt) bestimmte Voraussetzungen hat, als da sind:

❋ ein Gleichgewicht von selbstgestellten Aufgaben und persönlichen Fähigkeiten,

❋ eine die Vorteile der Person überschreitende Zielsetzung dieser Aufgaben,

❋ die volle Konzentration und Hingabe an diese selbstgestellten Aufgaben,

❋ die Rückmeldung, dass man bezüglich dieser Aufgaben Fortschritte macht,

❋ keine Einsatzhemmnisse durch Berechnung, Unsicherheit oder Angst.

Das bedeutet schlicht und einfach, dass ein Leben ohne selbstgestellte, sinnvolle Aufgaben, die zu den persönlichen Fähigkeiten einer Person passen und um die sich die Person mit Ausdauer und in Selbstvergessenheit annimmt, ein lustloses ist, in dem Symptome wie Apathie, Lethargie, Depressivität, Überdruss, Langeweile, Gleichgültigkeit und Dekadenz überhandnehmen. Viktor E. Frankl sprach sehr treffend von einem »existenziellen Vakuum«, in dem die Person zu versinken droht. Ihre Antriebskraft reduziert sich, sie rafft sich zu nichts mehr auf, alles erscheint ihr fragwürdig und uninteressant, blass und leer. Das Schlimmste jedoch ist: In ein solches »existenzielles Vakuum« wuchern je nach Lebensalter seelische Abnormitäten aller Art ungehindert hinein. Exzesse, Süchte (Betäubung, Jagd nach Thrill), Perversionen, Promiskuität, Fluchtbewegungen, Radikalität (Extremismus), Pessimismus (Querulantentum, Nörglerei) oder Todesfantasien finden im »existenziellen Vakuum« ihren idealen Nährboden.

Im jugendlichen Alter verbirgt sich das »existenzielle Vakuum« hinter den Schlagworten von der No-future-Generation bzw. der Null-Bock-auf-nichts-Mentalität. Die Symptome zeigen sich in (auto-)aggressiven und provokativen Haltungen einer Blindlingsrevolte gegen Kultur und Gesellschaft. Bei den 20-30-Jährigen spricht man inzwischen von der Quater-life-crisis. Junge Menschen sehen sich einer globalisierten Welt gegenüber, die reizlos und aussichtsarm scheint. Sie retten sich in die virtuelle Welt der Medien, in der alles möglich ist. Im Durchschnitt hat ein 25-Jähriger heutzutage mehr als 23.000 Stunden ferngesehen. Wie viele Horrorkostproben und Krimitote er dabei konsumiert hat, und zwar meistens gerade knapp vor dem Einschlafen, in dem sich die Letzteindrücke besonders tief einprägen, ist statistisch nicht erfasst, muss aber beträchtlich sein. Fachleute sprechen von einer »Bilderverstopfung« und der seelischen Schutzreaktion durch Abstumpfung.

Bei den 40-50-Jährigen versteckt sich das »existenzielle Vakuum« hinter den Schlagworten von der Midlifecrisis bzw. dem Burnout-Syndrom, mitunter auch hinter dem Leere-Nest-Syndrom. Diese Personengruppe hat ihren Karrieregipfel erreicht und zieht eine erschreckende Bilanz. Was sie hinter sich hat, wird abgewertet (War das alles? Wofür habe ich mich abgerackert? Was habe ich vom Leben gehabt? Bin ich nicht zu kurz gekommen?), und was sie vor sich sieht, ist bloß noch der Abstieg. Vom Gipfel geht es eben bloß noch bergab. Bei den 60-70-Jährigen wiederum öffnet das »existenzielle Vakuum« seinen Schlund in Form des Pensionierungsschocks bzw. der Torschlusspanik. Man fühlt sich zum »alten Eisen« geworfen. Das Gefühl des Nicht-mehr-gebraucht-Werdens und Nichts-mehr-wert-Seins verdichtet sich mit nachlassenden Kräften und zunehmendem Alter, bis hin zum verbittert-erstarrten Dahinsiechen Hochbetagter in Seniorenheimen.

Was lernen wir daraus? Unsere geistig-seelische Spannkraft darf während unseres ganzen Lebens *niemals nachlassen*. Sie spannt sich auf in einem Bogen zwischen Sein und Soll, wobei das Soll in selbstgestellten, konstruktiven Aufgaben besteht, die uns in einem gesunden Maße fordern. Gibt es keine Notwendigkeit, solche Aufgaben zu erfüllen (eine »Not zu wenden«!), wie im Fall der zitierten Lottospielerin, dann müssen in einem kreativen Akt entsprechende Aufgaben selbstständig gesucht und gefunden werden.

Im Übrigen ist in unserer Welt immer irgendeine »Not« vorhanden, die durch ein persönliches Engagement »gewendet« werden könnte und sollte; wenn nicht eine eigene, dann eine fremde. Man muss nur dazu bereit sein und die Augen weit öffnen – für die Realität und nicht für die Flimmerkiste.

Spüre den Sinn
deiner alltäglichen Arbeit auf,
und sein Lichtstrahl
durchglüht deinen Tag.

(J. Iljin)

9. Woche

Blinklichter

Leben gelingt also nicht automatisch deswegen, weil man alle körperlichen und psychischen Bedürfnisse stillen kann. Menschliches Sein streckt sich nach mehr aus. Der Mensch ist eingeladen, Mitschöpfer der Erde und unserer Menschengemeinschaft zu sein. Er spürt seinen Auftrag, den er in Freiheit und Individualität erfüllen möchte, und zwar in Form konkreter Aufgaben im Dienst an einer würdigen Sache oder im liebenden Dasein für jemanden.

Manchmal jedoch ist es genau umgekehrt wie bei der Lottospielerin. Es strömen zu viele (durchaus sinnvolle)

Aufgaben so herrisch und unausweichlich auf eine Person ein, dass sie als enormer Druck erlebt werden. Denken wir zum Beispiel an eine allein erziehende Mutter, die berufstätig ist, den Haushalt und ihr Kind zu versorgen hat und auch noch Schwierigkeiten mit ihrem Exmann bezüglich der Unterhaltszahlungen hat. Ihre eigene Mutter, die Großmutter des Kindes, wird schwer krank und kann nicht mehr auf das Kind aufpassen. Sie muss sogar selbst gepflegt werden. Jetzt ist die allein erziehende Mutter »am Rotieren«, d. h. in einer permanenten Überforderung, weil die sinnvollen Aufgaben, die sich ihr stellen, nicht mehr zu ihrer zeitlichen Kompetenz passen.

Was ist ihr zu raten? Nun, niemand muss sich unter Druck setzen lassen. Druck ist häufig »innerer Druck«. Nirgends steht geschrieben, dass man alle sinnvollen Aufgaben *gleichzeitig* erledigen muss, um danach krank und erschöpft zu sein. Die Gleichzeitigkeit, mit der mehrere zu erledigende Aufgaben vorliegen, ist in ein stabiles *Nacheinander* der Erledigungen aufzulösen, dann wird einem die Mehrfachbelastung nicht wesentlich schaden.

Sinn und Werte stehen in einem besonderen Verhältnis zueinander. Werte sind nach Viktor E. Frankl »Sinnuniversalien«. Als solche durchflechten sie – hoffentlich! – weite Areale unseres Lebens, einander überlappend und gelegentlich miteinander kollidierend. Einige sind »vorlauter« als andere und wollen unbedingt sofort »bedient« werden. Bei der allein erziehenden Mutter, deren Situation wir anskizziert haben, könnten sechs Werte miteinander in einen solchen Widerstreit treten:

❊ die Förderung der guten Entwicklung ihres Kindes,
❊ die Schaffung von Frieden mit dem Kindesvater,
❊ ihre berufliche Entwicklung und materielle Sicherung,

❉ die Unterstützung ihrer pflegebedürftigen Mutter,
❉ ihre eigene körperlich/seelische Regeneration,
❉ der Erhalt eines sauberen/gemütlichen Zuhauses.

Im Unterschied zu den Werten, die einander überlappen und miteinander kollidieren können, ruft der »Sinn des Augenblicks« jedoch immer nur zu einer einzigen »Aktion« auf, wobei die Aktion auch in einer Unterlassung oder in einer stillen Wandlung bestehen kann, also in äußerlich inaktiven Vorgängen, die dennoch rege geistige Bewegungen beinhalten. Der Sinn legt sozusagen fest, welcher Wert gerade an der Reihe ist, »bedient« zu werden. Der Sinn dirigiert die übrigen Werte auf »Warteposition«. Der Sinn definiert das jeweils »Eine, das nottut«, das Priorität hat vor allem anderen.

Zum näheren Verständnis stelle man sich eine Reihe von Signallampen vor, die auf einem Brett befestigt sind. Sie alle besitzen die Leuchtkraft von Werten. Sie seien nun elektrisch so geschaltet, dass im Wechsel immer nur eine einzige Lampe aufleuchtet. Rein optisch wirkt es dann so, als würde das Licht zwischen den Lämpchen hin- und herhüpfen, ähnlich wie die Blinklichter über den Gates auf den Flughäfen, die signalisieren, dass ein Flugzeug bestiegen werden kann. Dieses hin- und herhüpfende Licht entspricht dann dem »Sinn des Augenblicks«.

Auf die vorhin genannte gestresste Mutter angewandt: Um aus dem Stress herauszukommen, müsste sie sich konsequent an den Blinklichtern ihres gegenwärtigen Lebens orientieren. Was leuchtet *jetzt* auf? Wenn *jetzt* ein Federballspiel mit ihrem Kind an der Reihe ist, dann sollte sie nicht an ihre Bügelwäsche denken, dann muss ihre kranke Mutter auf sie warten, und dann ist ihr Beruf momentan egal. Wenn sie *jetzt* ihre Mutter zum Arzt fährt, dann ist ihr Kind im Hort gut untergebracht, die Bügelwäsche muss noch immer warten und der Beruf ist noch immer egal. Analog geht es weiter.

Der Haken dabei ist, dass die Orientierung an den Blinklichtern des Lebens eine Palette gut entwickelter Fähigkeiten voraussetzt, nämlich eine sichere Entscheidungskraft, das Erkennen von Prioritäten, die ungeteilte Hingabe an Eines unter Verzicht auf Zweitrangiges, das Delegieren von Aufgaben an Hilfskräfte, ein Aushalten von Unvollkommenem und ein Ignorieren falschen »schlechten Gewissens«, das einem suggerieren will, man sollte alles gleichzeitig und super bewältigen.

Zu der Sache mit dem »schlechten Gewissen« noch ein Tipp:

Frankl hat das menschliche Gewissen im Unterschied zu den Sinnesorganen (Augen, Ohren, Nase ...) als ein »Sinn-Organ« definiert; als unser »Organ«, das den einzigartigen Sinn einmaliger Lebenssituationen aus dem Chaos vielfältiger innerer Impulse herausfiltern kann. Es ist sozusagen die Instanz, die uns jeweils das Aufleuchten einer bestimmten Signallampe wahrnehmen lässt. Dieses Gewissen kann nie ein »schlechtes« sein, sondern ist immer ein gutes, gnadenvolles und wegweisendes. Selbst wenn wir ihm nicht Folge leisten, flüstert es wohlmeinend in uns weiter und zeigt unbeirrt in Richtung »Gate zum Licht«. Anders ist es mit den verinnerlichten Fremdstimmen aus unserer Lernvergangenheit. Da mögen scheltende Vorwürfe von Eltern, Lehrern, Kirchenvätern, Gesetzesvertretern etc. dabei sein, die in uns nachhallen und unangenehme Gefühle erzeugen, wenn wir nicht nach den Vorstellungen jener Autoritätspersonen leben.

Freilich darf nicht alles pauschal über Bord geworfen werden, was uns einst in Bezug auf Moral gelehrt worden ist. Viel Vernünftiges wird dabei sein. Doch liegt es in jedem Jetzt an uns, *mit unserem eigenen Gewissen* nachzuprüfen, was davon noch Gültigkeit hat und was nicht oder nicht mehr. Wer sich bloß von einem veralteten Unbehagen dirigieren lässt, handelt nicht wirklich moralisch. Moralisch handelt, wer den jeweiligen »Sinn des Augenblicks« im Visier hat – von der Außenwelt sanktioniert oder nicht – und sich mutig zu ihm bekennt. Das »schlechte Gewissen« hingegen ist zu nichts nütze und kann »guten Gewissens« abgelegt werden.

Es ist ein verborgenes
Lebensgesetz, dass uns zu rechter
Stunde der rechte Mensch, das
notwendige Erlebnis, das rechte Wort
in den Weg geführt wird.

(Lulu von Strauss und Torney)

10. Woche

Verlustbewältigung

Vor Jahren ließ eine Mutter ihre Adoptivtochter in der Beratungsstelle, in der ich arbeitete, auf Schulreife untersuchen. Im Zuge des Gesprächs erzählte sie mir die Geschichte dieser Adoption.

In ihrer Ehe hatte sich lange Zeit kein Nachwuchs angekündigt, bis sie endlich schwanger geworden war. Aber als das Kind zur Welt kam, war es tot. Sie lag damals im Krankenhaus, mit vom Weinen geschwollenen Gesicht, und im Bett neben ihr lag ebenfalls eine Frau, die gerade entbunden hatte, ebenfalls mit tränenüberströmtem Gesicht. Erst zwei Tage nach der Totgeburt war das Interesse der Mutter an ihrer Mitwelt wieder so weit erwacht, dass sie ihre Bettnachbarin fragte, warum diese denn weine, obwohl ihr Baby, ein Mädchen, doch kerngesund war? Es stellte sich heraus, dass auch die Bettnachbarin eine verzweifelte Frau war: eine Gastarbeiterin, aus der fernen Heimat nach Deutschland eingereist, um Geld zu verdienen, in ein paar unbedachten Liebesnächten schwanger geworden, hilflos und allein gelassen, ohne Rückkehrmöglichkeit mit einem unehelichen Kind und ahnungslos, wie es weitergehen sollte. Da lagen die beiden Frauen in jenen schweren Stunden, eingeschmolzen auf den Wesenskern ihrer Seelen, zusammengeführt von den Fäden des Schicksals, und plötzlich leuchtete auf dem Hintergrund ihrer Leiden eine gemeinsame Sinnmöglichkeit auf. Die Gastarbeiterin, die für ihr Kind keine Zukunft sah, überwand sich und reichte ihr Baby hinüber ins andere Bett, wo die Mutter, die ihr eigenes Kind mit so viel Liebe und Freude erwartet und so unerwartet verloren hatte, schweren Herzens das fremde annahm. Daraus entstand die Adoption. Als ich das Mädchen sechs Jahre später wegen der Einschulungsfrage zu Gesicht bekam, begegnete ich einem Kind, das mich aus fröhlichen, dunklen Augen anlachte, mit sich und der Welt sichtlich zufrieden.

Es sieht nach einem »happy end« aus, aber man täusche sich nicht. Als mir die Mutter ihre Geschichte erzählte, hatte sie immer noch Mühe, ihrer Stimme einen normalen Klang zu geben, und ich bin überzeugt, dass auch die Gastarbeiterin, wo sie heute auch sein mag, den geleisteten Verzicht auf ihr Kind nicht vergessen haben wird. Weder war das adoptierte Mädchen ein »Ersatz« für das Totgeborene, noch war die Kindesfreigabe eine Ideallösung der anstehenden Probleme. Dennoch lag Sinn im Handeln der beiden Frauen, ein Sinn, der dem beidseitigen Leid entsprungen war und letztlich mithalf, es zu bewältigen. Hätten sich die beiden Frauen bloß an den Annehmlichkeiten des Lebens orientiert, dann wäre die eine vielleicht an ihrem Verlusterlebnis »zerbrochen«, und die andere wäre vielleicht an ihrem Kind, um das sie sich nicht ausreichend hätte kümmern können, schuldig geworden.

Mir hat einmal ein anderer Klient, der auf dem Land wohnte und durch ein schweres körperliches Handicap von vielem Schönen im Leben ausgeschlossen war, gesagt: »Wissen Sie, Frau Doktor, auch diejenigen Bäume im dichten Wald, die wenig Licht und Wasser abbekommen, die schmächtigen und verkrüppelten, haben ihren Wert. Sie werden zum Verheizen abgeholzt und schenken uns Menschen Wärme, damit es in den Stuben behaglich wird. Dasselbe kann auch ich, und mehr als das will ich gar nicht:

Wärme schenken, obwohl ich vom Leben wenig Wärme empfangen habe.« In der Tat wurde dieser Mann von allen Dorfbewohnern wegen seines freundlichen Wesens hoch geschätzt.

Sind dies nicht immense geistige Leistungen, großartige Verlustbewältigungen, erbracht aus dem Wissen, dass in allem noch Sinn erspürt, aus allem noch Sinn geschöpft werden kann, selbst durch die Abgründe der Verzweiflung hindurch? Hier geht es nicht um ein Hinunterschlucken des Erlittenen, um ein Verdrängen, ein Rationalisieren, ein Überkompensieren und ähnlich psychologistische Interpretationen. Hier wird von Menschen eine Distanz geschaffen zwischen ihnen selbst und der Sachlage, eine innere Distanz, die es ihnen ermöglicht, aus ihr heraus Sinnstrukturen zu erspähen, die mitten im Strudel der aufgewühlten Emotionen nicht zu erkennen wären. Wer im Verlust aufrecht stehen bleibt, der steht zugleich auch schon *über* seinem Verlust. Wenn er aber *über* seinem Verlust steht, dann ragt er aus der Menge der leidenden Menschen heraus, er wird zu einem »herausragenden Vorbild« für andere; von ihm strahlt, ganz nach dem altrömischen Motto »exempla trahunt«, eine Kraft aus, die sich in der Mitwelt fortpflanzt. Kurzum, wer seine eigenen Verluste zu bewältigen vermag, hilft anderen, ohne auch nur einen Finger für sie zu rühren, allein schon durch seine Existenz, die einem Zuruf gleicht, es ihm nachzumachen. Wahrscheinlich meinte dies auch Seneca, von dem der folgende frei übersetzte Appell überliefert ist: »... bleibe auf deinem Posten und hilf durch deinen Zuruf; und wenn dir das Leid die Kehle zudrückt, bleibe auf deinem Posten und hilf durch dein Schweigen.«

Im Kontrast zu den erwähnten vorbildlichen Verlust- und Leidbewältigungen möchte ich einen Kurztext von einem jungen Mann präsentieren, den er in einem Ausleseverfahren als Antwort auf die Testfrage, welche Ziele er in seinem Leben bereits erreicht habe und welche er noch anstrebe, niedergeschrieben hat:

»Ich habe fast alle Ziele, die ich mir bis jetzt gesteckt habe, erreicht, im Privaten wie auch im schulischen Bereich. Insgesamt gesehen war die Schule für mich nur ein Mittel zum Zweck, eine Position im Leben zu erreichen, in der ich mich wohlfühle. Das Leben selbst erscheint mir sinnlos, doch wenn ich schon lebe, dann möchte ich mir diese Zeit so angenehm wie möglich gestalten. Insofern wäre es für mich ein schrecklicher Schlag, würde irgendetwas meine Pläne durchkreuzen.«

Überlegen wir uns die Aussage dieser wenigen Sätze. Auf der Basis eines als sinnlos empfundenen Lebens sollen wenigstens zahlreiche Annehmlichkeiten aus dem Leben herausgeholt werden. Und wenn dies nicht gelingt – wäre es schrecklich! Nun, ich fürchte, der Schrecken ist schon da, denn die Dauerangst vor einem schrecklichen Schlag ist für sich genommen Schrecken genug. Es ist charakteristisch, dass dort, wo Sinnperspektiven fehlen, auf Lustperspektiven ausgewichen wird. Eine ganze »Fun- und Spaßgeneration« praktiziert derlei Ausweichmanöver. Gegen Lust und Vergnügungen ist im Prinzip natürlich nichts einzuwenden, nur zeigt sich im Allgemeinen, dass Sinn und Lust miteinander verquickt sind. Lust, Freude, Annehmlichkeiten und notfalls die Erträglichkeit von Unannehmlichkeiten sind Beiprodukte sinnerfüllten Daseins, und wo sie es nicht sind, verflüchtigen sie sich rasch. Der junge Mann, der fast alles erreicht hat in seinem Leben, was er wollte, ist wirklich nicht zu beneiden.

Fragen wir: Was ist überhaupt Sinn? In der Logotherapie denken wir, dass Sinn eine transsubjektive Größe transzendenter Herkunft ist. Transsubjektiv heißt, dass er stets das Gesuchte bleibt und nie zum absolut Gefundenen wird. Der Sinn, den ich heute erspüre, wird nicht derselbe Sinn sein, den ich morgen erkennen werde. Also besitzen Menschen mit stabiler Sinnorientierung das ständig Gesuchte und manchmal, in »Sternstunden«, das für heute Gefundene, während Menschen mit fehlender Sinnorientierung nicht nur das Gefundene vermissen, sondern auch das Gesuchte entbehren. Es ist schlimm, nichts zu haben, wonach man sucht. Mit dem Schrumpfen der Suchbewegungen schrumpft die geistige Beweglichkeit.

Die beiden Frauen, die nach der Entbindung dem kleinen Mädchen die besten Zukunftsaussichten geschenkt haben, haben sich als geistig enorm beweglich erwiesen. Sie haben in ihrer jeweils furchtbaren Situation Sinn gesucht und gefunden. Sinn kann nicht gegeben werden. *Es* war in ihrem Fall vernünftig, gut und richtig, die Adoption einzuleiten. Man kann sich dem, was vernünftig, gut und richtig ist, widersetzen, aber man kann es nicht willkürlich definieren. *Es* ist zum Beispiel sinnvoll, an einer U-Bahn-Haltestelle zuerst die Fahrgäste aussteigen zu lassen und danach einzusteigen. Das kann man nicht willkürlich umdrehen und behaupten: *Mein* Sinn ist es, erst einzusteigen, bevor die anderen ausgestiegen sind. Das Ergebnis wäre ein elendes Gedränge. Ein anderes Beispiel: *Es* ist sinnvoll, leicht verderbliches Obst, das man zu Hause hat, zuerst zu essen, und später das haltbarere Obst. Auch das kann man nicht willkürlich umdrehen und behaupten: *Mein* Sinn ist es, zuerst das haltbarere Obst zu essen. Das Ergebnis wäre, dass einiges an Obst weggeworfen werden müsste. Sinn kann nur gefunden, herausgefunden werden in den komplexen Situationen des Lebens, und oft werden wir uns dabei irren. Aber da er von transzendenter Herkunft ist, bietet er sich uns immer wieder aufs Neue an und haucht uns das Wort ein, das im Anfang war, den »Logos«, der seit Urgedenken die Evolution unmerklich in ihre Bahnen weist und auch uns Menschlein des Weges weist von der Geburt bis zum Tod.

Nicht der Mächtige
ist wichtig, der im Bewusstsein seines
Rechts den Feind vernichtet und die
Widerstrebenden ins Gefängnis wirft,
sondern der Gefangenenwärter,
der es entgegen dem Verbot doch nicht
lassen kann, den Gefangenen gelegentlich
ein Stück Brot zuzustecken.

(Werner Heisenberg)

11. Woche

Schuldbewältigung

In der Münchener Beratungsstelle, die ich von 1977 bis 1986 geleitet habe, ist in jenen Jahren ein Projekt mit straffälligen Jugendlichen durchgeführt worden, das nach einigen Anlaufschwierigkeiten ein interessantes Resultat gezeigt hat, von dem ich berichten möchte. Bei den Jugendlichen handelte es sich um Ersttäter, die von den zuständigen Jugendrichtern vorzeitig aus der Haft entlassen worden waren mit der Auflage, an therapeutischen Gruppensitzungen teilzunehmen. Projektziel war es, die Rückfallquote zu senken.

Unsere 1. Konzeption, die eine Verhaltensänderung der Jugendlichen durch ein regelmäßiges soziales Training anstrebte, ging daneben. Jedes Training setzt ein hohes Maß an Eigenmotivation voraus, über das unsere Klienten nicht verfügten.

Unsere 2. Konzeption orientierte sich an den Problemen der jungen Leute im Bemühen, ihnen geeignete Problemlösestrategien an die Hand zu geben. Aber obwohl sie genügend Probleme mitbrachten und auch leidlich motiviert waren, mit der Gruppenleiterin über mögliche Lösungen nachzudenken, lief die Sache nicht wie gewünscht. Sie lief deswegen nicht gut, weil die erörterten Probleme – meist häuslicher oder beruflicher Art – schnell zu Entschuldigungsgründen für das begangene Fehlverhalten herangezogen wurden, was eine nachträgliche Berichtigung der Schuld scheinbar überflüssig machte.

Im 3. Anlauf zogen wir endlich das Franklsche Menschenbild zu Rate. Wir fassten den Mut, Schuld allen widrigen Milieuumständen zum Trotz als Schuld stehen zu lassen, allerdings nicht im Sinne einer Anklage oder eines Vorwurfs, sondern als Anstoß zur Besinnung auf die urmenschliche Herzensweisheit, die jeder der jungen Straffälligen unabhängig vom äußeren Milieu in sich trug. Nach dem Motto, dass »mich die Mitwelt nicht komplett gestalten kann, ich aber sehr wohl mich selbst gestalten kann«, gingen wir dazu über, ihnen gerade aus dem Beweis, wie frei sie in Wirklichkeit gewesen waren, irgendeine Untat zu begehen, den Beweis herzuleiten, wie frei sie auch jetzt noch wären, verantwortungsbewusste Taten in die Welt zu setzen. Taten, die rückwirkend alles Negative, das sich in ihren jungen Leben eingenistet hatte, aufzuwiegen vermochten. Auf einmal bewegte sich etwas in den Gruppen. Eine neue Erkenntnis dämmerte durch Spott, Verlegenheit, Zynismus, Gleichgültigkeit und Verwahrlosungsschäden hindurch. Der eine oder andere Jugendliche nahm sich »die Freiheit zur verantwortungsbewussten Tat« und stellte dabei überrascht fest, dass er ihrer fähig war. Das spornte die anderen an, und fast unbemerkt sank im ständigen Auf und Ab die Rückfallquote.

In der traditionellen Psychotherapie wird viel von den »unaufgeräumten Sachen« gesprochen, die Patienten (unbewusst?) »auf der Seele liegen« und emotionale Entgleisungen provozieren. In mehr als 30 Jahren Umgang mit Patienten ist meine Erfahrung dazu die folgende: Das Negative, das – zumindest in seiner vollen Schärfe – mit der Zeit vergessen wird (ob man es als »von seelischen Abwehrmechanismen verdrängt« deutet oder nicht), ist hauptsächlich das Negative, wofür man nichts konnte. Demgegenüber wird das Negative, das auf eigenes Fehlverhalten zurückzuführen ist, nicht ohne weiteres vergessen. Es bleibt tatsächlich als ein unruhestiftender Rest so lange »auf der Seele liegen«, bis es aufgewogen worden ist in irgendeiner Art von Aussöhnung oder Wiedergutmachung.

Wenn wir unvoreingenommen an diese Beobachtung herangehen, könnten wir meinen, die Natur habe es in ihrer Genialität so eingerichtet, dass vergessen werden *soll*, was keinen Sinn hat, weiterhin erinnert zu werden, wohingegen *nicht* vergessen werden *soll*, wo noch ein Sinn in der Erinnerung schlummert, der seiner Erfüllung harrt. Welchen Sinn könnte es denn haben, schmerzliche Erlebnisse, die einem zufällig widerfahren sind, unaufhörlich zu memorieren und sich dadurch die schöne Lebenszeit, die einem zur Verfügung steht, zu vergiften? Eher wäre doch ein Sinn in der gedanklichen Aufarbeitung des Gewesenen dann denkbar, wenn das Schmerzliche von einem selber ausgegangen ist, wenn also Taten begangen worden sind, die ernste Folgen gehabt haben. Denn nur dadurch, dass diese eben *nicht* vergessen werden, kann es zu einem Lern- und Läuterungsprozess kommen, der einen vor Wiederholungsfehlern schützt und auf den richtigen Weg bringt.

Im Lichte dieser Hypothese müssten wir das Vergessen von traurigen Kindheitsereignissen oder von schlechten Träumen (mit deren Aufdeckung sich die Tiefenpsychologie schwerpunktmäßig beschäftigt) neu beurteilen. Kein Kind ist schuld an dem, was mit ihm in seiner Kindheit geschieht, und kein Schläfer ist schuld an dem, was er träumt. Wer sagt uns daher, dass es nicht heilsam ist, wenn sich der Schleier des Vergessens über die kleinen und großen Tragödien, die jede Kindheit in sich birgt, und über die mehr oder weniger verschwommenen Ängste der Traumwelt senkt? Wie können wir beweisen, dass wir nicht wider die Natur handeln, wenn wir diesen Schleier künstlich lüften? Vielleicht wären wir, krass ausgedrückt, schon längst ausgestorben, wenn es nicht die Gnade des Vergessens gäbe, wenn die Erwachsenengenerationen durch die Jahrhunderte hindurch die Gräuel aus erlebten Kriegs-, Hungers- und Notzeiten immer während und unverrückbar lebendig vor Augen behalten hätten? Manchmal, wenn ich Patienten hatte, die vor mir therapeutisch darauf getrimmt worden waren, sämtliche potenziellen Entsetzlichkeiten ihrer frühesten Vergangenheit ins Bewusstsein zu heben und dort parallel zum Gegenwartsalltag mit sich herumzuschleppen, ist mir der Vers aus Friedrich von Schillers »Taucher« eingefallen:

> *Der Mensch versuche die Götter nicht*
> *und begehre nimmer und nimmer zu schauen*
> *was sie gnädig bedecken mit Nacht und Grauen.*

Freilich ist der Zweck jeglicher Bewusstmachung die endgültige Bewältigung des Vergangenen – ein sehr legitimes Anliegen. Es fragt sich bloß, ob es durch die Neuaufladung der damit verbundenen Affekte zu erreichen ist oder ob im Gegenteil der seelische Schaden zusätzlich intensiviert wird.

Verlassen wir damit den Boden der Kindheit und Träume und wenden wir uns wieder dem individuellen Versagen einer Person zu, hinsichtlich dem, wie erwähnt, die Götter im Allgemeinen weniger gnädig sind: Sie bedecken es kaum je mit völligem Vergessen, sondern lassen sozusagen einen Zipfel davon hervorlugen, der als insgeheime oder zugegebene »Reue« weiterwirkt. Ob zum seelischen Schaden, ist nicht erwiesen, vielleicht sogar zur seelischen Reifung? Schuld ist ein starker Wandlungsimpuls, ein Aufruf, sich zu ändern, aus alten Geleisen auszusteigen und in Zukunft bessere Entscheidungen zu treffen.

Ein Therapeut, der ja kein Richter über Menschen ist, kann angesichts vergangenem Fehlverhalten eines Patienten, das ihm in der Therapiestunde zur Kenntnis gebracht wird, zwei Funktionen ausüben.

Zum einen kann er gemeinsam mit dem Patienten abwägen, *ob es berechtigte Schuldgefühle sind*, die diesen belasten, das heißt, ob das Geschehene voll in dessen Verantwortungsbereich gelegen hat oder eventuell von fremden Faktoren abhängig gewesen ist, die der Patient gar nicht hat kontrollieren können. Wir kennen nämlich das Phänomen in der Psychotherapie, dass sich Patienten irrtümlich wegen Ereignissen schuldig fühlen, bezüglich deren sie minimale oder überhaupt keine Freiheit besessen haben, die also schier über sie hinweggeglitten und im Wesentlichen von ihnen unvermeidlich gewesen sind. Zum Beispiel ist die Ehefrau eines meiner Patienten im Garten von einer Leiter auf die Zacken eines Rechens gestürzt und innerlich verblutet, während er auf einer Dienstfahrt war, woraufhin er sich die schlimmsten Vorwürfe machte, nicht bei ihr gewesen zu sein. Solche Ereignisse sind durchaus betrüblich, aber sie sollten keine Versagens- oder Schuldgefühle beim Betroffenen auslösen, und wenn dies dennoch der Fall ist, muss mit vernünftigen Argumenten gegengesteuert werden.

Zum anderen kann der Therapeut helfen, *berechtigte Schuldgefühle zu bewältigen*, und zwar auch ohne eine »psychologische Absolution« zu erteilen, die darin bestünde, den Patienten als unmündiges Opfer ihn beherrschender unbewusster Triebmächte oder prägender Konditionierungsvorgänge hinzustellen. Nein, es gelingt *auch* und eigentlich *nur*, indem die geistige Freiheit und Würde der Person anerkannt wird, wie das Münchener Straffälligenprojekt gezeigt hat. Schuld kann getilgt werden durch eine »Renaissance des Selbst«. Jede Form der Wiedergutmachung und alles Gute, das ein schuldig gewordener Mensch aus seiner Schuld heraus kreiert, jeder Erfolg, der aus der Saat seines einstigen Versagens aufgeht, jede positive Möglichkeit, die deshalb von ihm ergriffen und verwirklicht wird, weil er zuvor einmal einer negativen Möglichkeit den Vorrang gegeben hat, verleiht dem Gewesenen rückwirkend Sinn. Eine rückwirkende Sinndurchflutung aber »berichtigt« gleichsam die falsche Wahl, so unwiderruflich diese auch in der Historie sein mag, denn etwas, das zu einem guten Ende beiträgt, kann nicht durch und durch falsch sein.

Forscht man genauer nach, entdeckt man, dass sich dieser Gedanke in allen Erlösungsmythen der großen Weltreligionen widerspiegelt, lediglich die junge Wissenschaftslehre der Psychotherapie hat lange daran vorbeigedoktert.

Gewohnheiten sind
zuerst Spinnweben, dann Drähte.

(Chinesisches Sprichwort)

12. Woche

Arme Doris!

Aus einem Zeitungsinterview (1980) mit Doris:

Doris: Seitdem ich süchtig bin, habe ich viel Literatur zum Thema »Sucht« gelesen. Ich glaube, meine Kindheit ist geradezu ein Paradebeispiel für Leute, die süchtig sind. Mein Vater starb, als ich zwei Jahre alt war. Von da an habe ich bei meiner Großmutter gelebt. Mit acht Jahren wurde ich zum ersten Mal vergewaltigt, auf einem Spielplatz. Als ich zwölf war, ist dann ein Fernfahrer über mich drüber, als ich zu einer Freundin trampen wollte. Bei dem Kerl habe ich mich nicht mehr gewehrt, und so war alles nur halb so schlimm. Heute ziehe ich dafür anderen geilen Säcken das Geld aus der Tasche. Das ist eine verspätete Rache.

Gesprächspartner: Gehst du auf den Strich?

Doris: Nein, so Parterre bin ich nun auch wieder nicht. Ich habe ein paar gutbetuchte Typen, denen ich zwischendurch mal einen Gefallen erweise.

Gesprächspartner: Gefallen?

Doris: Na ja, da ist zum Beispiel ein Großbauer: Vor dem muss ich immer nackt auf einem Gaul rumrutschen. Oder ein Geschäftsmann: Der will, dass ich mich ohne Höschen hinsetze und die Füße auf den Tisch lege. Das ist für ihn das Höchste. Bei beiden kassiere ich jedes Mal 500 DM dafür. Natürlich habe ich auch normalere Kunden.

Gesprächspartner: Reicht dieses Geld für deine tägliche Menge Stoff?

Doris: Nicht ganz. Im Augenblick gibt es kaum Morphium auf der Szene, deshalb nehme ich Heroin. Und davon brauche ich am Tag etwa zwei Gramm. Kostet 600 DM. Das ist unheimlich viel Kohle. Ich muss deshalb zwischendurch ein bisschen mit Stoff dealen und immer wieder mal Nacktfotos machen. Und Hans bringt ja auch was mit nach Hause.

Gesprächspartner: Hans?

Doris: Das ist mein Freund. Mit dem lebe ich seit 14 Tagen zusammen. Hans klaut in der Gegend rum und verkauft Haschisch. So kommen wir zusammen ganz gut über die Runden.

Gesprächspartner: Wann hast du mit dem Rauschgift angefangen?

Doris: Mit dreizehn. Da habe ich meinen ersten Trip geworfen. Nach genau dreimal wurde es mir zu langweilig. Immer die gleichen Farben, die gleichen Halluzinationen. Danach lief fast ein Jahr lang nichts mehr.

Gesprächspartner: Und wie bist du zum Morphium gekommen?

Doris: Das war ganz seltsam. Ich lebte inzwischen wieder bei meiner Mutter, die einen Bank-Filialleiter geheiratet hatte. Eines Abends gab es furchtbaren Krach. Mein Stiefvater wollte meine Alte rauswerfen. Da habe ich ihm voll unten reingetreten. Er ließ zwar meine Mutter los, hat mich dafür aber grün und blau geschlagen. Und was das Enttäuschendste war: Die Alte hat zu ihm gehalten. Ich bin noch in derselben Stunde von zu Hause abgehauen und habe die beiden seitdem nie wieder gesehen. Ich bin zu einer Drogenberatungsstelle gerannt, da kannte ich nämlich ein paar Typen. »Ich bin völlig fertig, ich brauche sofort einen Trip«, habe ich denen vorgeflennt. Die hatten echt Verständnis, aber keine Trips. Ersatzweise gaben sie mir eine Spritze Morphium. So hat das angefangen. Ich habe die ganze Nacht nur gekotzt, so schlecht wurde mir von dem Morphium. Keine Spur von dem angekündigten geilen feeling. Ich habe mich die ganze Zeit gefragt, was die anderen da bloß dran finden. Um das rauszukriegen, habe ich anschließend eine Woche lang weitergefixt. Danach war mir alles klar, aber ich war auch voll drauf auf dem Zeug.

Gesprächspartner: Kannst du es erklären?

Doris: Du erlebst unter Morphium alles total bewusst. Du kannst lernen, denken, zur Schule gehen. Keiner merkt dir was an. Du siehst auch deine Probleme, aber es betrifft dich alles nicht mehr. Nichts regt dich auf. Dabei ist Morphium noch schneller in der Wirkung als Heroin. Beim Morphium gibt es sofort einen Wahnsinnsknall im Hirn. Das ist unheimlich geil.

Gesprächspartner: Du warst damals 14 Jahre alt und hattest wahrscheinlich kaum Geld für den Stoff?

Doris: Doch. Ich bin einfach mit Chris zusammengezogen. Der war vier Jahre älter und auch morphiumsüchtig. Wir haben Apothekeneinbrüche gemacht, so zwei-, dreimal pro Woche. Das reichte dicke für uns selbst, und meistens konnten wir auch noch Zeug verkaufen. Anderthalb Jahre ging alles gut, dann wurde Chris eines Nachts geschnappt. Ich habe von da an bis zum Abitur für einen Bekannten mit Morphinbase gedealt. Und nach dem Abitur bin ich sofort nach Indien abgehauen. Ich hatte die kalten, unmenschlichen Typen hier einfach satt. Zu Chris wollte ich auch nicht mehr zurück. Der hatte nach dem Knast einen Entzug gemacht und war jetzt clean. Jedenfalls war in Indien alles sehr einfach: Morphium, Heroin, Opium, Shit – alles kann man da billig kaufen. Das Geld dafür haben mir Typen geschenkt, mit denen ich zwischendurch mal geschlafen habe. Mit Rauschgiftschmuggel hätte ich natürlich viel mehr Kohle machen können, aber es war wahnsinnig schwierig, das Zeug aus dem Land zu bringen ...

Beim Lesen dieses Interviews wird jeder denken, dass die Lebensgeschichte dieser jungen Frau genügend Gründe für ihre Sucht enthält. Die Erziehung, das Elternhaus hat versagt. Die Drogenberatungsstelle ebenfalls. Der Freund, die sexgierigen Männer und die Verführung in Indien waren mit schuld. Wirklich?

Ja. Und nein. Hat Doris nichts dazu beigetragen? Musste sie sich in den Streit zwischen Mutter und Stiefvater einmischen? Musste sie zur Drogenberatungsstelle laufen und um einen »Trip« flehen? Musste sie nach den üblen Folgen der ersten Morphiumspritze »weiterfixen«? Musste sie nach dem bestandenen Abitur nach Indien fahren? Gewiss, das Schicksal hat mitgespielt. Der Vater ist früh gestorben, die Vergewaltigung war ein Schock, der Wechsel von der Oma zur Mutter und zum Stiefvater war wahrscheinlich schwierig, die Enttäuschung, dass die Mutter ihrem Lebenspartner näherstand als ihr, war bitter. Aber waren nicht auch positive Angebote da? Die Mutter hat sie zu sich geholt, sobald sie konnte. Die Leute von der Drogenberatungsstelle wollten ihr sicher helfen. Doris hatte die Chance, Abitur zu machen und dadurch viele berufliche Möglichkeiten zu finden. Schließlich war sogar ihr Freund geheilt worden und hätte ihr Vorbild und Stütze sein können.

War es nicht so, dass zuerst *die* Not dieses Kindes (Vergewaltigung, Stiefvater) nicht verkraftet werden konnte und ein Ausweg in der Flucht zur Droge gesucht wurde, dass aber später, vor und nach dem Abitur, *eine Sinnleere* bestand, ein Nicht-wissen-was-jetzt-Tun, ein Verlust in der Wertorientierung und eine Einengung des Gesichtsfeldes auf das Selbst? »Ich hatte die kalten, unmenschlichen Typen einfach satt«, erklärte Doris, aber wie war denn sie selbst? Mit 14 Jahren ist sie der Mutter davongelaufen und zum Freund gezogen, den sie nach dem Abitur auch einfach verließ. Inzwischen hat sie mit Morphinbase gehandelt – war das alles sehr warm und menschlich? Aber sie sah nur sich und nichts außerhalb, keine geliebten Menschen, keine Berufsziele, keine festen Standpunkte, keine Ethik, keinen Sinn in ihrem Leben. Der Zynismus, mit dem sie über ihr Leben spricht, zeigt den geringen Wert, den sie dem Leben zubilligt, und etwas Wertloses kann man ja auch gefährden, wenn es Spaß macht! Wo sind die gesunden Trotzkräfte geblieben, die nicht zugelassen hätten, dass sich dieses Menschenkind seinen problematischen Startbedingungen beugt? Wo ist die Sehnsucht nach einer sinnvollen Existenz geblieben, die nach dem Schulschluss einen Lebensweg und ein Lebensziel hätte erkennen lassen? Doris hat viel Literatur zum Suchtthema gelesen; hat sie auch Franklsche Literatur gelesen?

*W*er sich

nach Licht sehnt, ist nicht lichtlos,
denn die Sehnsucht ist schon Licht.

(Spruch aus Indien)

13. Woche

Sucht und Leere

Als Psychotherapeutin der Franklschen Schule würde ich zu
Doris sagen:

»Doris, du sollst wissen, dass du allein es in der Hand
hast, deinem jungen Leben eine Wende zu geben. Du kannst
körperlich und seelisch gesunden, wenn du den festen Willen dazu aufbringst. Keine noch so schlimme Krankheit, kein
noch so kaputtes Elternhaus und keine jahrelange negative
Erfahrung kann dich niederzwingen, wenn du die Kräfte dei-
nes Geistes einsetzt, um einen neuen Anfang zu setzen. Die

Droge hat zwar deine Kräfte vorübergehend unterhöhlt, weswegen du einen Entzug machen musst, aber danach werden diese Kräfte wieder zum Vorschein kommen und die Führung in deinem Leben übernehmen. In dir ist Großartiges angelegt. Du bist hochintelligent, sonst wärest du nicht der Fahndung nach dir als Jugendliche entkommen, wärest bei Einbrüchen erwischt worden, wärest pleitegegangen usw., vom positiven Abschluss des Gymnasiums unter den gegebenen Umständen gar nicht zu reden. Mehr noch: In dir ist ein absolut heiler, unbeschädigter Personenkern, an dem kein Kratzer ist. Du kannst ihn von allem Schutt befreien, der ihn überlagert, und von allem Elend, das gewesen ist. Beweise es, Doris, beweise es allen, die dich aufgegeben haben, und beweise es dir selbst, dass du zu einer übermenschlichen Leistung fähig bist, dass du es schaffst, aus den tiefsten Tiefen der Hölle emporzusteigen zu dem, was auch in dir schlummert: zur wahren Liebe, zum Guten, zum Vernünftigen, zu dem, was dich einmalig und einzigartig sein lässt auf dieser Welt. Dein Leben ist wertvoll! Du weißt es bloß nicht, aber eines Tages wirst du vielleicht erkennen, welch ein Geschenk es ist, leben zu dürfen, und wirst wünschen, du hättest mehr Zeit, um deine ureigenen Vorhaben umzusetzen, deren du eben erst ansichtig geworden bist. Ein › geiles feeling ‹ ist zu wenig für dich, Doris, es ist deiner nicht würdig, es macht dich auch nicht glücklich. Kämpfe mit dir, ringe dich durch, noch hast du eine wundervolle Chance für ein sinndurchwirktes Leben, bis zuletzt hast du eine Chance, und niemand kann sie dir rauben – außer der Tod.«

Der Süchtige ist völlig abhängig vom Suchtmittel und wird mit der Zeit zu einem fast willenlosen Geschöpf, was er im vollen Ausmaß kaum überblickt. Er orientiert sich nicht mehr nach Sinn, Werten und Zielen, sondern gehorcht blindlings dem Diktat seines Verlangens; er orientiert sich nach seinen Konsumationswünschen und in Flucht vor den drohenden Abstinenzerscheinungen.

Etwa bei der Hälfte der Fälle von Süchtigkeit gibt es einen entsprechenden Anlass oder geht ein Auslöseereignis voraus, wie es bei Doris der Fall war. Bei der anderen Hälfte der Fälle von Süchtigkeit fehlt ein solch gravierender Anlass. Insbesondere junge Menschen, die in einer Atmosphäre von Schonung und Verwöhnung werden aufgewachsen sind, greifen plötzlich zu Stimulanzien und Halluzinogenen, und es ist weit und breit kein Grund ersichtlich. Allerdings gibt es einen »Grund« anderer Art als Dauerkummer und Schicksalsschläge, nämlich ein abgründiges Sinnlosigkeitsgefühl. Reale Not ist immerhin noch eine Aufforderung an den Menschen, alles zu tun, um sie zu überwinden; im Nebel des Sinnlosigkeitsgefühls, im »existenziellen Vakuum«, wie Frankl diesen schrecklichen Leere- und Gleichgültigkeitszustand genannt hat, wird jedoch keine Aufforderung an den eigenen Unternehmungsgeist mehr erlebt. Es existiert scheinbar nichts, wofür es sich lohnt, zu leben bzw. das Leben mit Bravour und Anstand zu meistern. Friedrich Nietzsche hat einmal geschrieben: »Wer ein Warum zu leben hat, erträgt fast jedes Wie.« In Umkehrung könnte man sagen: »Wer kein Warum zu leben hat, erfreut sich an keinem Wie.«

Das »existenzielle Vakuum« ist der ideale Nährboden für den Griff nach Alkohol und Drogen. Es ist es vor allem deshalb, weil zum eventuell erwünschten Vergessen-Können (von Unannehmlichkeiten) eine weitere Komponente dazukommt. Mit der großen Gruppe der Psychomimetica kommt die Möglichkeit hinzu, eine Scheinwelt zu erleben. Wie sehr mag es einen Menschen voller existenzieller Zweifel, gesättigt mit dem materiellen Überangebot der modernen Gesellschaft und alleingelassen in der Sprachlosigkeit des Kommunikationsdefizits vieler Kleinfamilien locken, blitzschnell eintauchen zu können in ein nie empfundenes Flair von gehobenem Selbstwertgefühl und unbegreiflicher Magie? Ein faszi-

nierender Scheinsinn wird für gähnende Langeweile einge-
tauscht.

Die bedauernswerten Opfer solch kurzfristiger Illusionen
sind zu vergleichen mit jenen Ratten im Tierexperiment, die
zu Versuchszwecken Elektroden ins Sättigungszentrum ihres
Gehirns eingepflanzt bekommen und die durch Drücken eines Hebels im Käfig geringe Stromstöße über diese Elektroden auslösen können. Diese Ratten werden ganz süchtig auf
die Stromstöße, die eine Hunger-Befriedigung simulieren,
und befriedigen sich daran bis zu 100-mal am Tag; das echte
Futter aber, das ihnen gereicht wird, lassen sie unberührt,
denn – sie sind ja satt, wenn auch nur scheinbar. Ähnliche
Phänomene dürfen bei der Drogenabhängigkeit vermutet
werden. Menschen, die sich in ihrem gesunden Sinnbedürf-
nis frustriert fühlen, greifen zu »Sinnestäuschungen« in der
doppelten Bedeutung des Wortes und gehen an den wahren
Werten und Aufgaben ihres Lebens interesselos vorüber.

Demnach kann man die beiden seelischen Hauptgrundla-
gen für Suchtverhalten folgendermaßen zusammenfassen:
Entweder wird die Betäubung gesucht, um einem schweren
Schicksal nicht ins Auge sehen zu müssen, oder es wird die Il-
lusion gesucht, um eine Leere im Leben zu füllen. Entweder
ist Not untragbar geworden oder es ist Langeweile unerträg-
lich geworden. Beide Extreme, Not und Leid wie Überfluss
und Überdruss, verführen zur (chemischen) Abwendung von
der Wirklichkeit. Natürlich gibt es vordergründig zahlreiche
Einzelursachen zu nennen wie Neugierde, Verleitung durch
andere, Gewalt, Opposition gegen Autoritäten, gruppenin-
terne Vorbilder oder Naivität und fehlende Aufklärung. Dazu
auch Wohnungsenge, gestörte Verhältnisse und Schul- oder
Berufsstress, wie es sich in den Statistiken häufig darstellt.
Aber der tiefste Kern des Problems ist in der Flucht vor einem
Seelenschmerz oder vor einem Existenzvakuum oder vor beidem – siehe Doris! – zu lokalisieren.

Was bedeutet das für die Suchtprävention? Lernen wir
beizeiten, einen klaren Kopf für zukunftsweisende Konzepte

zu behalten! *Betäubt schafft man kein Unglück aus der Welt.* Frankl schrieb in seinem Buch »Ärztliche Seelsorge«: »Der Mensch, der sich zu betäuben versucht, löst kein Problem, schafft ein Unglück nicht aus der Welt. Was er aus der Welt schafft, ist vielmehr die bloße Folge des Unglücks, nämlich der Gefühlszustand der Unlust. Aber der Akt des Hinsehens erzeugt nicht den Gegenstand, und der Akt des Wegsehens vernichtet ihn nicht.« Welch eine weise Formulierung! Wenn ein Kind gestorben ist und seine Mutter daraufhin vermehrt zu Schlafmitteln greift, ändert dies nichts am Tod ihres Kindes. Die Mutter entflieht zwar schlafend für Stunden dieser Katastrophe, aber die Katastrophe bleibt bestehen und holt sie immer wieder ein. Da ist es besser, den Tod des Kindes mit allen Tränen zu beweinen, die man hat, denn in der Trauer spiegelt sich die Liebe, und auch sie bleibt bestehen und holt einen wieder ins Leben zurück. Ähnliches gilt für die vermeintliche Sinnleere. Wer sie wachen Geistes durchsteht und ihr so wenig wie möglich nachgibt, der strampelt sich auch wieder aus ihr heraus. Zu bunt und zu vielfältig ist das Leben, als dass es nicht für jeden etwas Überraschendes bereithielte, ein Wegzeichen, das ihn aufrüttelt und berührt, oder eine Anregung in Form guter Tipps seitens der Mitmenschen. Es gibt einfach Durststrecken, die man aushalten muss, doch dürfen wir vertrauen: Irgendwann wird auch unser sehnlichster Durst gestillt werden.

Wenn du zu lange
in einen Abgrund blickst, blickt auch
der Abgrund in dich hinein.

(Friedrich Nietzsche)

14. Woche

Zwei Töchter

Eine Mutter war bei mir in Beratung wegen ihrer Tochter, die sich psychisch fehlentwickelte. Das Mädchen zeigte wiederholt asozial-aggressive Entgleisungen. Zuletzt hatte es »zum Spaß« zwei Mitschülerinnen im Turnunterricht von einer Leiter geschubst, wobei sich eine der beiden das Nasenbein gebrochen hatte. Die Schule hatte eine Heimeinweisung des aggressiven Mädchens befürwortet.

Nun stellte sich im Gespräch mit der Mutter heraus, dass die zweite Tochter dieser Frau, um die es bei der Beratung gar nicht ging, von den Eltern nicht geplant – krass ausgedrückt: »unerwünscht« – gewesen war, weil die Eltern damals kaum Zeit für sie gehabt hatten. Ich erfuhr zu meinem Staunen, dass die zweite Tochter im Alter von zehn Jahren von einem unbeaufsichtigten Spielplatz weg in den nahe Wald gelockt und dort misshandelt worden war. Der Täter war trotz Polizeifahndung nie erwischt worden. Diese zweite Tochter hatte sich zu einer fleißigen und beliebten Schülerin entwickelt, spielte Blockflöte und Gitarre, war Pfadfinderführerin und plante, Journalistin zu werden.

Die andere Tochter hingegen, deretwegen die Mutter zu mir gekommen war, war von den Eltern erwünscht gewesen, behütet aufgewachsen, nie misshandelt worden und hatte die besten Entwicklungschancen gehabt. Sie war psychisch labil und steckte voller Probleme.

Solche Geschichten aus der Wirklichkeit widersprechen
den traditionellen Entwicklungstheorien und beweisen,
dass jeder auf seine Weise sein Schicksal mitformt, zwar beeinflusst von seiner Konstitution und seiner Vergangenheit,
aber dennoch in geistiger Freiheit und Selbstgestaltung. Es
ist schlichtweg nicht wahr, dass frühe Prägungen beim Menschen genauso wenig rückgängig gemacht werden können
wie bei den Affen, und selbst bei den Affen ist dies nur der
Fall, wenn sie in eng bemessene Prägungsperioden hineinfallen. Am meisten *prägt der Mensch sich selbst* durch seine
Entscheidungen und Taten – von Kindheit an; und wenn
tatsächlich noch ein erheblicher äußerer Faktor mitspielt,
dann ist es der unbekannte Zufall, der überall mit im Spiel
ist und der auch gelegentlich die Weichen in unserem Le-
benslauf stellt.

Die traditionellen Entwicklungstheorien sind heute überholt, aber sie haben noch Nachwirkungen im Selbstverständnis gebildeter Leute. Ich habe viele Ratsuchende erlebt, die
ihren Könnensradius als eingeschränkt deklarierten, weil sie
sich selbst als traumatisiert, vernachlässigt oder sonst unter
keinem guten Stern stehend einschätzten. Der eine konnte
angeblich nicht lieben, weil ihn seine Mutter als Kind zu früh
abgestillt hatte, und der andere konnte am Vormittag nicht
freundlich sein, weil er ein »Morgenmuffel« war. Der eine
konnte kein Kaufhaus betreten, weil er Platzängste bekam,
und der andere konnte keine Leistung erbringen, weil sein
Biorhythmus ein Tief konstatierte. Der eine konnte sich nicht
durchsetzen, weil er von Hemmungen geplagt wurde, und
der andere war keiner Partnerschaft gewachsen, weil ihm das
Modell dazu gefehlt hatte. Realiter konnten alle diese Menschen alle diese Dinge bewerkstelligen, aber sie wussten es
nicht, und da sie es nicht probierten, erfuhren sie auch nicht,
dass es ihnen trotz diverser Gegengründe gelungen wäre. Sie
gerieten in einen Teufelskreis. Die Amerikaner nennen so et-

was »selffulfilling prophecy«: Die negative Erwartung, etwas nicht zu können, bestätigt sich ständig, weil nicht gekonnt wird, was nicht versucht wird, und nicht versucht wird, was man glaubt, nicht zu können.

Als Berater bekommt man solche »Nicht-Könnens-Gründe« oft zu hören und muss sorgfältig prüfen, welche gerechtfertigt sind und welche nicht. Sind sie es nicht, gilt es, den Ratsuchenden zu überzeugen, dass er mehr Kräfte und Ressourcen hat, als er glaubt, und dass es an ihm selbst liegt, die vermeintlichen »Nicht-Könnens-Gründe« als »Falschhypothesen« zu entlarven und aus seinem Leben zu streichen. Zu diesem Zweck sind Geschichten wie die von den zwei Töchtern und ihrer unterschiedlichen Entwicklung sehr geeignet.

Hier noch eine kleine Anschlussgeschichte:

Eine wohlbeleibte Dame, die einmal im Gespräch mit mir nebenbei bemerkte, dass sie nie an einem bestimmten Süßwarengeschäft vorbeigehen könne, ohne sich dort eine Kleinigkeit zu kaufen, unterbrach ich mitten im Gespräch. Ich schlug ihr vor, den Mantel anzuziehen und gemeinsam mit mir zu der Straße zu fahren, in der sich dieses Geschäft befand. Wir könnten unser Gespräch auch dort fortsetzen und auf der Stelle prüfen, ob sie nicht doch genug Willenskraft aufbringe, den süßen Angeboten zu widerstehen. Verdutzt gehorchte sie mir, und als wir die besagte Straße erreichten, widerstand sie ohne Komplikationen.

Später erzählte sie mir, dass sie seither öfters durch diese Straße spaziere, hauptsächlich, um sich selbst herauszufordern und den Sieg über sich selbst mit Genugtuung nach Hause zu tragen. Der Sieg über sich selbst ist aber auch der schönste Sieg!

Die Tiefenpsychologie hat in dieser Hinsicht einen »Knackpunkt« mit dem wissenschaftlichen Namen »Determinismus«. Weil sie nämlich vorrangig auf triebhaft Unbewusstes zurückgreift, um Symptome zu deuten, ist sie gezwungen, ein abhängiges Menschenbild zu postulieren: das Bild eines Menschen, der nicht voll verantwortlich ist für sein

Tun und Handeln, weil er durch seine psychischen Untergrundbewegungen geleitet wird. Ein dermaßen »aufgeklärter« Patient begreift sich selbst als ein seinen ihn bestimmenden Einflüssen Verfallener, der zwar diese Einflüsse analysieren und ihnen damit vielleicht die Schärfe nehmen kann, der aber stets von neuem seinen Triebregungen und seinen Umwelteinflüssen untertan ist. Seine mühsam eroberte »Ichstärkung« und »Ichbefreiung« erscheinen ihm bei einigem Nachdenken wie ein hoffnungsloses Zappeln gegenüber schwer durchschaubaren und quasi unsteuerbaren (»unbewussten«) Mächten, die sein Leben gegen seinen Willen dominieren. Dies leistet einer nihilistischen und fatalistischen Resignation Vorschub und lähmt jedwede Initiative, das Leben schwungvoll in die Hand zu nehmen und es trotz diverser Einflussfaktoren nach den eigenen Wertvorstellungen zu konkretisieren.

Wie deprimierend und Resignation suggerierend der originär tiefenpsychologische Blickwinkel ist, beweist u. a. eine Studie des Wissenschaftlers Ferries Pitts von der nationalen Universität Kalifornien aus dem Jahr 1982. Pitts fand heraus, dass Psychiater, die sich im psychoanalytisch-aufdeckenden Sinne eingehend mit der Psyche ihrer Patienten befassen, dreimal mehr in Gefahr sind, »verrückt« zu werden als andere Leute, und doppelt so hohe Selbstmordraten zeigen als andere Berufsgruppen. Wenn also schon die »Ratgeber« durch ihre eigenen Seeleninterpretationen gefährdet sind, wie sehr müssen dann erst die »Ratempfänger« unter der Wucht der ihnen präsentierten Seelenanalysen einknicken ...

Demgegenüber ist der logotherapeutische Blickwinkel, den uns Viktor E. Frankl gelehrt hat, wesentlich optimistischer. Sein Menschenbild skizziert ein Wesen, das sich seinen Trieben und Einflussfaktoren nicht unterzuordnen braucht und allen widrigen Umständen zum Trotz das Leben selbstbestimmend bewältigen kann. Es skizziert ein Wesen, das kraft seiner Geistigkeit ausgestattet ist mit einer Palette existenzieller Möglichkeiten, von denen jede einzelne ausschließlich davon abhängt, welchen Sinn der Betreffende in ihr sieht und welche inneren Energien er für ihre Verwirklichung zu mobilisieren bereit ist. Freilich ist Frankls Optimismus ein »tragischer Optimismus«, wie er selbst erläuterte. Es ist kein illusionärer, der Tragödien verniedlicht, Triebe ignoriert und alles für machbar hält. Der Psychiater und Neurologe Frankl wusste genau um die Grenzen, die uns Menschen gesetzt sind. Aber das weite Land persönlicher Authentizität *innerhalb dieser Grenzen* wollte er mit seiner ärztlichen Kunst doch ausschreiten – und das ist ihm wohl auch geglückt.

Nicht gut ist,
dass sich alles erfüllt, was du
wünschest. Durch Krankheit erkennst
du den Wert der Gesundheit,
am Bösen den Wert des Guten, durch
Hunger die Sättigung, in der
Anstrengung den Wert der Ruhe.

(Heraklit)

15. Woche

Kein Leidensdruck?

Mitte der 70er-Jahre entdeckten die deutschen Schulpsychologen das Phänomen der Legasthenie. Sie entdeckten, dass bei einigen wenigen Schülern der Anfangsklassen eine Lese-Rechtschreibschwäche vorlag, die unabhängig von der Intelligenz war und spezieller Behandlung bedurfte. Die Psychologen entwickelten Richtlinien, wonach diese Kinder während ihrer Legastheniebehandlung von der Diktatbenotung in der Schule befreit sein sollten, um nicht durch andauernde Schlechtbenotung entmutigt zu werden. Es war eine logische Schlussfolgerung und ein pädagogisch durchdachtes Konzept, dennoch ...

Ich habe die Anfänge des Legastheniebooms in einer psychologischen Beratungsstelle, in der ich damals arbeitete, miterlebt. Scharenweise kamen Schüler, die uns mit der Fragestellung der Legasthenie vorgestellt wurden, und scharenweise wurden Notenbefreiungsbestätigungen für die Schulen erteilt und Behandlungen in Angriff genommen. Es gab immer mehr Legastheniker, je bessere Behandlungsmethoden wir ausarbeiteten – die rapid ansteigende Zunahme dieser

Lernstörung haben wir trotz vieler Fachleute und Therapieangebote nie eingeholt. Wir gingen dazu über, Lehrer zu schulen, die Rechtschreibförderkurse abhalten sollten, um die psychologischen Praxen zu entlasten, aber die Lehrer wussten bald nicht mehr, welche Kinder sie eigentlich *nicht* in den Förderkurs schicken sollten. Bis schließlich die Schulen kapitulierten und den Begriff der Legasthenie offiziell aus ihrem Vokabular strichen: keine Rechtschreibschwäche mehr, keine Therapie mehr, keine Notenbefreiung mehr – das Ende einer psychologischen These war gekommen.

Unsere Beratungsstelle erklärte sich bereit, nach wie vor rechtschreibschwache Kinder »privat« zu fördern, aber wir erlebten eine Überraschung. Innerhalb weniger Wochen haben sich fast alle unsere Legasthenikerkinder in ganz normale Schulkinder zurückverwandelt. Nachdem es keine Notenbefreiung und keine schulische Sonderstellung mehr gab, nahm das Interesse von Eltern und Kindern an unseren Therapiestunden ab, und nicht nur das. Merkwürdigerweise nahm auch die Fehlerzahl bei den Diktaten dieser Kinder sukzessive ab. Die Schüler waren auf einmal bis auf einen geringen Teil »keine Legastheniker« mehr.

Ich erzähle von diesem seltsamen »Experiment«, weil aus den hierbei aufgetretenen Mechanismen ein deutlicher Fingerzeig in Richtung Verantwortung in der Psychologie und insbesondere in der Psychotherapie ableitbar ist. Die Psychotherapie ist ja eine Disziplin, die den Auftrag hat, seelische Störungen zu beheben. Aber sie ist auch eine Disziplin, die zur Intensivierung seelischer Störungen beitragen kann.

Tatsache ist, dass zahlreiche Ratsuchende, die eine psychotherapeutische Praxis aufsuchen, lediglich etwas verunsichert sind und nichts anderes brauchen als Zuspruch und praktische Anleitung, um ihren Lebensmut und ihr Selbstvertrauen wieder zu finden. Eine aufwändige therapeutische

Behandlung würde ihnen nur schaden. Sie würde sie aufwühlen und aus ihrer gegenwärtigen Bahn werfen. In meinen Kollegenkreisen habe ich jedoch häufig erlebt, dass solchen Klienten ohne zu zögern 50–100 Therapiestunden verordnet wurden, sogar mit der Option auf Verlängerung. Zur Genehmigung solcher Verordnungen durch die Krankenkassen wurden die Ratsuchenden als psychisch krank und therapiebedürftig deklariert, was sie natürlich noch mehr verunsicherte. Dabei hätten sie in Wirklichkeit eher das Gegenteil gebraucht, nämlich einen Hinweis auf ihre Selbstheilkräfte und die eigenen Stärken, die ihnen zur Verfügung standen.

Eine Kollegin sagte mir einmal am Telefon hinsichtlich einer Mutter, die bei ihr die Gesprächskontakte abgebrochen hatte und auf Umwegen bei mir aufgetaucht war, verächtlich: »Was, Frau X ist bei Ihnen gelandet? Diese Frau hat überhaupt keinen Leidensdruck, was ihre Vorgeschichte betrifft! Ich musste ihr erst verständlich machen, *wie* gestört und lebensunfähig sie ist, damit sie begreift, wie wichtig es für sie ist, zu meinen Gruppentherapiestunden zu kommen. Aber sie war gänzlich uneinsichtig und emotional blockiert. Mit der Frau werden auch Sie nichts anfangen können, die ist total verkorkst!« Bei diesen Worten bin ich erschrocken, denn ich habe es nie als meine Aufgabe empfunden, jemandem zu einem größeren Leidensdruck zu verhelfen.

Auf jeden Fall war diese Mutter, als ich sie kennen lernte, reizend. Sie hatte ein Angebot erhalten, nach der »Kinderpause« wieder in ihren Beruf als Textildesignerin zurückzukehren, war aber unsicher, ob es nicht doch noch zu früh war, ihre beiden Söhne nachmittags allein zu lassen. Das Angebot lockte sie sehr, das Wohl des 10-Jährigen und des 12-Jährigen lagen ihr jedoch genauso am Herzen. Wie ich sie einschätzte, war sie eine kerngesunde Frau, auch wenn sie sich momentan in einer ambivalenten »Zwickmühle« befand. Sie wollte sich einfach mit einer Fachkraft besprechen und beteuerte glaubhaft, dass ihr Gruppentherapiestunden, in denen angeblich aus der Kindheit stammende

Angstträume minutiös »seziert« wurden, wie sie sagte, nichts nützten.

Was macht man also bei Ambivalenzen? Man legt zwei Binsenweisheiten auf den Tisch:

❉ *Alles kann man nicht haben.*

❉ Alles hat seinen Preis.

Das heißt, ohne eine Verzichtleistung ist keine Entscheidung zu treffen. Dann hilft man der Person, die Verzichte zu betrachten, die für das eine und die für das andere notwendig wären. Im klaren Bewusstsein, was es »kostet«, ist schließlich das leicht Höherwertige zu eruieren. Bei Ambivalenzen steht es nie exakt fifty-fifty, sondern eher 55 zu 45 und ähnlich. Auch bei der genannten Mutter war die Sorge um die Buben leicht höherwertig. Sie wusste, dass in der Firma, die ihr das Angebot unterbreitet hatte, Überstunden üblich waren. Sie konnte sich ferner nicht darauf verlassen, dass ihr Mann abends pünktlich nach Hause kam. Sie musste also damit rechnen, dass sich im Fall ihrer Berufstätigkeit die tägliche Zeit, in der ihre Söhne unbetreut waren, gelegentlich über den Nachmittag hinaus ausdehnen würde. Die Pubertät der Kinder stand vor der Tür. Was, wenn die Jungen beginnen würden, sich auf den Straßen herumzutreiben? Das wollte sie nicht. Die gute Entwicklung ihrer Kinder wog für sie »55«, verglichen mit den »45« ihrer eigenen Weiterentwicklung. So entschied sie sich, auf das verlockende Angebot zu verzichten und sich stattdessen nach einer Halbtagsarbeit umzuhören. Ich bestärkte sie in ihrem Vorhaben und gab ihr noch einen psychologischen Tipp mit auf den Weg. Wann immer sich ein Hauch von »Dem-Angebot-Nachtrauern« auf ihr Gemüt legen sollte, möge sie an jene »5« denken, die über den »50« lagen. Sie lernte zu denken: »Meine Söhne sind es wert – auch wert, dass ich traurig bin. Die Arbeit hingegen wäre es nicht wert gewesen, ein Risiko für meine Söhne einzugehen.« Die Frau verabschiedete sich dankbar von mir und hat, wie ich später erfahren habe, acht Monate darauf eine für sie passende Halbtagsstelle angetreten. Rückblickend glaube ich, dass ich ihren Leidensdruck eher verringert habe als erhöht, und darüber bin ich froh.

»Unter den Ärzten aber ist der Psychiater zuständig für die Rettung unserer Kultur«, schrieb der berühmte Verhaltensforscher Konrad Lorenz in seinem Vorwort zu Frankls Buch »Der Mensch vor der Frage nach dem Sinn«. In seinen Worten schwingen Pessimismus und Optimismus mit. Pessimismus nämlich insofern, als man berechtigterweise fragen könnte, ob eine Kultur, die zu ihrer Rettung des Psychiaters bedarf, nicht schon dem Untergang geweiht ist. Und Optimismus insofern, als sein Ausspruch an eine einzige unter allen Schulen und Strömungen in der Psychotherapie adressiert ist, an eine, die sich ihrer eigenen Verantwortung voll bewusst ist: an die Franklsche Logotherapie. Auch mit ihren Methoden kann man nicht jede seelische Störung beheben, aber ich wage zu behaupten, dass man mit ihren Methoden keiner Menschenseele Schaden zufügt, und das ist – im Angesicht der therapeutischen Realität – viel.

Patienten mögen daraus entnehmen, mündig zu bleiben und nicht alles mit sich machen zu lassen. Wenn ein psychotherapeutisches Angebot Unbehagen in ihnen auslöst, dann ist es richtig, sich davon zu distanzieren, denn dann passt es eben nicht und dann hilft es auch nicht.

Aufgerufen

bleibt auch in unserer Zeit der Massen
immer wieder der Einzelne, das Seine zu
tun, ohne des Beifalls zu harren oder gar
seiner als Dank zu bedürfen. Tu du das
Deine, mein Sohn, aus dir nur heraus!
Gültig erst wird es, wenn es die Weisung
nur vom Gewissen empfängt.

(Hans Bahrs)

16. Woche

Lehárs Kummer

Vom Operettenkönig Franz Lehár ist ein humorvoller Text überliefert, der – psychologisch betrachtet – ein durchaus »zeitgenössisches Opus« darstellt. Er sei nachstehend abgedruckt:

Schreib' ich ernste Musik, ist's zu opernhaft.
Schreib' ich heitere Musik, ist's zu trivial.
Schreib' ich einen Schlager, sagt man: Er schreibt für die Galerie.
Schreib' ich keinen Schlager, sagt man: Es ist ihm nichts
eingefallen.

Fordere ich vom Sänger viel, sagt man:
Das sind doch keine Opernsänger.
Fordere ich vom Sänger wenig, sagt man: Ja früher,
da war's anders, da haben die Operettenmeister
noch etwas für die Sänger geschrieben.

Beschäftige ich den Chor, sagt man: Das sind überflüssige
Sachen,
kein Mensch hört, was die da oben singen.
Beschäftige ich den Chor nicht, sagt man: Wie prächtig
haben die Chöre in den alten Operetten geklungen.

Beschäftige ich die Harfe, sagt man: Das ewige Gezirpe
geht auf die Nerven.
Beschäftige ich die Harfe nicht, sagt man: Wo ist der Glanz
im Orchester? Heute klingt's so leer.

Schreib' ich eine Ouvertüre, sagt man: Wozu eine Ouvertüre?
Das ist unmodern. Man wird schon müde,
bevor der Vorhang aufgeht.
Schreib' ich keine Ouvertüre, sagt man:
Der macht sich's leicht,
nicht einmal eine Ouvertüre hat er geschrieben.

Suche ich den Verkehr mit Kritikern, dann denken sie sich:
Na wart', Kerl, mich wirst du nicht beeinflussen.
Suche ich keinen Verkehr mit Kritikern, dann denken sie sich:
Na wart', du arroganter Flegel, du wirst an mich denken.

Bekomme ich ein Libretto zugesandt,
und sende ich das Buch entweder
ungelesen dem Dichter zurück, dann ist er bös' –
oder gelesen dem Dichter zurück, dann ist er auch bös' –

oder ich lasse das Werk einige Monate liegen
und schick's erst dann zurück, dann ist er natürlich
ebenfalls bös' –
oder ich komponiere es, und es fällt durch,
dann ist er erst recht bös'!

Ich bitte gute, nicht komponierende Freunde
um einen Ausweg aus diesem Dilemma.
Ich habe bisher mehr als zweieinhalb Jahrzehnte
vergebens darüber ganze Nächte nachgedacht.
Ich bin aber noch immer ratlos! Gott helfe mir!

(Aus einem Programmheft zur Aufführung des »Zarewitsch«)

Ja, das kommt davon, wenn man zu sehr auf die Außenwelt hört. Nicht einmal Künstler beherrschen die Kunst, es allen recht zu machen. Schade um die Nächte, in denen Franz Lehár über diesen Unsinn nachgegrübelt hat. In denselben Stunden hätte er genauso gut einen bunten Melodienreigen ersinnen können, der die Herzen seiner Zuhörer erfreut hätte. (Es ist jedoch zu vermuten, dass er das Ganze eher schalkhaft gemeint hat.)

Nun, Grübeleien eignen sich überhaupt nicht für die Nachtstunden. Sie halten nur unnötig wach und führen kaum zu brauchbaren Ergebnissen. In diesem Zusammenhang pflege ich meinen Patienten zu raten, abends, wenn sie sich zu Bett legen, alle ihre gegenwärtigen Sorgen, große und kleine, sorgfältig als Paket zu verpacken, mit einem Bindfaden zuzuschnüren und so zu deponieren, dass sie nicht entschlüpfen können, zum Beispiel im Keller oder in der Tiefkühltruhe. Ähnlich wie die Fußgängerzonen autofreie Zonen sind, gilt die Devise: Nachtzeiten sind sorgenfreie Zonen. Es reicht völlig, wenn man morgens nach dem Aufwachen sein Sorgenpaket wieder hervorholt, aufschnürt, voller Zuversicht auspackt und mit Elan darangeht, eine »Nuss« nach der anderen zu knacken. Durch eine erholsame Nacht ausgeruht, gelingt dies zumeist dann recht gut.

Was aber macht man *statt dem Grübeln*, sollte man nicht sofort einschlafen können oder nachts aufwachen? Auch dazu gibt es einen altbewährten Tipp: Ab ins Traumland! Jeder hat in der Menge seiner Erinnerungen auch Bilder von »traumhaft« schönen Landschaften, die er einmal bereist oder durchwandert hat. Der eine erinnert sich an einen herrlichen Meeresstrand mit feinem, warmen Sand, wiegenden Palmen und zärtlich plätschernden Wellen im Hintergrund. Der andere kennt eine Hochgebirgsalm mit duftenden Kräutern und blauem Wiesenenzian, zartem Kuhgeläute und endlosem Weitblick in Wolken und Täler. Ein Dritter weiß ein Plätzchen mit kleinen verschlungenen Pfaden zwischen Weiden und Schilf, verborgenen Lichtungen und Vogelgezwitscher. Nichts spricht dagegen, Nacht für Nacht jene herrliche Landschaft aus dem Erinnerungspool erneut zu besuchen, im Tagtraum der Seele, die sich aufschwingen kann, der Erdenschwere zu entrinnen und mit geistigen Flügeln in eine Überwelt einzutauchen. Nichts spricht dagegen, sich in schlaflosen Nachtzeiten am Meeresstrand wohlig in den warmen Sand zu kuscheln, sich auf eine Gebirgsalm zu legen und den köstlichen Almgeruch zu genießen oder sich unter eine Weide zu setzen, am Stamm anzulehnen und mit geschlossenen Augen den Vögeln zu lauschen. Tut man dies, schläft man im Allgemeinen viel zu schnell ein, gerade dann, wenn man seine Traumlandschaft noch so richtig genießen möchte. Ihre Schönheit und »Weltentrücktheit«, in die man sich imaginativ hineinfallen lässt, trägt einen sanft hinüber in das Zwischenreich zwischen Bewusstem und Unbewusstem, Lebendigsein und (ewiger) Ruhe.

Um auf Lehár zurückzukommen: Angenommen, er hätte das nächtliche Grübeln tatsächlich abgestellt und sich bei Tag in aller Frische an sein Dilemma herangewagt, wie hätte er es dann auflösen können? Wohl nur dadurch, dass er sich radikal abgewöhnt hätte, den Meinungen und Urteilen seiner lieben Mitmenschen Gewicht beizumessen. Das Recht auf freie Meinungsäußerung steht jedem zu, und das heißt, auch dumme Meinungen, Fehleinschätzungen und Falschurteile dürfen – von Sonderfällen abgesehen – ungehindert ausgedrückt werden. Das braucht uns aber nicht zu irritieren! Lehárs Maßstab waren sein künstlerisches Empfinden und sein kompositorisches Talent allein, und die erzählten ihm schon, wann eine Ouvertüre angebracht war, ein Chor passte oder die Harfe das Orchester vervollständigen sollte. Auch spürte nur er allein, ob ein Libretto seine Fantasie anfachte oder ungerührt ließ. Man soll den Mitmenschen (mit einem freundlichen Augenzwinkern) die Freiheit gönnen, mitzureden, selbst wenn sie nichts von einer Angelegenheit verstehen, und sogar erlauben, auf einen »bös zu sein«, wenn sie es für richtig halten. Warum nicht? Entscheidend ist im Letzten nur die Übereinstimmung mit sich selbst im Wollen und Tun, entscheidend ist das ehrliche Ringen um Bestmögliches innerhalb der Chancen, die einem gegeben sind, und innerhalb der Grenzen, die einem gesetzt sind – sonst nichts.

Allerdings darf man, um zu einer solchen augenzwinkernden Großzügigkeit vorzustoßen, nicht selbst vor lauter Zweifel vibrieren. Die Banalität, dass man nicht alles haben kann, und dass alles, was man haben kann, seinen Preis hat, wie wir bereits sagten, gehört zu unserem »täglichen Brot«: man muss es immer wieder schlucken. Niemand kann berühmt, geehrt und geschätzt sein, ohne gleichzeitig beneidet, abgelehnt, gar gehasst zu werden. Und kein Werk ist zu vollbringen, an dem es nicht reale Mängel gibt; und gäbe es diese nicht, so gäbe es dennoch jemanden, der etwas Irreales daran zu bemängeln hätte. Also zahlen wir bereitwillig die »Preise«, die ein fruchtbares Wirken kostet, und nehmen wir es denen nicht krumm, die solche »Preise« absichtlich oder durch pure Dummheit in die Höhe treiben. In einem kleinen verborgenen Winkel unserer Psyche sind wir auch nicht viel besser als sie ...

*A lle Schwierigkeiten
erscheinen uns groß, solange wir uns
damit begnügen, sie zu betrachten.*

(Sprichwort aus Zaire)

17. Woche

Saccharintabletten

Eine Mutter kam wegen ihrem 9-jährigen Jungen, der täglich mit dem Bus zur Schule fahren musste und seit einiger Zeit behauptete, im Bus werde ihm übel und er könne nicht mehr zur Schule fahren. Die Familie lebte auf dem Lande und war auf den Schulbus angewiesen; eine näher gelegene Schule gab es nicht. Ärztlicherseits war abgeklärt, dass keinerlei organischer Grund für die zeitweise Übelkeit des Kindes vorlag. Der Arzt meinte, es handle sich um einen Fall von Schulangst.

Nachdem ich das Kind untersucht und mit seiner Lehrerin gesprochen hatte, war klar, dass der Junge seinen Sitznachbarn fürchtete, der ihn im Unterricht hänselte, seine Bleistifte versteckte und seine Hefte beschmierte. Dieses Problem ließ sich innerhalb der Schule lösen. Die Kinder wurden auseinandergesetzt, und der Junge fand einen Freund, mit dem zusammen er sich seinem früheren Sitznachbarn auch in den Pausen gewachsen fühlte. Aber – die Übelkeit bei der täglichen Busfahrt blieb bestehen, sie war bereits reflexhaft automatisiert.

Nun wandte ich folgende Suggestionsmethode an:

Ich nahm eine Schachtel mit Saccharintabletten, gab sie dem Jungen mit ernstem Gesicht und sagte ihm, es handle sich um sehr teure und garantiert wirkende Tabletten gegen Übelkeit im Bus. Er solle eine Woche lang täglich vor der Abfahrt eine Tablette einnehmen und dürfe sie ja nicht vergessen, dann werde er völlig beschwerdefrei zur Schule gelangen. In der nächsten Woche brauche er nur mehr jeden zweiten Tag eine Tablette einzunehmen, in der darauf folgenden Woche jeden dritten Tag, und dann könne er damit aufhören, denn dann sei er geheilt. Er müsse jedoch genau die Anweisungen befolgen, sonst könnten die Tabletten nicht helfen.

Zusätzlich bat ich ihn, während der Busfahrt zur Schule die vorbeifahrenden Autos zu beobachten und mir an jedem Tag die Autonummern mit den meisten gleichen Ziffern, die er gesehen hatte, in einer Liste zu notieren. Ich würde das für eine Studie brauchen. Als Dank bekomme er von mir jede Woche ein Überraschungspäckchen. Dieses Ablenkungsmanöver, bei welchem er vor lauter Autonummern-Beobachten auf seine Magengefühle vergessen sollte, bewirkte in Kombination mit der Placebo-Medikation ein schnelles Verschwinden seiner Probleme im Bus, die auch nicht mehr auftraten.

Pikanterweise ist in diesem Fall eine unwahre Aussage wahr geworden: Die Saccharintabletten haben tatsächlich gegen Übelkeit geholfen! Das heißt, die Überzeugung des Kindes, es könne ihm nicht mehr übel werden, war stärker als die reflexhafte Automatisierung seiner psychosomatischen Beschwerden.

Zu den spannendsten Phänomenen in der Psychologie zählen die so genannten Feedback-Mechanismen. Feedback bedeutet »Rückfütterung« oder »Rückauswirkung«, betrifft also Folgen von Aussagen oder Handlungen auf diejenigen, die sich von deren Richtigkeit überzeugen lassen.

Hier ein kleines erfreuliches Beispiel: Nickt ein Erziehungsberater immer dann zustimmend mit dem Kopf, wenn ihm eine Mutter etwas Positives über ihr Kind erzählt, so ruft seine nonverbale Zustimmung bei der Mutter die Feedbackreaktion hervor, ihr Kind öfter zu loben. Sie lässt sich gleichsam von der Tüchtigkeit ihres Kindes überzeugen. Aber nicht nur Verhaltensänderungen (hier: das häufigere Loben) gehen auf Feedback-Mechanismen zurück. Auch Änderungen des Selbstverständnisses und der Selbstinterpretation können die Folge sein, und dies nicht nur im erfreulichen Sinne. Sagt zum Beispiel ein Arzt einem Kranken, dass dessen Zustand bedenklich sei, so kann diese Aussage zum Auslöser einer enormen Mutlosigkeit beim Kranken werden. Es kann sein, dass der Kranke sich selbst aufgibt und dadurch seine restlichen Genesungschancen untergräbt. Seltsamerweise stimmt plötzlich die (»wahre«) Aussage des Arztes nicht mehr, denn der Zustand des Kranken ist durch dessen negative Selbstinterpretation nicht mehr nur bedenklich, sondern bereits hoffnungslos.

Ein anderes Beispiel: Journalisten veröffentlichten einst die Ergebnisse einer Befragung, aus denen hervorging, dass jeder sechste Student im Laufe seines Studiums Drogen ausprobiert habe. Diese Information verleitete manche unbedarften Studenten dazu, zu denken: »Was, so viele Kollegen haben Erfahrungen damit, dann kann es mit der Schädlichkeit der Drogen nicht so schlimm sein! Warum soll ich sie dann nicht auch ausprobieren? Einmal ist keinmal!« Und plötzlich war es schon jeder fünfte Student, der mit Rauschgift in Berührung gekommen war. Wiederum zeigte sich jene durch Feedback-Mechanismen hervorgerufene Paradoxie, die auch Viktor E. Frankl in seinen Büchern beschrieben hat. *Eine wahre Tatsache, einem Menschen zur Kenntnis gebracht, kann durch ihren Einfluss auf dessen Selbstverständnis zur Unwahrheit werden* (siehe: nicht mehr jeder sechste, sondern schon jeder fünfte Student ...) *und umgekehrt kann eine Unwahrheit, einem Menschen zur Kenntnis gebracht, durch dessen Änderung im Selbstverständnis plötzlich zur Wahrheit werden* (siehe: das Verschwinden der Übelkeit des 9-jährigen Jungen ...).

Natürlich ist es nicht möglich, Feedback-Mechanismen generell in der Heilkunde zu verwenden. Wenn man jemandem, der an Lungenkrebs leidet, sagt, er sei gesund, wird dies seinen Krebs nicht wegzaubern. Dazu gesellt sich die ethische Frage, ob es legitim ist, jemanden zu belügen, etwa einen Sterbenden, was im Allgemeinen verneint wird. Trotzdem ist es gerade in unserer Mediengesellschaft wichtig, ein Bewusstsein für die möglichen Folgen jeder Art von Informationsverbreitung zu entwickeln, denn Informationen werden nie bloß rein kognitiv zur Kenntnis genommen. Sie verändern den Informierten, merklich oder unmerklich.

Eines der berühmtesten Experimente dazu stammt von Jacobson und Rosenthal. Die beiden amerikanischen Forscher testeten Hunderte von Schulkindern, um deren Intelligenzquotienten festzustellen. Die Resultate hielten sie geheim, wählten jedoch per Los aus jeder Schulklasse einige der getesteten Kinder aus und gaben den zugehörigen Lehrern fälschlich bekannt, dass es sich bei den zufällig ausgelosten Kindern um die intelligentesten der Klasse handle. Sie logen also die Lehrer an; mehr taten sie nicht. Drei Jahre später wiederholten sie ihre psychologischen Messungen an allen Kindern und waren nicht wenig verblüfft, als im Durchschnitt genau jene Kinder, die den Lehrern fälschlich als die intelligentesten genannt worden waren, in ihrer Intelligenzleistung gegenüber den anderen Kindern signifikant gestiegen waren. Offenbar hatte das Zutrauen der Lehrer zu ihren »begabten« Schützlingen eine indirekte Sonderförderung jener Schützlinge bewirkt und auf deren Selbstverständnis (»Mein Lehrer traut mir viel zu, ich bin intelligent, ich kann etwas ...«) stimulierend abgefärbt.

Das Jacobson/Rosenthal-Experiment hat in den Jahren danach für heftige Diskussionen unter den Pädagogen gesorgt, denn man konnte sich des Verdachts nicht erwehren, dass umgekehrt so manches Kind oder so mancher Erwachsene einfach durch eine Schultestung und IQ-Bekanntgabe zum »Dumm-Sein« (nämlich: sich dumm fühlen ...) auf Lebenszeit verurteilt worden sei.

Im professionellen Umgang mit Menschen ist somit Vorsicht geboten mit dem informativen Material, das man an sie heranträgt. Aufklärungsarbeit kann gut und kann schlecht sein. Das Wissen um die nackte Wahrheit kann sich bei Menschen fruchtbar und unfruchtbar auswirken. Mitunter ist es sogar klüger und humaner, eine Wahrheit ein wenig korrigiert zu formulieren, um eine vorteilhafte Korrektur beim Betreffenden zu erreichen, als die Wahrheit unverblümt auszusprechen und damit eine Zuspitzung der Sachlage zu provozieren.

Auf der anderen Seite ist jedermann zu raten, sich weder von fragwürdigen Informationen (Stichwort: Internet) überschwemmen noch von deprimierenden Nachrichten und Negativprognosen (Stichwort: Primitivjournalistik) »anstecken« zu lassen. Nichts, was wir erfahren, prallt spurlos an uns ab. Freilich, unsere Welt ist nicht heil. Aber vielleicht ist sie heilbar, wie Frankl zu sagen pflegte. Und sie ist es allemal wert, ihre Heilbarkeit sehnsuchtsvoll anzudenken, statt ihren Untergang zu predigen. Sie ist es wert – und wir selbst sind es auch wert.

Das, was wir

ein schlechtes Gewissen nennen, ist ja

immer ein gutes Gewissen. Es ist das

Gute, das sich in uns erhebt und uns

bei uns selber verklagt.

(Theodor Fontane)

18. Woche

Schuld an nichts ...

Das Thema »Verantwortung in der Psychotherapie« kann nicht abgehandelt werden ohne die Klarstellung, dass der Mensch grundsätzlich ein verantwortliches Wesen ist und auch im Rahmen psychologischer Einschätzungen und Behandlungen als solches ernst genommen werden soll. Weder böse Erfahrungen noch falsche Lernprozesse sind zulässige Alibis für aktuelles Fehlverhalten, auch wenn dergleichen pseudowissenschaftliche Zusammenhänge populär sind. So hieß es zum Beispiel in einer Fernsehdiskussion:

»Uli ist ein trotziger und bockiger Junge. Er gibt den Eltern nur freche Antworten, macht, was er will, schwänzt die Schule und lernt überhaupt nichts mehr. Wer hat versagt, das Elternhaus oder die Schule?«

Diese Fragestellung ist unseriös. Sie suggeriert, dass alles und jeder schuld sein kann, nur nicht der Betreffende selbst, also auch nicht der »arme Uli«, der nichts dafür kann, dass er frech und faul ist. Damit aber, dass man Uli die Verantwortung für sein Handeln abspricht, erweist man ihm keinen guten Dienst.

In einer anderen Fernsehsendung erklärte ein Pädagoge, der sich zu einer brutalen Schlägerei zwischen Lehrlingen äußern sollte, dass die Jugendlichen deswegen so viele Aggressionen hätten aufstauen *müssen*, weil sie nicht die genau ihren Wünschen entsprechenden Lehrstellen bekommen hätten, was Frustrationen und kriminelle Energien erzeuge. Auch solche Aussagen (vor einem großen Zuschauerpublikum!) sind wenig bekömmlich. Sie legen Hunderten von jungen Menschen, die nicht ihr berufliches Traumziel erreicht haben, nahe, dass sie sich quasi per pädagogischem Freibrief gegenseitig die Köpfe einschlagen dürfen.

Hier ist ein Auszug aus einem psychologischen Gutachten über einen 22-jährigen Mopeddieb, den ich einst zu Gesicht bekam:

»Der Schlüssel zum Verständnis der gegenwärtigen Persönlichkeit von X. Y. muss in einer weit zurückliegenden seelischen Verletzung gesucht werden, die in den ersten zwei Lebensjahren stattgefunden hat. Dieses verwundende Erlebnis blieb unerledigt und uneingebaut auf dem Grund der Seele liegen, als ein vom Bewusstsein losgelöster seelischer Komplex, als eine Kraft, die heimtückisch, mit dämonischer Gewalt ihre Herrschaft ausübt und ausbreitet. Das traumatische Erlebnis bleibt, obwohl vergessen, dennoch lebendig, affektgeladen und deshalb sprungbereit, es gefährdet und ängstigt den bewussten Teil der Persönlichkeit durch den Einbruch dunkler, archaischer Impulse in das derzeitige Leben, und die zur Integration dieses Komplexes notwendigen Bewusstseinskräfte weichen fortgesetzt vor jeder Erinnerung an dieses Erlebnis aus ...«

In der Folge wurde spekuliert, dass die »dämonischen Kräfte«, die hier bemüht wurden, um einen simplen Mopeddiebstahl zu entschuldigen, aus einer Störung der frühkindlichen oralen Phase stammen würden. Mit einfachen Worten war gemeint, dass der junge Mann als Kleinkind alsbald abgestillt und mit der Flasche ernährt worden sei; die Mutter ist dazu allerdings nicht befragt worden.

Einem solchen Herumspekulieren muss eine entschiedene Absage erteilt werden. Nichts davon ist irgendwie beweisbar. Als kleine Groteske will ich dem Leser verraten, dass meine eigenen frühesten Kindheitstage (Wien, 1942/43) gekennzeichnet waren durch nächtliche Fliegerangriffe, wobei meine Mutter mich Nacht für Nacht aus dem Schlaf reißen und mit mir in den finsteren, kalten Luftschutzkeller flüchten musste, um dort gemeinsam mit anderen Hausbewohnern zitternd vor Angst und Kälte zu warten, ob das Haus über uns zusammenstürzen oder in einer plötzlichen Feuergarbe aufgehen werde oder ob sie sich nach der Entwarnung durch das dunkle Stiegenhaus in die Wohnung zurücktasten könne. Demnach müssten meine eigenen »traumatischen Dämonen« eigentlich ausreichen, um mich zu verleiten, nicht nur ein Moped, sondern eine ganze Lastwagenkolonne zu stehlen ...

Viktor E. Frankl hat wiederholt betont, wie gefährlich es ist, den Menschen als bloßes Opfer seiner Umstände zu deklarieren, denn es gehört zur Schwachheit des Menschen dazu, schuldig werden zu können, genauso wie es zur Verpflichtung des Menschen gehört, seine Schuld zu überwinden und wenn möglich wieder gutzumachen. »Nimmt man dem Menschen die Schuld, dann nimmt man ihm auch die Würde«, schrieb Frankl. Ein weises Wort, das nicht von jedermann gerne gehört wird.

Fazit: Die Pädagogik, Psychologie und Psychotherapie haben nicht Ausreden für Fehlverhalten, sondern Einsichten und Motive für sinnvolles Handeln zu liefern und damit insbesondere junge Menschen auf die komplizierten Erfordernisse des Lebens vorzubereiten. Dazu ein Gesprächsfragment aus einer Beratung, die ich mit einer Studentin geführt habe:

Sie: Ich habe furchtbare Depressionen. Das Leben freut mich überhaupt nicht.

Ich: Gibt es einen äußeren Anlass, worauf sich Ihre Depressionen zurückführen lassen?

Sie: Ja. Ich habe bei den letzten Prüfungen schlechte Noten bekommen.

Ich: Ist hinsichtlich dieser Noten eine Abhilfe denkbar?

Sie: Gewiss, ich müsste mehr lernen.

Ich: Und warum tun Sie es nicht?

Sie: Weil ich keine Lust dazu habe.

Ich: Wer oder was ist also jetzt schuld an Ihrem Unglücklichsein?

Sie: Die schlechten Prüfungsergebnisse.

Ich: Nein.

Sie: Dass ich nicht genug lerne?

Ich: Nein.

Sie: Dass ich keine Lust zum Lernen habe?

Ich: Auch das nicht.

Sie: Was dann?

Ich: Dass Sie dasjenige Maß an Lernen, das Sie selbst als richtig und notwendig erachten, von Ihrer Lust und Laune abhängig machen!

Man kann nämlich auch lernen, ohne große Lust dazu zu haben, wenn man ein Lernziel erreichen will. Niemand ist irgendwelchen »am Grunde der Seele liegenden Komplexen« total ausgeliefert. Niemand muss blindlings »archaischen Impulsen aus seinem Inneren« gehorchen. Dass dunkle Gegenkräfte und träge Mächte in uns hausen, sei unbestritten, doch dazu sind wir ja ausgestattet mit einem »Willen zum Sinn«, dass wir dem rein Triebhaften nicht verfallen. Jedenfalls gab ich der Studentin die Lektion mit auf den Weg, dass sie allein die Verantwortung dafür trage, wie viel oder wie wenig sie für ihre Prüfungen lerne, dass sie aber auch wahrlich stolz auf sich sein könne, wenn sie ihr Studium trotz temporärer Unlustphasen konsequent fortsetze. Die Maxime, wonach »man sich von sich selbst nicht alles gefallen lassen muss«, nahm sie schmunzelnd zur Kenntnis und verscheuchte damit erfolgreich die Depressionsanflüge, deretwegen sie mich aufgesucht hatte.

Prüfe den Kurs!
Segle nicht mit dem Wind,
wie er kommt und dich forttreibt! –
Lotse bleibe du selbst auf deinem
Schiff und deiner Fahrt in die Welt!

(Hans Bahrs)

19. Woche

Frei – wovon, wozu?

Ein junger Mann gestand mir beschämt, dass er an Schuldgefühlen litt, weil es bei einer krankengymnastischen Behandlung, der er sich unterziehen musste, vor dem weiblichen Personal zu sexueller Erregung bei ihm kam. Diese Schuldgefühle ließen sich ohne langwierige Erhellung irgendwelcher verdrängter Libidogelüste auf der Stelle beseitigen, indem ihm zweierlei auseinandergesetzt wurde. Zum einen wurde ihm erläutert, dass seine körperlichen Reaktionen rein biochemischer und neurophysiologischer Natur seien, demnach nicht seiner freien Entscheidung unterlägen und sozusagen zum »schicksalhaften Bereich« seines gegenwärtigen Lebens gehörten. Zum anderen wurde ihm erläutert, dass er trotzdem sehr wohl frei entscheiden könne, wie er sich zu dieser schicksalhaften Gegebenheit einstelle und wie er daraufhin handle; ob er also seiner Erregung nachgäbe (etwa das Personal belästige) oder ob er sie ignoriere und mit ein paar scherzhaften Worten relativiere.

Der junge Mann versicherte, er würde seine Erregung während der Behandlung keinesfalls »ausnützen«, zumal er längst in einer festen Beziehung zu einer Frau gebunden sei. Daraufhin konnte ich ihn beruhigen: Dort, wo er eine freie Wahl hatte, handelte er gemäß seiner Überzeugung richtig, und mehr war ihm weder möglich noch abverlangt. Demzufolge gab es keinen Grund für ein Schuldgefühl. Wenn er sich dennoch eines leistete, so war dies »überflüssiger Luxus«. Da lachte der junge Mann und kehrte erleichtert heim. Später erhielt ich die Nachricht, dass mit dem Ende seiner irrationalen Gewissensbisse auch die Hypersensibilität seines Körpers nachgelassen hatte.

Ähnlich ist es bei Träumen, die von Patienten berichtet werden und nach deren prognostischem Gehalt ängstlich gefragt wird. Auch die Träume zählen zum »schicksalhaften Bereich«, der sich unserer Freiheit entzieht. Was hingegen in unserer Macht steht, ist das Gewicht, das wir den Träumen geben, und die Interpretation, die wir uns zu ihnen ausdenken. Eine meiner Patientinnen träumte zum Beispiel nach einem wilden Ehestreit, sie stünde am Rande einer tiefen Kluft und sehe auf der gegenüberliegenden Seite ihren Mann stehen. Sie fragte mich, ob dies bedeute, dass ihre Ehe endgültig nicht mehr zu retten sei. Ich wandte ein, dass sie dem Traum ebenso eine andere Bedeutung geben könne. Etwa die, dass sie künftig einen neuen Weg zu ihrem Mann suchen müsse, einen, der die Kluft umgehe, oder dass es für beide an der Zeit sei, eine gemeinsame Brücke zu bauen, um ihre Differenzen auszuräumen.

Die »Freiheit« ist ein stets ersehntes und gleichzeitig oft missverstandenes Gut. Um diesbezügliche Täuschungen auszuräumen, hat Viktor E. Frankl zwischen der »Freiheit *von* etwas« und der »Freiheit *zu* etwas« unterschieden. Die »Freiheit *von* etwas« ist rar. Kein Mensch ist frei von seinen körperlichen, psychischen und sozialen Bedingungen; wir alle strampeln im Netz unserer kreatürlichen Abhängigkeit von unseren Lebensvoraussetzungen und Vorgeschichten. Unsere »Freiheit *zu* etwas« hingegen ist größer, als wir denken. Wir sind frei, uns zu allen Bedingungen einzustellen entsprechend unserer Wahl. Wenn man den Bereich unserer Abhängigkeiten und Unfreiheiten als unseren »schicksalhaften Bereich« bezeichnet, dann kann man sagen: das Unsrige ist es, Antwort zu geben auf unser Schicksal, wie es auch sei. Die Antwort ist unser, und die Antwort ist frei.

Ständig pendelt der Mensch zwischen den beiden Polen »Schicksal« und »Freiheit« hin und her. Immer geschieht etwas, das er nicht steuern kann. Der junge Mann aus dem obigen Beispiel bekam Erektionen während einer krankengymnastischen Behandlung. Das war peinlich, unterlag aber nicht seinem Willen. Die erwähnte Frau wiederum träumte von einem Abgrund zwischen sich und ihrem Mann. Das war traurig, aber auch nicht von ihr ausgesucht. Freilich sind solche Vorkommnisse keine tragischen Schicksalselemente, sondern Ereignisse, die schnell ins Irrelevante versinken. Im Moment jedoch erwiesen sie sich als unangenehm und besorgniserzeugend.

Wichtig ist dabei, klar zwischen dem schicksalhaften Bereich und dem persönlichen Frei(heits)raum zu trennen. Für das Schicksalhafte sind wir nicht verantwortlich. Schuldgefühle sind dort am falschen Platz. Wir müssen Schicksalselemente zwar aushalten, aber damit ist es genug. An sie grenzt unser Freiraum an. Menschliche Freiheit entfaltet sich just am Schicksalhaften als *die* Herausforderung schlechthin, denn wir können dem Schicksal auf die verschiedenste Weise begegnen. Niemand schreibt uns vor, wie wir darauf zu reagieren haben. Wie ein Mensch mit seinem jeweiligen Schicksal fertig wird, ist seine Entscheidung, ist seine persönliche freie »Antwort« darauf, die er dann eben auch zu ver*antwort*en hat.

Der junge Mann im Beispiel hat eine prima Antwort gegeben. Er ließ sich nicht in Versuchung führen. Er blieb seiner Partnerin treu. Das lag in seiner »Freiheit *zu* etwas«, und damit durfte er zufrieden sein. Meine Traum-Patientin musste noch lernen, eine Antwort zu geben. Es lag in ihrer Freiheit *zu* etwas, die Kluft zwischen sich und ihrem Mann zu verringern. Sie hätte, durch ihren Traum ausgelöst, die Einstellung entwickeln können, dass es dafür bereits zu spät war. Sie konnte auch die Einstellung entwickeln, dass es höchste Zeit war, ihre Kräfte zur Konfliktbesänftigung zu mobilisieren. Es war ihre Wahl – nicht in Bezug darauf, was sie träumte, sondern in Bezug darauf, wie sie auf ihren Traum reagierte. Träume sind für sich genommen »nichts«, sind Tagesreste verarbeitende Spielereien des Gehirns, wie man heute weiß. Die Person selbst ist es, die im bewussten Zustand den Träumen eine oder keine Bedeutung schenkt, die sie als Geheiminformation, Warnung, Wunschbild, Drohung, Weissagung etc. deutet. Erst dadurch bekommen Träume rückwirkend ein Gewicht, im Guten wie im Schlechten.

Menschen, die sich unfrei und ihren Bedingungen ausgeliefert fühlen, büßen mit der Zeit ihre Motivation ein. Nur wenn man sich als ein Wesen versteht, das seine Umstände aktiv mitgestalten kann, ist man motiviert, sorgsam zu wählen und klug zu antworten. Ansonsten lässt man angesichts der ehernen Bedingtheiten unserer verletzlichen Existenz schnell »die Flügel hängen«. Frankl schrieb dazu den schönen Merksatz: »Wer sein Schicksal für besiegelt hält, ist außerstande, es zu besiegen.«

In der Fachsprache spricht man von einem neurotischen Fatalismus, der manche Menschen umklammert hält. Sie glauben an die Allmacht von Erbgut und Milieu, von früher Kindheit und Lernerfahrungen, von körperlicher Konstitution, sozialen Modelleinflüssen und sogar vom Spuk ihrer Ahnen oder von Sternkonstellationen. Ihrer Meinung nach ist fast schon im Mutterschoß für das werdende Leben »alles gelaufen«. Oder sie glauben an die Allmacht der politischen, wirtschaftlichen und gesellschaftlichen Systeme, an die Regentschaft von Geld, Korruption und Terror. Das alles versperrt ihnen die Türe zu ihren Freiräumen, in denen viele kleine Hoffnungsschimmer für sie selbst und die Welt darauf warten, von ihnen persönlich entzündet zu werden. Stoßen wir sie auf, diese Türe, und stellen wir uns dem Schicksal auf unsere einzigartige, unverwechselbare und beste Weise! Niemals ist schon »alles gelaufen«, immer gibt es noch viel Sinnvolles zu tun!

*Du kannst
den Regenbogen nicht haben,
wenn es nicht irgendwo regnet.*

(*Pueblo Indianer*)

20. Woche

Morgenröte

Eine 34-jährige Mutter kam mit ihrem geistig behinderten Kind zu mir mit der Frage, was sie noch tun könne, um das Kind mental zu fördern. Ihr Junge war acht Jahre alt, konnte kaum stehen, kroch am Boden umher und stieß unartikulierte Laute aus. Morgens wurde er in einen Sonderkindergarten und abends wieder nach Hause gebracht. Die Mutter hatte den Eindruck, dass er im Kindergarten nichts dazulerne und in seiner Entwicklung stagniere, was sie mit großer Angst erfüllte. »Was soll bloß aus ihm werden, wenn er älter wird? Wir Eltern werden nicht ewig leben!«, schluchzte sie unter Tränen.

Ein ausführliches Gespräch mit ihr und die Beobachtung des Kindes ergaben für mich die Gewissheit, dass alles Menschenmögliche für dieses Kind getan wurde. Mehr war zum gegebenen Zeitpunkt auf Grund seiner cerebralen Schädigung aus ihm nicht »herauszuholen«. Im tiefsten Inneren wusste dies auch die Mutter, denn sie war bereits bei mehreren Beratungsstellen gewesen, um sich zu informieren, und hatte überall erfahren, dass zusätzliche Bemühungen unfruchtbar wären. So war nicht schwer zu erraten, dass die eigentliche Not der Frau eine andere war, nämlich das Sich-nicht-abfinden-Können mit dem schweren und unverdienten Schicksal, ein behindertes Kind zur Welt gebracht zu haben. Als ich in dieser Richtung behutsam nachfragte, trat die ganze seelische Qual der Mutter zutage, die nicht wahrhaben wollte, was immer unübersehbarere Wahrheit wurde: dass bei ihrem Jungen keine Aussicht auf Rehabilitation und Normalisierung bestand. Hiermit gab es nur *ein* therapeutisches Ziel: Die Frau musste lernen, ihr Leid zu akzeptieren und ihr Kind zu bejahen, wie es war. Dann würde sie nicht mehr von Institution zu Institution laufen und vergebens Hilfe suchen, sondern gemeinsam mit ihrem Kind innerlich Frieden finden, Ruhe, vielleicht sogar ein bisschen Glück. Demgemäß verliefen unsere Gespräche anders, als sie erwartet hatte. Es ging nicht um irgendein Trainingsprogramm für das Kind, es ging um die frei zu wählende Einstellung der Mutter zu ihrem Kind. Daraus wurde ein Suchen nach Antworten, die sie selbst auf dieses Schicksal geben konnte, unter Verzicht auf die schreckliche und unbeantwortbare Frage: Warum?

Unsere Gespräche zogen sich eine Weile hin, doch eines Tages kam die Wende. »Schauen Sie«, sagte die Mutter zu mir, »ich habe mittlerweile keine Angst mehr vor der Zukunft. Andere Mütter müssen ihre Kinder hergeben, wenn diese älter werden; ich hingegen darf mein Kind behalten, solange ich lebe. Und danach wird auch für es gesorgt werden. Mein Mann und ich haben uns auf ein bescheidenes, gemütliches Leben zu dritt eingerichtet – wir werden nicht allein sein. Und wir werden stets wissen, wofür wir da sind, wofür wir gut sind. Das ist doch viel, nicht wahr?« Obwohl ihre Augen einen feuchten Schimmer hatten, umspielte ein Lächeln ihre Lippen, während sie sprach. Das freute mich. Sie hatte tatsächlich begonnen, ihr Kind mitsamt seiner Behinderung anzunehmen und zu lieben.

Der Mensch ist ein Tier und ist zugleich mehr als ein Tier. Mit dem Tier teilt er die körperliche und die psychische Ebene. Es sind Ebenen mit eher geringer Plastizität. Die elektrochemischen und physikalischen Lebensvorgänge laufen wie computergesteuert ab, wenn man die Natur ausnahmsweise nicht als »Mutter«, sondern als gigantischen »Hochleistungscomputer« betrachtet, was angesichts heutiger Erkenntnisse durchaus legitim ist. Die Lebensvorgänge des menschlichen »Seelenapparates« (Freud) sind zweifellos variabler und leichter zu beeinflussen als die leiblichen, vor allem durch Erziehungs- und Milieufaktoren, unterliegen aber dennoch Grundgesetzen, an denen nicht zu rütteln ist. Konditionierungsprozesse etwa laufen bei Tieren und Menschen gleichermaßen unbewusst ab, ohne von ihnen verhindert werden zu können.

Erst wenn wir uns gedanklich in die urmenschliche Ebene einschwingen, die uns von den Tieren unterscheidet, dämmert in der Morgenröte des sechsten Schöpfungstages so etwas wie »Freiheit« herauf. Na ja, es ist keine überwältigende Freiheit, sondern eine, an der noch viele Limitierungen gleichsam wie Eierschalen kleben. Aber immerhin ist diese Freiheit (*zu* etwas!) groß genug, uns zu erlauben, zu jenen Limitierungen auf beliebige Art Stellung zu nehmen. Wir können die Vorgänge in unserem Körper bzw. in unserer Seele unterstützen oder hemmen, gutheißen oder ablehnen, beachten oder ignorieren usw. Wir können unsere Erziehung und unser soziales Milieu wertschätzen oder verurteilen, wir können unsere Vergangenheit memorieren oder loslassen, bedauern oder absegnen. Wir können mit jedem Schicksal klagend hadern oder uns aussöhnen, ganz wie wir es entscheiden. Freiheit ist nie eine Freiheit von Bedingungen (wie wir bereits wissen), so gerne wir manche unserer Lebensbedingungen »abschaffen« würden. Sie ist die Freiheit, sich den Bedingungen zu stellen, die nun einmal da sind, und den eigenen Daseinsentwurf *unter ihnen* kreativ zu leisten. Die Mutter des achtjährigen Jungen, von der ich berichtet habe, hat schließlich von dieser Freiheit Gebrauch gemacht.

Was hat ihr dabei geholfen? Nun, in der Morgenröte des sechsten Schöpfungstages schimmert noch ein weiteres menschliches Spezifikum durch, das Viktor E. Frankl den »Willen zum Sinn« genannt hat. Es gehört zum seelischen

Wohlbefinden des Menschen unabdingbar dazu, dass er sein Tun und Wirken als sinnvoll verstehen kann, ein Ziel vor Augen hat, welches er anstrebt, oder eine Idee, die er verwirklichen will, kurz, nicht bloß »dahinvegetiert« bis zum Tod. In einer empirischen Testuntersuchung in Wien (nähere Angaben dazu in V. E. Frankl, *Der Wille zum Sinn*, Bern 2005), die sich mit analogen wissenschaftlichen Studien in anderen Ländern deckt, konnte ich bereits 1971 nachweisen, dass Personen, die ihr Leben als sinnvoll bezeichnen

* bei Frustrationen kaum überreagieren (nicht »ausflippen«),
* allgemein seelisch stabil sind (sich nicht leicht erschüttern lassen),
* wenig Anfälligkeit in Richtung Depression zeigen,
* sich flexibel an neue Situationen anpassen können,
* eher optimistisch mit Leid und Problemen umgehen.

Die Mutter aus dem obigen Beispiel hat also von ihrer Freiheit Gebrauch gemacht. Und jetzt verstehen wir auch, *welchen* Gebrauch sie gemacht hat. Sie hat angesichts der Behinderung ihres Sohnes für sich (und ihren Mann) eine sinnvolle Lebensaufgabe definiert. »Wir werden immer wissen, wofür wir gut sind ...« Bravo! Sogleich erntete sie die Früchte ihrer tapferen Einstellung. »Ich habe keine Angst mehr vor der Zukunft ...« Wer sich in Freiheit für Sinnvolles entscheidet, und sei es auch nur für eine würdig-aufrechte Einstellung zu einem bitteren Leid, dem kann das Schicksal nichts mehr anhaben. Er wird Tag für Tag aus der dunklen Nacht zur Morgenröte erwachen.

*Ü*berall dort,
wo man meint, etwas versäumt
zu haben, ist einem etwas
erspart geblieben.

(Volksweisheit)

21. Woche

Leid und Sinn?

Eine junge Frau suchte Hilfe bei mir mit den alarmierenden Worten: »Mich will doch keiner mehr! Ich bringe mich um!« Was war passiert? Ihr Gesicht war nach einem schweren Auffahrunfall, bei dem sie mit voller Wucht gegen die Windschutzscheibe ihres Autos geprallt war, zerschnitten und entstellt. Mehrere Operationen und Hauttransplantationen waren wenig erfolgreich verlaufen. Ihr Mann hatte sich daraufhin von ihr getrennt.

Wieder einmal haben wir geistig miteinander gerungen. Gerungen um Sinnperspektiven, um eine neue Einstellung, um eine Sichtweise, die es ihr erlauben würde, zu sich und zu ihrem Leben ja zu sagen. Und auch bei ihr erschien irgendwann ein erstes, zartes Lächeln auf dem gemarterten Gesicht. Es war der Beginn einer aufkeimenden Zuversicht, und es geschah, nachdem ich ihr folgende Überlegung angeboten hatte: »Mit diesem Schicksalsschlag, dem Verlust der Schönheit Ihres Gesichts, haben Sie, genau genommen, ein präzises Messgerät in der Hand. Wann immer Sie nämlich jemanden kennen lernen, können Sie ihn mühelos › testen‹, ob er die menschliche Qualität besitzt, ein echter Freund zu sein, oder ob er an oberflächlichen Dingen und Äußerlichkeiten hängt. Sie haben gleichsam einen › Geigerzähler‹ in der Hand, mit dem Sie wertvolles Metall suchen können, nur dass es sich in Ihrem Fall um charakterstarke Menschen handelt, die Sie orten können. Ihr Mann zum Beispiel hat den Test nicht bestanden. Nicht *Ihre äußeren Mängel* waren daran schuld, sondern *seine inneren Mängel*, die Sie ohne Ihr Handicap vielleicht nie oder erst viel später erkannt hätten. Wenn Sie nun wieder einen Partner suchen und etwas länger warten müssen als andere Frauen, um einen zu finden, dann deshalb, weil Sie Ihre Zeit nicht mit flüchtigen Freundschaften verschwenden müssen, wie es andere Frauen oft tun, die kein Instrument besitzen, das ihnen anzeigt, ob sie um ihrer selbst willen geliebt werden oder nicht. Sie hingegen haben die Möglichkeit, dies schnell festzustellen. Denn wer Sie wahrhaftig und aufrichtig mag, der wird sich nicht an Äußerlichkeiten stoßen, im Gegenteil, er wird Sie wegen Ihrer Tapferkeit bewundern und wegen Ihres Leides umso inniger behüten und beschützen. Wer Sie hingegen wegen Ihrer Narben meidet, der hätte sich sowieso nicht für eine Gefährtenschaft geeignet. Geben Sie den Glauben an eine glückliche Partnerschaft nicht auf! Gütige und wertvolle Menschen gibt es eben wenige, aber es wären auch nicht mehr, wenn Sie die Schönheit einer Filmdiva hätten; nur würden Sie sie dann kaum unter Ihren Mitmenschen erkennen. Durch Ihren Unfall haben Sie die Gabe erhalten, › die Spreu vom Weizen zu trennen‹ , und das kann vorteilhafter sein als die makellosesten Gesichtszüge, die doch in ein paar Jahrzehnten verwelken.«

Das Lächeln, das bei diesen Worten über die entstellten Züge meiner Patientin huschte, war der Startschuss für einen neuen Lebensmut. Es dauerte nicht lange, und sie unternahm wieder Ausflüge und bewegte sich ungezwungen in Gesellschaft anderer junger Leute, die sie – zu ihrer und meiner Überraschung – fast ausnahmslos herzlich und unkompliziert in ihre Gemeinschaft aufnahmen, ganz so wie sie war.

Die obige Geschichte habe ich bei einem meiner Vorträge auf einem Kongress erzählt. Danach kam eine unförmig dicke Frau auf mich zu und bedankte sich überschwänglich bei mir. Sie sagte, sie leide an einer Drüsenerkrankung und könne ihr Gewicht nicht kontrollieren. Sie habe deswegen die furchtbarsten Minderwertigkeitsgefühle. Doch ab sofort werde sie diese abstellen und ihren Körperumfang als »Testinstrument« betrachten, das sie befähige, ihre Mitmenschen besser einzuschätzen. Wer sie *wegen* ihres Übergewichts ablehne, der dürfe sie ruhig verlassen. An dem verliere sie nicht viel. Wer sich ihr jedoch *trotz* ihres Übergewichts freundschaftlich zuwende, der habe sie wirklich gern. Auf den könne sie bauen. Dieser Gedanke helfe ihr ungemein ...

Meine Erfahrung ist, dass sich viele Menschen unnötige Selbstwertprobleme machen, nur weil sie einem Schönheitsideal nicht entsprechen. Frauen leiden jahrzehntelang an einem kleinen Busen, an dünnen Haaren, an kurzen Beinen, an einer krummen Nase usw. Männer leiden jahrzehntelang an einer kleinen Statur, an einer »Hühnerbrust«, an schlaffen Armmuskeln, an einer frühen Glatze usw. Dabei kommt es im Leben auf die äußeren Attribute wenig an. Man liebt das Wesen einer Person, ihre positiven Eigenschaften, ihr sonniges Gemüt, ihre kleinen Eigenheiten und speziellen Talente. Im besten Fall liebt man die Person selbst, erschaut man sie mit den »Augen der Seele« in ihrer Einzigartigkeit und Einmaligkeit. Was die physischen Augen dann sehen, ihre Haare, Haut, Figur etc., tritt zurück. Natürlich ist ein harmonischer Anblick immer erfreulich, und jeder vernünftige Mensch wird alles tun, um sich gepflegt und geschmackvoll zu präsentieren, doch das, worauf es in dauerhaften Beziehungen ankommt, ist auf höherer Stufe angesiedelt.

In diesem Zusammenhang haben es zwei Personengruppen extrem schwer, und zwar die bildschönen Frauen und die reichen Männer. Sie werden umschwärmt, begehrt, aber was nützt es ihnen? Nie wissen sie, ob mit einer Annäherung seitens einer anderen Person *sie* gemeint sind oder ihre hübschen Gesichtszüge bzw. ihre dicken Brieftaschen. Nie können sie sicher sein, dass sie selbst geliebt werden; dass geliebt wird, was sie *sind*, unabhängig von dem, was sie *haben* bzw. zu bieten haben. Ähnlich schwer haben es berühmte Leute, weshalb ihr Privatleben häufig von Beziehungskrisen geschüttelt ist. Sie sind nicht zu beneiden.

Ein anderer Aspekt ist, ob man sich selbst gefällt. Narben im Gesicht, wie sie meine Patientin hatte, schmerzen bei jedem Blick in den Spiegel. Das ist keine Frage. Auch für Frauen, deren Brüste wegen Krebsbefall amputiert werden mussten, ist der nackte Anblick im Spiegel ein Horrortrip. Was da noch helfen kann, ist einzig und allein die tiefe Überzeugung, dass zum Menschsein mehr dazugehört als der körperlich-seelische Organismus, der unser Menschsein ermöglicht. Ermöglichung ist nicht gleich Erschaffung. Eigentliches Menschsein zeichnet sich in seiner geistigen Dimensionalität ab, in seiner »Gotteskindschaft«, wie man es religiös ausdrücken würde, es gründet in einem transzendenten Ursprung. »Die Eltern geben bei der Zeugung ihre Chromosomen an ihre Kinder weiter, aber sie hauchen ihnen nicht den Geist ein«, hat Viktor E. Frankl geschrieben. Dank dieser Geistigkeit ist der Mensch in der Lage, mit äußeren und inneren Gegebenheiten auf persönliche Weise umzugehen und sein Leben selbstständig zu gestalten. Es wohnt aber auch die Wertefühligkeit, Gläubigkeit und Sehnsucht nach Sinn in ihm, die nichts anderes ist als eine zarte »Rückerinnerung« des Geschöpfs an seinen Schöpfer. Oder, wie Frankl zu sagen pflegte: »Durch die Person personat (lat. = tönt durch) eine außermenschliche Instanz.«

Wer ein solches Menschenbild hat, der weiß sich in seinem innersten Kern heil und unzerstörbar, weiß sich »urangenommen«. Da fällt dann beides leichter: ein eventuelles Nichtangenommensein seitens irgendwelcher Mitmenschen, wie auch die Selbstannahme trotz irgendwelcher äußerlicher Entstellungen.

Reich

ist man nicht durch das,

was man besitzt, sondern mehr noch

durch das, was man mit Würde

zu entbehren weiß.

(Epiktet)

22. Woche

Ein Testament

Am 6. Oktober 1802 hat Ludwig van Beethoven sein so genanntes Heiligenstädter Testament verfasst. Es ist ein bewegendes und in vieler Hinsicht lehrreiches Dokument. Bekanntlich wurde er taub, was ihn erstaunlicherweise nicht am Komponieren gehindert, aber in seinen zwischenmenschlichen Beziehungen extrem eingeschränkt hat. Er wollte nämlich um keinen Preis, dass man es merken sollte, und zog sich in die Isolation zurück. Hier das Kernstück dieses Testaments:

»O ihr Menschen, die ihr mich für feindselig, störrisch und misanthropisch haltet, wie unrecht thut ihr mir, ihr wisst nicht die geheime Ursache von dem, was euch so scheinet! Mein Herz und mein Sinn waren von Kindheit an für das zarte Gefühl des Wohlwollens. Selbst große Handlungen zu verrichten, dazu war ich immer aufgelegt. Aber bedenket nur, dass seit sechs Jahren ein heilloser Zustand mich befallen, durch unvernünftige Ärzte verschlimmert, von Jahr zu Jahr in der Hoffnung gebessert zu werden betrogen, endlich zu dem Überblick eines dauernden Übels gezwungen.

Mit einem feurigen lebhaften Temperamente geboren, selbst empfänglich für die Zerstreuungen der Gesellschaft, musste ich früh mich absondern, einsam mein Leben zubringen; wollte ich auch zuweilen mich einmal über alles das hinaussetzen, o wie hart wurde ich durch die verdoppelte traurige Erfahrung meines schlechten Gehörs dann zurückgestoßen, und doch war's mir nicht möglich, den Menschen zu sagen: sprecht lauter, schreit, denn ich bin taub! – O, ich kann es nicht! – Drum verzeiht, wenn ihr mich da zurückweichen sehen werdet, wo ich mich gern unter euch mischte. Doppelt wehe thut mir mein Unglück, indem ich dabei verkannt werden muss. Für mich darf Erholung in menschlicher Gesellschaft, feineren Unterredungen, wechselseitigen Ergießungen nicht Statt haben ... Wie ein Verbannter muss ich leben. Nahe ich mich einer Gesellschaft, so überfällt mich eine heiße Ängstlichkeit, indem ich befürchte, in Gefahr gesetzt zu werden, meinen Zustand merken zu lassen.

So war es denn auch dieses halbe Jahr, was ich auf dem Lande zubrachte. Von meinem vernünftigen Arzte aufgefordert, so viel als möglich mein Gehör zu schonen, kam er fast meiner jetzigen Disposition entgegen, obschon, vom Triebe der Gesellschaft manchmal hingerissen, ich mich dazu verleiten ließ. Aber welche Demüthigung, wenn jemand neben mir stand, und von weitem eine Flöte hörte, und ich nichts hörte, oder jemand den Hirten singen hörte, und ich auch nichts hörte! Solche Ereignisse brachten mich nahe an Verzweiflung, und es fehlte wenig, und ich endigte selbst mein Leben. Nur sie, die Kunst, sie hielt mich zurück! Ach es dünkte mir unmöglich, die Welt eher zu verlassen, als bis ich das alles hervorgebracht, wozu ich mich aufgelegt fühlte. Und so fristete ich dieses elende Leben, so wahrhaft elend, dass mich eine etwas schnelle Veränderung aus dem besten Zustand in den schlechtesten versetzen kann. Geduld – so heißt es, sie muss ich nun zur Führerin wählen! ...

Schon in meinem 28. Jahre gezwungen Philosoph zu werden, es ist nicht leicht, für den Künstler schwerer als für irgendjemand. – Gottheit du siehst herab auf mein Inneres, du kennst es, du weißt, dass Menschenliebe und Neigung zum

Wohlthun darin hausen. O Menschen, wenn ihr einst dieses lest, so denkt, dass ihr mir Unrecht gethan. Und der Unglückliche, er tröste sich, einen seines Gleichen zu finden, der trotz allen Hindernissen der Natur doch noch alles gethan, was in seinem Vermögen stand, um in die Reihe würdiger Künstler und Menschen aufgenommen zu werden. –

Ihr meine Brüder Carl und Johann ... Mein Wunsch ist, dass euch ein besseres, sorgenloseres Leben als mir werde. Empfehlet euren Kindern Tugend; sie nur allein kann glücklich machen, nicht Geld. Ich spreche aus Erfahrung. Sie war es, die mich selbst im Elende gehoben; ihr danke ich nebst meiner Kunst, dass ich durch keinen Selbstmord mein Leben endigte. – Lebt wohl und liebet euch!«

Was entnehmen wir diesem Text? Der fortschreitende Verlust des Gehörs war für den Musiker Beethoven eine Katastrophe. Daran ist nicht zu rütteln. Dennoch ist ein Teil der Katastrophe auf sein Konto zu buchen, denn auch angesichts seines bitteren Loses gab es – wie meistens – verschiedene Varianten, darauf zu reagieren. Er schämte sich seines Mankos und wollte es um jeden Preis verbergen. Genauso gut hätte er offen sagen können: »Meine Lieben, ich höre schlecht, bitte schreit mit mir!« Gewiss, er hätte dabei gewaltig über seinen Schatten springen müssen, aber ganz unmöglich war es nicht. Wahrscheinlich hätte man sich an seinem Hördefizit nicht einmal sonderlich gestoßen. Man hätte mehr Verständnis, wenn nicht gar Bewunderung für ihn aufgebracht, und auf jeden Fall hätte ihm seine Offenheit wesentlich mehr soziale Integration gewährt.

So aber stand er, wie er selbst schrieb, mit einem doppelten Schmerz da: er hörte nichts, und er führte das Leben eines Ausgestoßenen. Ein doppelter Schmerz – so viel Schmerz, dass ihn der Freitod lockte. Was hielt ihn davon ab? «...es fehlte wenig, und ich endigte selbst mein Leben. Nur sie, die

Kunst, sie hielt mich zurück!« Er wollte die Welt nicht verlassen, bevor er nicht alles hervorgebracht hatte, was an künstlerischen Fähigkeiten in ihm schlummerte. Das Bewusstsein, einer Aufgabe zu dienen, eben die Aufgabe zu haben, sein Talent zu nützen, errettete ihm das Trotzdem-Ja zum Leben. Gemeint war keine Anforderung seitens der menschlichen Gesellschaft, sondern eine Aufgabe von höchster Instanz: »Gottheit du siehst herab ...« Die »Tugend« des Gehorsams gegenüber dem ihm »Aufgegebenen« stärkte ihn im Durchhalten des schier Unaushaltbaren. Man fasst es nicht: sie befähigte ihn, eine Hymne an die Freude zu komponieren!

Wir Nachgeborenen sind in Beethovens Testament reich bedacht worden. Er hat uns über seine himmlische Musik hinaus zwei Erkenntnisse vermacht, die vom psychohygienischen Standpunkt aus exzellent sind:

Erkenntnis Nr. 1 besagt, dass es Unsinn ist, sich einer Behinderung zu schämen, für die man ja nichts kann. Im Gegenteil, es ist eine Hochleistung, samt einer Behinderung das Leben zu meistern. Ebenso ist es Unsinn, eine Behinderung zu verstecken. Unsere Mitmenschen sind keine Hellseher und werden ein behinderungsbedingt »seltsames Benehmen« immer falsch deuten. Diesbezüglich darf man ihnen keinen Vorwurf machen. Dass manche Leute Beethoven falsch einschätzten, »ihm unrecht taten«, wie er beklagte, lag ausschließlich an ihm. Lernen wir daraus, dass eine klare Information zur Sachlage das Verhältnis zwischen behinderten und nicht behinderten Menschen auf der Stelle entkrampft und beiden Seiten die Chance erwirkt, einander besser zu verstehen.

Erkenntnis Nr. 2 besagt, dass es zwei divine Haltegriffe gibt, die uns in der furchtbarsten Not, in der uns bereits die Sirenentöne des Freitodes umgarnen, noch vor dem Absturz in die totale Verzweiflung zu sichern vermögen, und das sind die Kunst und die Tugend. Egal, um welche Kunst es sich handeln mag, ob um Musik, Gesang, Literatur, Tanz, Malerei,

Bildhauerei oder eine sonstige Kunstform, sie ist immer erhebend. »Sie war es, die mich selbst im Elende gehoben ...«, schrieb Beethoven so treffend. Was heißt »erhebend«? Es heißt, dass man sich über das Medium der Kunst aus der Identifizierung mit dem Elend und aus der psychischen Fixierung darauf befreien und mit geistigen Schwingen darüber hinwegschweben kann, wenn auch nur zeitweise – doch immerhin oft genug, um wieder Kraft zu tanken für das Zurückgleiten ins Unabänderliche. Ähnlich stärkt uns die Tugend den Rücken, wo er sich unter heftigen Bürden beugt. Denn Tugend ist Aufrichtigkeit und Wahrhaftigkeit, ist die Übereinstimmung mit sich selbst und seinem Gewissen. In ihr klingt, nur auf andere Weise, dieselbe Stimmigkeit an, die auch das Pathos der Kunst auszeichnet. Wenn es somit in uns selbst stimmt, und wenn wir zeitweise in das Flair einer musischen Stimmigkeit eintauchen können, dann können wir die Unstimmigkeiten dieser tragikomischen Welt heroisch ertragen.

Ich dachte,
du hättest in deiner neuen Wohnung
einen kilometerweiten Ausblick?«,
fragt Franz seinen Freund.
»Habe ich doch auch. Du musst nicht
auf die Mauer gegenüber schauen,
sondern nach oben!«

(Aus der Witzecke)

23. Woche

Weltenbummler

Ein junger Mann war vor Jahren in selbstmörderischer Absicht aus dem Fenster seines Elternhauses gesprungen und mit dem Hinterkopf auf dem Betonboden aufgeschlagen. Seither war er blind, weil die Sehrinde seines Gehirns bei dem Aufschlag irreparabel beschädigt worden war. Nach seiner Entlassung aus dem Krankenhaus war mir die Aufgabe übertragen worden, ihn ins Leben zurück zu begleiten. Gerne habe ich dies getan und – zu meiner großen Freude – mit Erfolg. Er legte seine Depression ab und sattelte, da er sehr musikalisch war, auf den Beruf eines Klavierstimmers um. Dazu übersiedelte er in ein Behindertenzentrum in Ostdeutschland, in dem die verschiedensten Berufsausbildungen für gehandicapte Personen angeboten werden. Ich gestattete ihm, regelmäßig telefonischen Kontakt mit mir zu halten. Er absolvierte seine Umschulung mit Auszeichnung und es kam der Tag, da er sein Abschlusszeugnis in Empfang nahm. Unterwegs in eine westdeutsche Stadt, in der ihm ein Musikhaus eine Probeanstellung versprochen hatte, erschien er zu einem letzten Gespräch bei mir.

Ich fand ihn in ausgezeichneter körperlicher und seelischer Verfassung vor. Er hatte in dem Behindertenzentrum eine junge Dame aus Norddeutschland kennen gelernt, deren Stimme ihn entzückte. Zarte Bande knüpften sich zu ihr, die von Geburt an blind war, an. Auch die Aussicht, in dem Musikhaus, in dem er bereits ein Praktikum abgeleistet hatte, arbeiten zu dürfen, beflügelte seine Stimmung. Ich konnte ihn beruhigt aus der Therapie entlassen. Schon wollte ich ihn mit meinen besten Wünschen verabschieden, da zögerte ich. »Gibt es noch irgendeinen Punkt, ein Miniproblem, das Sie mit mir besprechen möchten?« Er runzelte die Stirne und dachte nach. Dann antwortete er: »Ja. Eines macht mir immer noch zu schaffen. Es ist nämlich so: Ich träume in Bildern und in Farben. In meinen Träumen sind die Blumen bunt, die Wälder grün, der Himmel blau, die Dächer rot ... Wenn ich dann morgens aufwache, falle ich wieder in die ewige Finsternis zurück. Das kostet mich manchmal einen Augenblick der Überwindung, überhaupt weiterleben zu wollen ...«

Nunmehr war ich es, die nachdachte. Was kann man da erwidern? Nach einer Weile sagte ich: »Ich verstehe. An jedem Morgen, an dem Sie aus einem Traum erwachen, erleben Sie Ihre Erblindung aufs Neue. Das ist hart. Und doch sind Ihre farbigen und visuellen Träume, wenn ich es recht bedenke, auch ein Besitztum, über das nicht alle blinden Menschen verfügen. Ihre Freundin, von der Sie mir berichtet haben, hat zum Beispiel niemals Farben und Formen gesehen und kann sich solche auch nicht vorstellen. Nur durch Ihre späte Erblindung besitzen Sie diesen großen Erinnerungsschatz, aus dem Ihre Träume schöpfen.« Er nickte und ich fuhr fort: »Wie wäre es, wenn Sie sich einfach als Pendler zwischen zwei Welten begreifen würden? Abends, wenn Sie schlafen gehen, verschließen Sie Ihre Ohren und betreten die Welt des Sehens. In dieser Welt genießen Sie die bunten Bilder, und kein Geräusch soll Sie dabei stören. Morgens, beim Aufwachen, verschließen sich Ihre Augen und Sie wechseln in die Welt des Hörens, in der Sie – sozusagen berufsmäßig – Profi sind. Tagsüber lauschen Sie den feinen Nuancen der Klaviersaiten, den Worten der Menschen, den akustischen Signalen ringsum und als Highlight – der Stimme Ihrer Freundin. Den ganzen Tag über orientieren Sie sich an den Klängen und keine Bilder lenken Sie dabei ab. Die sind erst wieder an der Reihe, wenn Sie nachts in die Welt des Sehens eintauchen und die Alltagstöne verstummt sind.« Die Miene meines Patienten hellte sich auf, deswegen schob ich noch eine Symbolik nach: »In unserem Zeitalter der Mobilität sind viele Menschen Grenzgänger zwischen zwei Welten, sogar zwischen zwei Kontinenten. Jemand ist zum Beispiel deutschstämmig, aber in Südafrika aufgewachsen. Wenn er seine Großmutter in Deutschland besucht, schlüpft er in die abendländische Kultur, genießt zum Beispiel den Nürnberger Christkindlmarkt, kehrt er zurück, ist er wieder in den heimischen Sitten voll integriert. Es kann ungemein bereichernd sein, wenn man sich *da und dort* zu Hause fühlt.«

»Das ist eine wundervolle Idee!«, rief mein Patient aus und erhob sich. »Ab heute bin ich ein Weltenbummler und kein Morgenschock soll mich mehr erwischen. Einschlafen heißt künftig: Besuch in der alten Heimat. Aufwachen heißt künftig: Rückreise in die neue Heimat. In der einen kann ich sehen, in der anderen hören ... was geht es mir gut!« Der Patient umarmte mich in einer spontanen Geste und tastete mit seinem weißen Stock zur Türe hinaus.

Wenn in Fachkreisen gelegentlich über Kurztherapien die Nase gerümpft wird, weil sie bloß oberflächliche Symptombehandlungen seien, die nicht nachhaltig wirken würden, fallen mir dazu ungezählte Interventionen wie die oben dargestellte ein, in denen es geglückt ist, in einem einzigen dichten Gespräch (und ohne irgendwelche Fakten ändern zu können), eine innere Position zu erarbeiten, mit der jemand heil durchs Leben kommt. Natürlich genügt es nicht, oberflächlichen, also »billigen« Trost zu spenden. Trotzdem besteht ein gewaltiger Unterschied zwischen einer reinen Symptombehandlung und einer laserstrahlartigen Kurztherapie, die gezielt dort ansetzt, wo das Problem sitzt. Ich möchte diesen Unterschied anhand eines Gleichnisses verdeutlichen.

In einer unserer früheren Wohnungen entdeckte ich einmal Ameisen in der Küche. Ich besorgte einen Ameisenspray, um die Insekten loszuwerden. Die toten Ameisen kehrte ich weg, aber nach zwei Wochen krochen wieder Ameisen durch die Küche. Ich sprayte und kehrte weg. Nach zwei Wochen dieselbe Szene: Ameisen in der Küche. Diesmal machte ich mir die Mühe, nachzusehen, woher sie denn kamen, und entdeckte eine winzige Öffnung neben dem Heizungsrohr, durch die die Tiere in die Küche gelangten. Nachdem ich diese Öffnung abgedichtet hatte, war es mit der Ameisenplage vorbei.

Die Benützung des Sprays hat, um die Sache als Gleichnis zu verwenden, einer oberflächlichen Symptombehandlung entsprochen. Die Abdichtung der Öffnung neben dem Heizungsrohr entsprach einer effizienten Kurztherapie. Wie man sieht, wäre es unnötig und unfruchtbar gewesen, zu rekonstruieren, welcher Baumeister seinerzeit das Haus gebaut hat und ob ihm dabei irgendwelche Mängel unterlaufen seien, was einer tiefenpsychologischen Langzeittherapie entsprochen hätte. Das Gegenteil von Tiefenpsychologie ist eben nicht zwangsläufig eine »Oberflächenpsychologie«, es kann auch eine »Höhenpsychologie« im Franklschen Sinne sein.

Was jedoch bei jeder Therapie und speziell bei Kurztherapien unverzichtbar ist, ist die höchstmögliche Annäherung an die Wahrheit. Auch wenn Menschen im Familien-, Freundes- oder Bekanntenkreis jemand Traurigen trösten wollen, gilt die Grundregel: Hände weg von rosa Brillen! Lindern kann nur, was echt ist; am Selbstbetrug genest keiner. Das lässt sich bei der Geschichte von meinem »Weltenbummler« perfekt exemplifizieren. Denn was war die Wahrheit über den Moment seines morgendlichen Aufwachens? Dass er in die ewige Finsternis zurückfiel, wie er sich ausgedrückt hat? Ja. Eindeutig ja. Aber Gott sei Dank ist die Wahrheit um Äonen größer als jene Ausschnitte von ihr, die wir Menschen *wahr*-nehmen. War es nicht ganz genauso die Wahrheit, dass sich im Moment seines morgendlichen Aufwachens Tag für Tag die weite Welt des Hörens mit ihrer riesigen Klangpalette für ihn öffnete? Ja. Eindeutig ja. Jetzt hatte er die Wahl, das eine oder das andere ins Zentrum seines Tagesbeginns zu stellen: die Trauer über die ewige Finsternis oder den Jubel über die Tonfülle, die sich ihm (etwa im Unterschied zu Beethoven!) gewährte.

Mein ehemaliger Patient hat die richtige Wahl getroffen und das erlaubt uns eine positive Prognose für sein weiteres Leben. Kurztherapien können den Menschen die Wahl nicht abnehmen, aber sie können ihnen Wahlmöglichkeiten aufzeigen, von denen diese Menschen gar nicht wissen, dass sie sie haben.

Für die Nichtblinden, sondern Sehenden anbei noch ein Gedicht von Rainer Malkowski, das unter Umständen ebenfalls die Wirkung einer »Kurztherapie« haben kann:

Das Licht

Es hat mich begleitet,
beinahe jeden Tag.
Es zeigte mir das Meer und die Tiere,
den Schnee auf den Bergen
und im Waldschatten den Farn.
Ich habe mich für das Licht
nicht bedankt.
Es wies auf die Gegenstände
und lehrte mich sprechen.
Es lehrte mich lesen und schreiben
nach der Natur.
Ich habe mich für das Licht
nicht bedankt.
Einmal zog es sich zurück
und ich konnte im Spiegel
meine Augen nicht finden.
Aber dann kehrte es wieder
und ich habe mich
flüsternd bedankt.

Die Welt,
in die ich hineingeboren wurde,
ist roh und grausam und zugleich von
göttlicher Schönheit.
Es ist Temperamentssache zu glauben,
was überwiegt: die Sinnlosigkeit oder
der Sinn ... Ich habe die ängstliche
Hoffnung, der Sinn werde überwiegen
und die Schlacht gewinnen.

(C. G. Jung)

24. Woche

Vom Wert-Sein

Die nachstehende Fallgeschichte ist ein Beispiel für therapeutische Aktivitäten, die – scheinbar – nicht und nicht fruchten wollen. Es gelang mir einfach nicht, die düstere Einstellung eines jungen Mannes, der an einem schweren und nicht behebbaren (weil organisch bedingten) Sprachfehler litt, ins Wanken zu bringen. Der 23-Jährige vertrat den Standpunkt, er müsse zeitlebens um andere Menschen, insbesondere um junge Damen, einen Bogen machen, weil sie ihn wegen seines Handicaps doch nur auslachen würden. Er arbeitete in einer Fabrik und verkroch sich ansonsten verbittert in seinen vier Wänden.

Ich fand keinen rechten Ansatzpunkt, ihm zu helfen. Zuerst versuchte ich ihn zu einem regelmäßigen Sprachtraining bei einem Logopäden zu motivieren, was er kategorisch ablehnte, weil er bereits von Kindheit an ohne wesentliche Erfolge geübt hatte. Dann legte ich ihm (ähnlich wie meiner Patientin mit den Narben im Gesicht) dar, dass Menschen, die sich wirklich über ihn lustig machen würden, es nicht wert wären, dass er seine Gedanken an sie verschwende. Sie hätten nicht die innere Reife und Größe für echte Freundschaftsbeziehungen, die von solchen Äußerlichkeiten nicht abhängig seien. Das tröstete ihn wenig, weil er, wie er sagte, gerne auf Reife und innere Größe verzichten würde, wenn er bloß auch einmal mit dabei sein könnte und nicht immer vom Flirten und Tanzen ausgeschlossen wäre. Ich argumentierte, dass er auf jeden Fall ausgeschlossen sein werde, solange er sich ins Schneckenhaus zurückziehe, und dass er, wenn er bei Unterhaltungen mit dabei sein wolle, lernen müsse, es auszuhalten, dass vielleicht da oder dort eine taktlose Bemerkung über seinen Sprachfehler falle. Er solle sich ruhig mitten ins Gewühl einer Diskothek wagen und, seinem Pessimismus zum Trotz, Mädchen ungeniert zum Tanz bitten, ja, er solle sich dort bewusst und willentlich amüsieren. Unermüdlich appellierte ich an seine »Trotzmacht des Geistes«, wissend, dass sie enorme Hindernisse in letzter Instanz zu überspringen vermag. »Vergessen Sie nicht: Der Wert eines Menschen hängt nicht von der Qualität seines Sprechens ab!«, band ich ihm wieder und wieder auf die Seele und hoffte, er könne sich ebenfalls zu dieser Ansicht durchringen.

Aber meine Vorschläge missfielen dem jungen Mann. Er hockte weiterhin zu Hause und besuchte auch keine Diskothek. Schließlich trug ich die Überlegung an ihn heran, ob er vielleicht bereit wäre, eine behinderte Frau zu kontaktieren? Es wäre doch eine Kameradschaft gut vorstellbar, bei der jeder die Behinderung des anderen akzeptiere und ihm darüber hinweghelfe, so wie es nur möglich sei. Dies wollte der junge Mann schon gar nicht. Er würde nicht nehmen, was die Gesunden übrig ließen, knurrte er wütend. Seine grundsätzlich negative Einstellung löschte jeden Funken einer kreativen Idee aus.

Wir beschlossen, in unseren therapeutischen Gesprächen eine Pause einzulegen und uns in einem halben Jahr erneut zu treffen. Doch erhielt ich nach fünf Monaten eine Nachricht aus einer Klinik. Mein Patient war dort nach einem Selbstmordversuch eingeliefert worden und verlangte mich zu sprechen. Ich eilte hin und erfuhr vom Stationsarzt, was vorgefallen war. Der junge Mann hatte sich in seiner Wohnung unter Alkoholeinfluss die Pulsadern an den Handgelenken aufgeschnitten. Reichlich Blut war geflossen, und es hatten nur noch wenige Minuten bis zu seiner Bewusstlosigkeit gefehlt. Da hatte er plötzlich seine Absicht geändert und selbst den Notarzt herbeigerufen. Man hatte die Türe aufbrechen müssen, um ihn zu bergen. Im Rettungswagen, der ihn in die Klinik transportiert hatte, hatte er sein Bewusstsein unklar wieder erlangt und vor sich hingeflüstert: »Der Wert eines Menschen hängt nicht ... von seinem Sprechen ab, hängt nicht ... von ... seinem Sprechen ... ab ...« Der Pfleger hatte diesen Satz protokolliert.

Es war zweifellos der Satz, der den jungen Mann unmittelbar vor dem Schwinden seines Bewusstseins noch zum Telefonhörer hatte greifen lassen! Es war der Satz über das bedingungslose Wert-Sein der Person, den ich ihm Monate vorher eingeflößt und den er strikt zurückgewiesen hatte. Im entscheidenden Moment jedoch war der Satz stärker gewesen als seine Verzweiflung und Resignation.

Diese Geschichte hat mich tief berührt, und auch der junge Mann ist an diesem Erlebnis gewachsen. Er hat sehr mit sich gekämpft, aber letzten Endes ja zum Leben gesagt und ist bei seiner Entscheidung fürs Leben geblieben. Wir führten danach viel effektivere Gespräche als zuvor.

Psychotherapeuten sind im Zuhören gut geschult. Das empathische Zuhören-Können in Ruhe und ohne vorschnelle Kommentare schafft die Vertrauensbasis, die nötig ist, um mit einem Patienten gemeinsam nach Lösungen zu suchen. Allerdings ist Zuhören absolut kein passiver Akt. Alles Gehörte wird vom Psychotherapeuten innerlich sofort nach psychohygienischen Kriterien sortiert und gespeichert, um eventuell später im eigentlichen Therapieprozess aus dem Erinnerungsspeicher herausgeholt und verwendet oder bearbeitet zu werden. Unkonzentriert darf man in unserem Beruf nicht sein.

Eines dieser psychohygienischen Kriterien betrifft die Wahrhaftigkeit und Werthaftigkeit von Patienteneinstellungen. Dabei ist es nicht leicht auszuformulieren, wann die Einstellung eines Menschen wertorientiert und konstruktiv ist und wann nicht. Da Einstellungen zu Sachverhalten bekanntlich sehr unterschiedlich sind und da in vielerlei Hinsicht kaum abzuwägen ist, welche Einstellung jeweils die »bessere« oder »richtigere« ist, bringt uns der Versuch einer Definition »gesunder« Einstellungen in Verlegenheit. Dennoch bleibt es eine unleugbare Tatsache, dass bestimmte Grundhaltungen Ursache bzw. Ausdruck einer unglücklichen Existenz, eines sich selbst zerstörenden Lebens sind.

In der Praxis muss man sich wohl auf seine Erfahrung und Intuition verlassen, wobei sich im Allgemeinen diesbezüglich ein großer Konsens zwischen Fachleuten und Laien abzeichnet. Patientenaussprüche wie folgende: »Es hat keinen Sinn, dass ich mich plage, bei mir läuft doch alles schief!« oder »Am liebsten möchte ich keinen Menschen sehen. Die Menschen sind alle Bestien!«, offenbaren bestimmt keine positiven Einstellungen. In ihnen spiegelt sich weder Wertvolles noch Wahres. Wenn eine Mutter sagt: »Ich muss mich abends um die Kinder kümmern, sonst bekomme ich Ärger mit dem Jugendamt«, oder wenn eine Ehefrau sagt: »Mein Mann und ich leben nebeneinander her, das geht ganz gut. Keiner redet dem anderen viel drein«, so sind dies auch keine Aussprüche auf dem Hintergrund idealer Einstellungen. Ins Ungefähre könnte man definieren, dass psychohygienisch gesunde Einstellungen selbst-, familien- und fremdenfreundlich sind, niemanden und nichts abwerten, sich und der Welt immer noch eine Chance zusprechen und nicht blindlings übernommen, sondern in einem redlichen Bemühen um

Menschen- und Sachgerechtigkeit entwickelt worden sind.

Jedenfalls ist es Aufgabe eines jeden Psychotherapeuten, hellhörig genug zu sein, um ungesunde, gefährliche und destruktive Einstellungen seiner Patienten zu registrieren und in einer Art »sokratischen Dialog« (das heißt, über geschickte Erläuterungen, die den Betreffenden selbst die Fragwürdigkeit ihrer negativen Ansichten entdecken helfen) aufzuweichen. Es hat zwar eine Periode in der Seelenheilkunde gegeben, in der solche therapeutisch initiierten Einstellungskorrekturen verpönt gewesen sind, weil »Wertefreiheit und Neutralität« seitens der Lehrer, Ärzte und Therapeuten gefordert war, aber diese Maxime hat sich nicht bewährt und ist längst überholt. Heute wissen wir: Wir müssen uns notfalls auf ein geistiges Ringen, auf existenzielle Themen mit unserem Gegenüber einlassen; wir dürfen niemanden kampflos dem Sog pathologischer Ansichten überlassen.

Bei dem 23-Jährigen mit dem Sprachfehler war es ein Satz unter vielen Sätzen gewesen, die er und ich ausgetauscht haben, ein einzelner Satz, der ihm das Leben zurückerobert hat. Der Satz vom Wert-Sein der Person – ohne Wenn und Aber. Selbst Sokrates, der große Philosoph der Antike, hätte an diesem Satz seine Freude gehabt, denn es ist ein wahrer Satz, und wo die »Liebe zur Weisheit« (= Philosophie) wohnt, wohnt auch die »Liebe zur Wahrheit«.

Es ist allerdings nicht nur pessimistischen Patienten, sondern uns allen zu raten, gelegentlich unsere Grundeinstellungen unter die Lupe zu nehmen. Hand aufs Herz: Sind sie wertvoll? Sind sie wahr? Wenn nicht, besteht Umdenkbedarf. Und es ist kein schlechter Tipp, außer bei den Ratgeberbüchern auch bei den philosophischen Schriften der Weltliteratur eine kleine Anleihe zu machen.

*N*iemand kann
einem anderen die Tränen trocknen,
ohne sich selbst die Hände
nass zu machen.

(Afrikanisches Sprichwort)

25. Woche

Über das Feingefühl

Viele Errungenschaften unserer hoch technisierten (ersten) Welt machen uns das Leben bequem, aber was noch dringend fehlt, ist eine *kommunikative Zivilisation*. Die Entwicklung des dafür nötigen Feingefühls hinkt noch gewaltig nach.

In meiner Branche begegnet man zahllosen Beispielen fehlenden Feingefühls der Menschen im Umgang miteinander. Damit meine ich keineswegs das gemeine und oft brutale Verhalten von Asozialen und Psychopathen, sondern kaum beachtete geringfügige Vorkommnisse von Takt- und Geschmacklosigkeit, die sich in ihrer Summe erheblich unheilstiftend auswirken können. Zwei Beispiele aus meiner Praxis seien hier kurz erwähnt.

Beispiel 1

Eine Frau war schwer krank, raffte sich aber trotzdem auf und kochte das Mittagessen für ihren Mann und ihren Sohn. Die drei setzten sich zu Tisch. Der Mann sagte zu seiner Frau: »Du hättest nichts kochen müssen! Wir hätten auch drei Pizzas beim Italiener bestellen können.« Danach ließen er und sein Sohn sich das Essen gut schmecken.

Beispiel 2

Eine Trainerin für Arbeitslose wurde selbst arbeitslos, weil ihr Vertrag nicht mehr verlängert wurde. In ihrem Schmerz wandte sie sich an eine Psychotherapeutin. Diese hörte sie kurz an und erklärte der Trainerin dann im Brustton der Überzeugung, dass sie ihren Ärger und ihre Wut keineswegs unterdrücken dürfe. Um alle diesbezüglichen Emotionen »rauszulassen«, solle sie das »Rauslassen« üben, indem sie mehrere Restaurants besuche, jeweils einen kleinen Imbiss zu sich nehme und danach den Kellner oder die Kellnerin wegen angeblich verdorbenen Essens »zur Schnecke mache«.

Lehrreich an den ausgewählten Beispielen ist, dass in beiden Fällen eine durchaus löbliche Absicht hinter den ausgeteilten Kränkungen gestanden sein kann.

Optimistisch betrachtet, wollte der Mann aus *Beispiel 1* seiner Frau signalisieren, dass er um ihre Gesundheit besorgt sei und ihr anbiete, sie künftig mehr zu entlasten. Pessimistisch betrachtet, wollte er sich das Danken und eventuelle Schuldgefühle ersparen (er hätte schließlich selber das Essen zubereiten oder schon eher den Vorschlag mit der Pizzabestellung machen können). Wie dem auch sei, jedenfalls hat er ihr knallhart übermittelt, dass ihr »Opfer« völlig überflüssig gewesen sei. Keine große Anerkennung für die Arbeit einer Schwerkranken!

Optimistisch betrachtet, wollte die Psychotherapeutin aus *Beispiel 2* der Trainerin eine kathartische Erleichterung verschaffen. Wenn die Arbeitslose ihr Unglück nicht stumm in sich »hineinfresse«, würde sie es – so die Hoffnung – besser verkraften. Pessimistisch betrachtet, wusste die Psychotherapeutin keinen anderen Rat als die althergebrachte und längst überholte Ausagiermethode. Wie dem auch sei, jedenfalls hat sie die Trainerin ungeniert angewiesen, Ärger und Wut an unschuldigen Kellnern und Kellnerinnen auszulassen, deren Job schwer genug ist und die weder ein verdorbenes Essen servieren noch das Geringste mit der Nichtverlängerung eines Arbeitsvertrages zu tun haben. Keine sehr ethische Empfehlung!

Auch wenn wir die optimistischen Varianten favorisieren, müssen wir eingestehen, dass es in beiden Fällen mit dem Feingefühl gehapert hat, und zwar bei einem Laien wie bei einer Fachfrau gleichermaßen. Überlegen wir uns folglich, wie Menschen mit entsprechendem Feingefühl in den beschriebenen Situationen reagiert hätten.

Zum Beispiel 1:

Tut jemand freiwillig etwas Positives für uns, ist dies weder als »selbstverständlich« zu konsumieren noch als »überflüssig« abzuqualifizieren, sondern zunächst als die liebevolle Geste, die es ist, zu honorieren. Je mehr »Opfer« es für den Betreffenden bedeutet, desto mehr Anerkennung verdient es logischerweise.

Erst *nach* Honorierung der positiven Tat sind gegebenenfalls Bedenken und Einwände dagegen oder Alternativvorschläge in einem nicht verletzenden Ton angebracht. So hätte der Mann der schwer kranken Frau nach Anerkennung ihrer

Kochleistung sagen können: »Schatz, ich möchte, dass du dich schonst, damit du bald wieder gesund wirst. Deswegen bitte ich dich, momentan nicht mehr für uns zu kochen. Ich werde mich darum kümmern, dass immer ein Essen auf dem Tisch steht.«

Zum Beispiel 2:

Ist jemand frustriert und trägt uns seinen Frust vor, ist er im tapferen Aushalten und sinnvollen Gestalten seines Kummers zu stützen. Keineswegs aber ist er dazu zu verleiten, den Schmerz der Welt zu vermehren, indem er andere (insbesondere unschuldige!) Menschen für seinen Frust büßen lässt. Tapfer aushalten und sinnvoll gestalten kann man einen Kummer vielmehr, indem man ihm ein »Plus« abgewinnt und ihn mit erfahrener Freude aufwiegt.

So hätte die Psychotherapeutin der Trainerin übermitteln können, dass diese jetzt dabei sei, ihre »Meisterprüfung« im Fach »Psychologische Hilfe für Arbeitslose« zu bestehen, indem sie mittels ihres eigenen Lebens bezeuge, dass man bei Arbeitslosigkeit nicht mutlos kapitulieren müsse, sondern sich erhobenen Kopfes auf den dornigen Weg der Neuorientierung machen könne. Damit würde sie zum Vorbild für all jene Klienten, die sie doch selbst eine Zeit lang betreut habe, sowie für künftige Klienten, die sie vielleicht später einmal beraten werde. Des weiteren hätte sie der Trainerin nahelegen können, nicht zu vergessen, welche »Ernte« sie aus dem Erfüllthaben des abgelaufenen (und nicht verlängerten) Arbeitsvertrages mit auf ihren dornigen Weg nehme; was sie dabei gelernt habe, was ihr dabei geglückt sei usw. War es eine fruchtbare Zeit, dann hat sie ihren Sinn gehabt, auch wenn sie so nicht fortsetzbar sei. Es werde eine andersartige Fortsetzung geben, bei der die Freude über die bisher geleistete Arbeit und die Trauer über die erfahrene Kündigung zu einem gemeinsamen Kenntnisfundament verschmelzen würden, auf dem der nächste fruchtbare Wirkungsbereich solide aufgebaut werden könnte.

Das Thema »Feingefühl« abrundend möchte ich noch eine Passage aus einem Brief einer meiner ehemaligen Schülerinnen wiedergeben. Die Briefschreiberin ist Ärztin in Bonn und in der Franklschen Logotherapie ausgebildet. Sie schrieb mir:

»Immer wieder beobachte ich in der Therapie, dass die Heilung beginnt, sobald die Patienten merken, dass sie auch für andere Menschen etwas bedeuten, dass sie die Fähigkeit haben, ihre vordergründigen Bedürfnisse um jemand anderes willen zu transzendieren. Neulich › sah ‹ eine 19-jährige Patientin von mir in der Imagination ihre Familie im Käfig. Sie hatte Grund zur Wut, denn ihr Vater hatte sie in ihrer Kindheit häufig geschlagen und gedemütigt. Sie sagte: › Ich hätte die Kraft, sie alle zu zerstören. ‹ Und das stimmte wohl, denn sie war ein Powermädchen mit einem total aggressiven Verhalten, als sie zu mir kam. Aber welch ein Zuwachs an seelischer Größe ereignete sich, als sie erkannte, dass sie stärker war, wenn sie auf Rache verzichtete! In solchen Augenblicken bin ich froh über meine Auseinandersetzung mit der Franklschen Lehre und die daraus resultierende Gewissheit, dass wir stark sind und Glück erfahren, wenn wir uns auf Werte ausrichten und der Liebe Raum geben.«

Ich glaube, diese Passage braucht nicht kommentiert zu werden. Sie spricht für sich allein.

Was brauche ich,

um das Leben auszuhalten? —

Ich halte alles aus, wenn ich weiß,

dass das Leben mich braucht.

(Elisabeth Lukas)

26. Woche

Gesunder Trotz

Eine Mutter kam zu mir wegen ihrer Tochter. Sie habe Erziehungsschwierigkeiten, weil das Kind ihr kaum mehr gehorche, sie auslache und ihre Ängstlichkeit verspotte. Es gab eine besondere Vorgeschichte:

Vor Jahren hatte die Mutter mit ihrer Tochter geturnt und einen schwungvollen Überschlag mit ihr probiert. Unglücklicherweise hatte sich das Mädchen dabei die Wirbelsäule verrenkt; eine Wirbelspitze wurde angebrochen. Das Mädchen hatte wochenlang unter Schmerzen gelitten und eine feste Bandage tragen müssen, bis die Beschwerden endlich abgeklungen waren. Auf Grund dieses Vorfalls hatte die schockierte Mutter eine Angstneurose entwickelt. Sie wagte es kaum mehr, das Kind anzurühren, sie ertrug es nicht, es Radfahren zu lassen, und sie geriet in Panik, wenn ihre Tochter nur um wenige Minuten verspätet aus der Schule heimkehrte. Es war klar, dass sich die Situation in der Familie zuspitzte.

Anderthalb Jahre lang war die Mutter wegen ihrer Angstneurose bereits in psychotherapeutischer Behandlung gewesen. Als sie ihrem behandelnden Arzt von den Schwierigkeiten mit der mittlerweile pubertierenden Tochter erzählt hatte, hatte er sich für nicht zuständig erklärt. Erziehungsfragen fielen nicht in seinen Bereich. Statt der Mutter einen vernünftigen Rat zu geben, hatte er in ihrer eigenen frühesten Kindheit nach verdrängten Träumen gewühlt, die ihre Angstneigung erzeugt haben könnten.

Ich schüttelte stillschweigend den Kopf und informierte die Mutter darüber, dass ich die Dinge anders sähe. Ihre Überängstlichkeit sei das durchaus verständliche Resultat jenes alten Unfalls und zugleich Auslösefaktor für die gegenwärtigen Unstimmigkeiten mit der Tochter, weshalb beides miteinander behandelt gehöre. So wie ihre Tochter den Unglücksfall körperlich überwunden habe, so gelte es jetzt für die Mutter, ihn seelisch zu überwinden. Dann werde beiden geholfen sein.

Die Mutter atmete auf und fragte, was sie tun solle. Ich legte ihr dar, dass sie zwar eine übermächtige Angst um ihre Tochter *habe*, dass sie aber diese Angst nicht *sei*. Mehr noch: sie müsse ihrer Angst nicht gehorchen, denn in ihren Handlungen sei sie frei. Wenn sie ein starkes Motiv habe, könne sie sich sogar gegen ihre Angst entscheiden. Sie könne zum Beispiel dem Kind erlauben, Rad zu fahren. Wenn sie dann zu Hause von ihrer Angst geschüttelt werde, könne sie zu sich selbst sagen: »Ja, das ist unangenehm. Aber ich habe meine Tochter trotzdem Radfahren lassen, weil ich sie liebe und nicht einengen möchte.« Auf eine solche Handlung könne sie stolz sein, denn es sei eine umso beachtlichere Leistung, ein Angstgefühl zu boykottieren, je intensiver dieses ist. Vielleicht wären bald auch ihr Mann und ihre Tochter auf sie stolz. Jedenfalls würde das Verlacht- und Verspottetwerden in der Familie aufhören. Im Übrigen möge sie bedenken, dass sich Kinder allerlei von ihren Eltern abschauen. Und es sei ein Unterschied, ob sie lernen, dass man vor unangemessenen Gefühlen kapitulieren muss, oder ob sie anhand eines beeindruckenden Vorbildes lernen, dass man trotz starker Affekte die Kontrolle über sich selbst behalten kann.

Der Mutter leuchteten meine Argumente ein und sie bemühte sich, sie im Alltag umzusetzen. Dabei machte sie eine erstaunliche Erfahrung. Die sonst kratzbürstige Tochter anerkannte ihren guten Willen und rief sie während der nunmehr gestatteten Radtouren jede halbe Stunde freiwillig an, um ihr zu versichern, dass sie noch am Leben sei. Das rührte die Mutter so sehr, dass sie der Tochter heroisch mitteilte, sie verzichte künftig auf derlei »Beruhigungsspritzen per Handy« und vertraue einfach auf ihre gesunde Rückkehr, woraufhin das Mädchen jubelte: »Mama, du bist ja wieder völlig normal!«

Bald zeichnete sich die nächste Hürde am Horizont des Familienfriedens ab. Das Mädchen äußerte an ihrem 16. Geburtstag den Wunsch, reiten zu lernen, einen Wunsch, der beim Vater, der selbst in seiner Jugend begeisterter Reiter gewesen war, auf offene Ohren stieß. Die Mutter erschien tränenüberströmt bei mir. »Sie kann doch wirklich vom Pferd stürzen und sich das Genick brechen, oder wollen Sie dies abstreiten?« Flehend sah sie mich an. Ich stimmte ihr zu. »Ja, sie kann einen Unfall haben. Wenn sie reitet, wenn sie eine Straße überquert, wenn sie ein Flugzeug besteigt, wenn sie in einem See hinausschwimmt, wenn sie auf einem Snowboard über eine Skipiste saust, wenn sie ein Möbelstück umstellt, wenn sie Fenster putzt, wenn sie Brot schneidet, wenn sie Feuer am Grill entzündet ...« Die Mutter senkte den Kopf. »Ich halte es nicht aus«, wimmerte sie. »Die Frage ist, was Ihre Tochter aushält«, korrigierte ich ihren Gedankengang. »Ob sie es aushält, ununterbrochen auf etwaiges Unheil hin beobachtet zu werden. Ob sie es aushält, dass jemand Heilsgarantien von ihr einfordert, die sie nicht geben kann. Leben heißt, sich exponieren. Nur ein Toter ist vor jedem Unheil geschützt. Die Frage ist also, ob sich Ihre Tochter mit Freude und Hoffnung ins Leben stürzen darf oder sich neben dem Schoß der Mutter verkriechen muss, bis sie auszieht ...«

Die Mutter fasste einen Entschluss. »Ich bringe sie zur Reitschule«, sagte sie und hob ruckartig den Kopf. »Ich weiß, dass mir ganz übel sein wird bei dem Gedanken, dass das Pferd mit ihr losgaloppieren und sie abwerfen könnte, und ich werde meiner Tochter auch nicht vormachen, dass mir wohl dabei sei, aber sie soll wissen, dass mein Liebe zu ihr größer ist als meine Angst und dass ich um dieser Liebe willen die Fahrt mit ihr unternehme.« – Kein Sieg ist so grandios, wie der Sieg über sich selbst! Ich gratulierte ihr von Herzen.

Heute noch denke ich gerne an diese Mutter zurück. Ich habe sie insgesamt drei Jahre lang begleiten dürfen, in immer länger werdenden Gesprächsintervallen. Ihre übermäßigen Ängste verloren sich, und ihr Unternehmungsgeist flammte auf. Nachdem ihr Mann eine eigene Firma gegründet hatte, ließ sie sich in sein Fachgebiet einschulen, um ihm assistieren zu können. Die Tochter entwickelte sich zu einer sportlichen jungen Frau, die in ihrer Freizeit ausritt, Tennis spielte und Flamenco tanzte. Sie legte ihr Abitur mit guten Noten ab und begann ein Studium der Sozialpädagogik.

Der einstige Turnunfall aber blieb »begraben«, wo er hingehörte: in der Vergangenheit. Jegliches »Spuken in der Gegenwart« haben wir ihm gründlich abgewöhnt.

Die obige Fallgeschichte habe ich seinerzeit in einem Fortbildungsseminar für Psychologen vorgestellt. Ich wollte damit demonstrieren, welche enormen Kräfte sogar in überängstlichen Menschen verborgen sind, wenn sie nur um ein Wozu wissen, das es wert ist, ihre Angstbarrieren zu überspringen. Daraufhin entbrannte eine merkwürdige Diskussion darüber, ob die Mutter aus der Fallgeschichte ihre Tochter überhaupt geliebt habe. Einer der Teilnehmer sagte wortwörtlich: »Wahrscheinlich hat Ihre Patientin das Kind von Geburt an abgelehnt. Sie hat es gehasst, hat sich aber ihren Hass nicht eingestanden. Der Turnunfall war ein unbewusster und unbeholfener Versuch der Mutter, ihr Kind loszuwerden oder jedenfalls ihren Ärger über das Vorhandensein des Kindes auszudrücken. Auch später war all ihr Zittern, ihrer Tochter könne Schlimmes geschehen, Zeichen dafür, dass sie ihr heimlich den Tod wünschte, was sie vehement aus ihrem Bewusstsein wegdrücken wollte.«

Na, da klafften unsere Meinungen aber meilenweit auseinander!

Ich fragte den Teilnehmer, wie *er* denn die Patientin von ihren Ängsten kuriert hätte? Für ihn war alles sonnenklar. Er hätte sie mit ihren versteckten Aggressionen gegen das Kind konfrontiert und sie eingeladen, diese »harmlos« abzureagieren, indem sie Geschirr zerbrochen oder Sand gegen Wände geschleudert hätte. Mit der Zeit hätte sie ihre Ängste nicht mehr als Schutzschild gegen verdrängte Aggressionen »gebraucht«.

In meiner Fantasie malte ich mir aus, wie es meiner Patientin bei einer solchen Behandlung ergangen wäre. Ich fürchte, die (unbewiesene) Hypothese von ihrem heimlichen Groll gegen die Tochter hätte ihr den Rest an seelischer Stabilität geraubt. Dass ihr Angstpegel daraufhin gesunken wäre, wage ich zu bezweifeln. Meiner Einschätzung nach hätte sich ihr Zustand und die gesamte familiäre Situation drastisch verschlechtert.

Von 1960 bis ca. 1990 hat das Schlagwort vom »unerwünschten Kind« überall Eingang in die Lehrbücher der Entwicklungspsychologie gefunden. Man glaubte damit einen Schlüssel gefunden zu haben, der menschliches Versagen grundsätzlich erklärt. Dabei wurde vergessen, dass in der Realität der »Vorantibabypillenzeit« etwa 5–10 Prozent aller Neugeborenen ursprünglich geplant und ersehnt gewesen sind und dennoch etwa 90–95 Prozent aller Neugeborenen von ihren Eltern später in inniger Zuneigung angenommen worden sind. Frischgebackene Väter und Mütter können schließlich in die Liebe zu ihrem Kind hineinwachsen, auch wenn sie während der vorgeburtlichen Zeit Bedenken gehabt haben, was auch nichts Verwerfliches ist.

Zum Schlagwort vom »unerwünschten Kind« gesellte sich damals noch die abstruse Theorie, dass Eltern die Ablehnung ihres Kindes manchmal überkompensieren, indem sie besonders nett zu ihrem Kind sind. Benehmen sie sich also kühl und distanziert, dann mögen sie ihr Kind offensichtlich nicht, und benehmen sie sich warmherzig und liebevoll, dann verbergen und überspielen sie damit einen unbewussten Hass. Was soll man zu so viel Nonsens sagen? Man kann dem vorhin zitierten Seminarteilnehmer nicht einmal einen Vorwurf machen; er hat bloß die Lehrbücher sorgfältig studiert! Aber nicht jede psychologische Theorie stimmt, und so manche wird heute bereits als Kuriosität auf dem Antiquitätenmarkt einer jungen Wissenschaft gehandelt, die immer wieder neu zur Kenntnis nehmen muss, dass die menschliche Seele ein »weites Land« ist, das sich nicht auf einfache Weise ausschreiten lässt.

Fazit: Man lasse sich nichts einreden, was gegen das eigene Gewissen oder gegen den gesunden Menschenverstand spricht. Sei es, dass es die Stimme der Angst ist, die einem etwas einreden will, sei es, dass die »Einredung« scheinbar von kompetenter Stelle, das heißt, im Namen eines gerade aktuellen Wissenschaftsstandes, erfolgt. Die Fortschritte von heute sind nun einmal die Irrtümer von gestern.

*Das sicherste Zeichen
einer humorvollen Seele
ist die Fähigkeit, auch einmal sich
selbst auszulachen. Die meisten
Menschen tun sich selbst zu leid,
um über sich zu lachen.*

(Carl Ludwig Schleich)

27. Woche

Ausgelachte Angst

Eine meiner Patientinnen kam zur Therapiestunde und stöhnte: »Heute war es wieder ganz schlimm, ich getraute mich kaum aus dem Haus. Ich konnte auch nicht Bus fahren vor lauter Angst. Es waren zu viele Leute im Bus. Ich musste die ganze Strecke bis zu Ihnen zu Fuß laufen! Ich bin total erschöpft!« Damit ließ sie sich in einen Sessel fallen.

»Haben Sie Ihre Angst auch hierher mitgebracht?«, fragte ich sie daraufhin. »Oder haben Sie sie draußen auf der Straße zurückgelassen?« Anfangs verstand die Patientin die Pointe meiner Frage nicht. Sie behauptete, die Angst überfalle sie ohne ihr Zutun und verschwinde auch manchmal rein zufällig. Ich erklärte ihr, dass dies zwar so sein könne, sie aber immer dieselbe sei, dieselbe Person, die denke, handle, plane, die zu mir kommen oder nach Hause fahren wolle, unabhängig von der zeitweisen Störung durch Angstgefühle, mit denen sie nicht richtig umzugehen wisse. In der Therapie aber, fuhr ich fort, werde sie diesen Umgang erlernen, und dann könne es »die Angst« probieren, sie zu erschrecken, so oft sie wolle, mit immer weniger Erfolg. Die Patientin selbst werde bald imstande sein, ihre unliebsamen

Angstgefühle zu verjagen. Auf diese Art versuchte ich, ihre Sichtweise: »Ich bin voller Angst, ich zittere vor Angst« umzuwandeln in die viel distanziertere: »Ich bin völlig in Ordnung, nur manchmal kämpfe ich mit grundlosen und unwichtigen Angstgefühlen.«

Nachdem mich die Patientin verstanden hatte, wiederholte ich meine Frage und sie antwortete: »Ja, ich habe die Angst draußen zurückgelassen. Zu Ihnen komme ich ohne Angst, weil ich zu Ihnen Vertrauen habe und hoffe, dass Sie mir helfen werden.« »Gut«, sagte ich, »dann werden wir jetzt unsere Mäntel anziehen und gemeinsam Ihre Angst suchen gehen. Wenn Sie sie draußen zurückgelassen haben, werden wir sie auch draußen finden. Er geht schließlich nicht an, dass Sie die Angst einfach verlieren, nachdem Sie ihr schon fast ein Gewohnheitsrecht bei Ihnen eingeräumt haben.« Zweifellos klang dies reichlich paradox in den Ohren meiner Patientin, und genau das sollte es auch, denn überflüssige Ängste kann man nur mit paradoxen Mitteln und witzigem »Galgenhumor« entschärfen. Statt verzweifelt vor ihrer Angst zu fliehen, sollte die Patientin in Zukunft scherzend auf sie zugehen.

Es kostete sie einige Überwindung, sich mit mir auf die »Suche nach ihrer Angst« zu begeben, aber bald geschah das für sie Erstaunliche. Je mehr ich sie aufforderte, mich endlich dorthin zu führen, wo sie ihre Angst deponiert hatte, desto weniger war sie zu irgendeiner Angstreaktion imstande. Wir überquerten befahrene Straßen, spazierten durch wohlbesuchte Kaufhäuser und scheuten keine Menschenmenge. Schließlich fuhren wir mit dem Bus bis zu ihrer Haustüre, wo sie in Freudentränen ausbrach und schluchzte, so angstfrei habe sie sich bei einem Stadtbummel schon lange nicht mehr gefühlt. Sie bezog ihre Angstfreiheit jedoch auf meine Anwesenheit, und es bedurfte noch etlicher gemeinsamer Übungen, bis sie den Mut aufbrachte, sich auch allein in eine Menschenmenge zu stürzen, »auf der Suche nach Ihrer vermissten Angst«. »Zeig' dich nur!«, spottete sie in Gedanken. »Es gehört sich nicht für eine Angst, sich feige davonzuschleichen! Wer soll sich vor dir schon fürchten, wenn du dich versteckst? Komm' und lass' deine Muskeln spielen! Flüstere mir nur ruhig ein, was alles Grauenvolles passieren wird, wenn ich spazieren gehe. Oder hast du mittlerweile deine Schauergeschichten vergessen? Na ja, vielleicht bist du schon alt und senil geworden. Oder du hast bemerkt, dass deine Tricks bei mir nicht mehr wirken. Na dann, leb wohl, liebe Angst!«

Wir waren an jenem Tag in der Cafeteria eines Kaufhauses verabredet. Müde, aber stolz kam meine Patientin auf meinen Tisch zu, bestellte sich eine Limonade und erzählte mir, wie sie ihre Angst gebannt hatte. Sie hatte einen immensen Triumph über sich selbst gefeiert. Im darauf folgenden Halbjahr gab es ein paar kleinere Rückfälle, doch danach normalisierte sich ihr Zustand. Bei unserem Abschiedsgespräch erklärte die Patientin lachend, sie werde in Zukunft nicht mehr ihre (neurotische) Angst suchen gehen, denn sie habe diese als »unauffindbar« abgehakt.

Die hier vorgestellte Methode hat Viktor E. Frankl unter dem Namen »Paradoxe Intention« entwickelt und damit für Aufsehen unter den Fachkollegen gesorgt. Viele Therapeuten haben seither seine Methode bei der Behandlung von Angstpatienten angewandt und die raschen Heilungserfolge, die damit möglich sind, bestätigt. Selbst der berüchtigte Psychotherapieschulenkritiker aus der Schweiz, Klaus Grawe, konnte nicht umhin, der »Paradoxen Intentions-Methode« anerkennende Beachtung zu schenken. Dabei ist das Prinzip so einfach, dass es fast banal klingt. Man soll sich zum Kurieren neurotischer, also überflüssiger und unbegründeter Ängste exakt dasjenige *wünschen*, was man fürchtet, und zwar in übertriebener, lächerlicher Form. Wunsch und Furcht blockieren sich nämlich gegenseitig. Es ist zum Beispiel nicht möglich, sich sehnlichst zu wünschen, dass es endlich Abend werde, und gleichzeitig panisch das Heraufdämmern des Abends zu fürchten. Hat also jemand zum Beispiel große Angst, er könne im Aufzug ohnmächtig werden, und betritt er diesen mit dem festen Wunsch, »zwischen jeder Etage wenigstens einmal ohnmächtig umzufallen, also bis zum Erreichen des achten Stockwerkes acht Superohnmachten hinzulegen«, wird ihm nicht eine einzige gelingen. Stattdessen wird er angstfrei an sein Ziel gelangen.

Es ist eine jederzeit überprüfbare Tatsache: Der paradoxe Wunsch blockiert die (neurotische) Angst und der Humor macht ihr vollends den Garaus. Zur Kraft des Humors noch eine anschauliche kleine Story:

Einer alten Sage nach gab es im Mittelalter einen böhmischen Raubritter, der das Land in Angst und Schrecken versetzte. Wohin er auf seinen Raubzügen auch kam, überall erzitterten die Bauern vor ihm; und sein vorauseilender Ruf genügte schon, um sie ohne Gegenwehr in die Knie zu zwingen. Sie überließen ihm ihre Höfe und Güter und rannten um ihr Leben. Doch eines Tages fiel der herangaloppierende Raubritter so ungeschickt vom Pferd, dass ein Teil seiner Rüstung am Sattelzeug hängen blieb. Um nicht vom davoneilenden Pferd nachgeschleift zu werden, hielt er sich am Schwanz des Pferdes fest und stolperte hinterdrein. Dabei bot er einen derart jämmerlichen Anblick, dass die zuschauenden Bauern lauthals in Gelächter ausbrachen. Von Stunde an war die Macht des Raubritters gebrochen. Als die Leute zu lachen begannen, schwand ihre Furcht vor dem Unhold. Sie holten ihre Messer und Heugabeln, drangen auf ihn ein und hatten ihn und seine Gefährten in kürzester Zeit verjagt.

Obwohl es sich in der Sage um eine durchaus berechtigte Angst der Bauern vor dem brutalen Raubritter gehandelt hat, verlieh ihnen der Humor die Kraft, Widerstand zu leisten. Umso eher gewinnt ein Mensch, der sich überflüssigerweise vor etwas fürchtet, das ihn gar nicht wirklich bedroht (z. B.

vor Spinnen, vor dem Erröten, vor einer Übelkeit etc.), durch den Humor die Kraft, seiner eigenen Angst Widerstand zu leisten, indem er sie – nicht sich selbst! – auslacht und ihr seinen Gehorsam verweigert. In seinen paradoxen Fantasien bekommen die gefürchteten Spinnen bei ihm zu Hause Asyl, die roten Wangen werden sein Markenzeichen und gelegentliche kleine Übelkeiten schaffen herrlich arbeitsfreie Krankentage. Nur herbei mit alledem!

Was geschieht? Die paradoxe Fantasie wird nicht zur Realität, aber die Angst – trollt sich.

*Immer ist jetzt
die beste Stunde.*

(Paul Claudel)

28. Woche

Bäume anfahren

Ein Mann, der zu mir zur Eheberatung kam, litt an einer zwanghaften Autofahrphobie. Immer wenn er auf Landstraßen fuhr, die seitlich von Bäumen oder Telegrafenmasten eingesäumt waren, wurde er von der Vorstellung gequält, er könne im nächsten Augenblick das Lenkrad einschlagen und direkt gegen einen Baum oder Masten prallen. Obwohl er seit Jahrzehnten unfallfrei fuhr, verbiss er sich in diese absurde Idee und kam von ihr nicht mehr los. »Die Bäume ziehen mich an«, klagte er unglücklich. In dieser Situation hatte sich bei ihm ein für Zwangskranke typisches Vermeidungsverhalten eingeschliffen. Wenn ihn seine krankhafte Vorstellung anfiel, parkte er sofort den Wagen am Straßenrand (erlaubt oder nicht), stoppte einen anderen Autofahrer, behauptete, sein Wagen habe einen Defekt, und ließ sich zur nächsten Bushaltestelle mitnehmen. Seine Frau musste später den Wagen abholen, was sie ärgerte und jedes Mal einen heftigen Streit zwischen den Eheleuten provozierte.

Der Mann erwies sich als schwieriger und misstrauischer Patient. Meine Versicherung, er werde keinesfalls ungewollt gegen einen Baum fahren, denn dergleichen Unfälle würden allenfalls leichtsinnigen, übermütigen Menschen passieren, also Menschen mit »zu wenig Angst«, er aber mache sich im Gegenteil zu viele Gedanken und sei dadurch übervorsichtig – diese Versicherung beruhigte ihn nicht. Ich informierte ihn darüber, dass seine Symptome nicht ungewöhnlich seien. Ich habe jemanden gekannt, der um sämtliche Bushaltestellen einen weiten Bogen machte, weil er fürchtete, er könne dort wartende Passanten vor den herannahenden Bus stoßen. Ich habe jemanden gekannt, der kopflos wegrannte, wenn er irgendwo, zum Beispiel in einem Restaurant, eine Streichholzschachtel liegen sah, weil er fürchtete, er könne einen Brand verursachen. Ich habe jemanden gekannt, der weder Messer noch Scheren in seinem Haus duldete, weil er fürchtete, er könne in einem Anfall von Wahnsinn dem Nächststehenden den Bauch aufschlitzen. Alle diese Menschen sind harmlose Zeitgenossen, die niemandem ein Leid antun, auch nicht im Affekt. Nur haben sie ein »Kino im Kopf«, das sozusagen einen Horrorfilm endlos repetiert, ohne dass sie den Knopf zum Abdrehen entdecken können. Dabei gibt es einen solchen Knopf! Doch als ich meinen Patienten in die Methode der »Paradoxen Intention« nach Viktor E. Frankl einweihte, war er felsenfest davon überzeugt, dass sofort eine Karambolage erfolgen werde, wenn er sie auch noch selbst herbeiwünsche.

Wieder einmal war meine Begleitung auf einem Heilsweg vonnöten. Ich stieg zu dem Patienten in den Wagen, setzte mich auf den Beifahrersitz und bat ihn loszufahren. »Wir werden jetzt Bäume suchen, die sich für einen Zusammenstoß eignen«, ermutigte ich ihn. »Zeigen Sie mir doch welche, die massiv und wuchtig sind und in die wir mit Vergnügen hineinknallen können!« »Ich werde Ihnen eine Allee zeigen, die mich mit Entsetzen erfüllt«, antwortete der Mann und lenkte den Wagen zu einer schmalen, von schönen, Schatten spendenden Bäumen eingefassten Landstraße. Als er am Anfang der Allee hielt, forderte ich ihn heraus: »Los jetzt! Fahren Sie munter im Zickzack durch diese prachtvolle Allee! Wir wollen an sämtliche Bäume anstoßen, und zwar abwechselnd, einmal an einen rechten, einmal an einen linken, dann wieder an einen rechten, dann wieder an einen linken Baum ... Fahren Sie, stoßen Sie an, lassen Sie keinen

Baum aus, keinen einzigen, wir wollen mit allen Bekannt-schaft machen!« So ging es weiter, bis der Patient schweißge-badet aber schnurgerade durch die Allee gefahren war. »Es ist wirklich nichts passiert«, stellte er erleichtert fest. »Das möchte ich noch einmal probieren.« Diesen Wunsch begrüß-te ich sehr, doch bat ich den Patienten bei der Rückfahrt, sich den lächerlich-paradoxen Unsinn, mit dem er seine ebenso lächerlich-unsinnige Angst austricksen sollte, selber vorzu-sagen. Er zitterte am ganzen Körper; die Zwangsvorstellung, er könne einen Unfall herbeiführen, hatte ihn wieder fest in den Klauen. Leise begann er zu murmeln: »Ich will ... ich werde ... anstoßen ...« Er brauchte dringend Nachhilfe im Er-finden von Unsinn. »Na«, sagte ich zu ihm, »jetzt haben wir die Hälfte aller Zusammenstöße schon hinter uns. Es beginnt mir richtig Spaß zu machen, so von Baum zu Baum zu schau-keln. Können wir nicht zur Abwechslung einmal im Rück-wärtsgang gegen einen Baum fahren?« Da lachte der Patient ein befreiendes Lachen. »Klar«, rief er aus. »Auf geht's nach rückwärts! Allerdings muss ich in diesem Fall gut zielen, um einen Baum zu treffen! Leider ist so viel Luft zwischen den Alleebäumen und ein Zusammenstoß mit Luft ist ein bisschen langweilig ...«

Der Mann hatte schlagartig das Prinzip der paradoxen Haltung begriffen und entwickelte es eigenständig weiter. Selbstverständlich kam er nicht einmal in die Nähe der Baumstämme, sondern fuhr zügig die Straße entlang bis nach Hause. Ab sofort war er imstande, Alleen im Alleingang zu bewältigen, worüber nicht nur er, sondern auch seine Frau sehr froh war.

Im Unterschied zur Angstneurose spielt bei der Zwangsneu-rose oft eine überflüssige Angst vor Schuld und gegebenen-falls vor einer (metaphysischen) Strafe eine Rolle. Selbst hin-ter dem Waschzwang, der wohl bekanntesten Zwangsstörung, steckt häufiger die Angst, man könne andere Menschen mit Bakterien oder Viren, die man auf den Händen trägt, infizieren, als die Angst, selber krank zu werden. Meistens sind es hochanständige Menschen mit einem sozialen und moralischen Feingespür, die sich mit solchen Zwangsvorstellungen herumplagen. Da ihre Freunde und Bekannten dafür wenig Verständnis aufbringen, was man ihnen auch nicht ankreiden kann, verschließen die Zwangsneurotiker ihren Kummer mehr und mehr in sich selbst und trachten bloß noch krampfhaft danach, das Gefürchtete irgendwie zu verhindern. Das Ergebnis sind ihre seltsamen Handlungen, vom stundenlangen Händewaschen angefangen, bis zu diversen Flucht- und Vermeidungsformen. Aber gerade *diese* zementieren den Zwang.

Die Methode der »Paradoxen Intention« wirft eine Sprengladung in die verfahrene Angelegenheit. Wer mutig zur Bushaltestelle geht und sich innerlich vornimmt, »sie rasant leer zu fegen, indem er alle wartenden Passanten der Reihe nach vor die Räder des Busses schubst«, der *erlebt*, dass er einfach nur ruhig dasteht und niemanden verletzt. Er erlebt es, weil er nicht mehr flüchtet und sein Vertrauen zu sich und zum Herr-über-sich-selbst-Sein wächst. Ähnlich ergeht es demjenigen, der Streichhölzer auf seinen Tisch legt und sich innerlich auffordert, »ein großartiges Feuerwerk zu inszenieren, um endlich wieder einmal den feierlichen Klang der Feuerwehrsirenen genießen zu können«. Er *erlebt*, dass die Streichhölzer ungebraucht liegen bleiben und die Feuerwehr Siesta halten kann. Und sind es Messer und Scheren, die unbeachtet herumliegen dürfen, obwohl sich der Betreffende paradox vorgenommen hat, »ein riesiges Schlachtfest zu veranstalten, um als das blutrünstigste Monster aller Zeiten in die Geschichte einzugehen«, dann fällt dem Betreffenden erst recht ein Stein vom Herzen. Das »Kino im Kopf« ist endlich aus, welch ein Segen!

Freilich darf man keine Paradoxien verwenden, wenn echte Gefahren im Anzug sind. Doch selbst Laien können zwischen »eingebildeten« und reellen Sorgen ziemlich genau unterscheiden. Deshalb darf man auch Laien den Tipp mit auf den Weg geben, sich von unnötigen Angst- und Schuldgefühlen nicht tyrannisieren zu lassen. Wer zu Skrupeln, Grübeleien und Zwangsvorstellungen neigt, ist gut beraten, ihnen keinen Raum im Alltag einzuräumen. Denn diese Dinge haben die unangenehme Eigenschaft, zu wachsen und viel Zeit aufzufressen. Besser, man entsorgt sie gleich im Entstehen, indem man sich (scheinbar) locker und spaßig einverstanden erklärt mit den gefürchteten Schandtaten, die man sowieso nie wirklich begehen würde.

29. Woche

Lügen und Vorwürfe

Mir bekannte Eltern waren verzweifelt über die wiederholten Lügereien ihres kleinen Sohnes, dem auf Grund einer feinmotorischen Ungeschicklichkeit allerlei Malheur passierte, das er jedoch stets anderen in die Schuhe schob. Zum Beispiel kam er mit tintenverschmierten Heften nach Hause und erklärte auf Befragung, sein Sitznachbar in der Schule habe ihm die Tinte auf die Hefte geschüttet. Oder er kam mit einer zerrissenen Hose und der Ausrede, ein unbekannter Junge auf der Straße habe sie ihm mit der Schere aufgeschlitzt. Jedes Mal hatten die Eltern erfahren, dass der Schaden in Wirklichkeit vom eigenen Sohn verursacht worden war. Sie waren darüber entsetzt und bangten um seine Charakterentwicklung.

Auch mir missfiel die Ausredentaktik des Jungen. Da er anscheinend noch nicht reif genug war, um für seine Fehlhandlungen einzustehen, schien es mir besser, wenn er *gar keine* Erklärung abgäbe, statt andere Leute fälschlich zu beschuldigen. Deswegen riet ich den Eltern, beim nächsten auftauchenden Schaden im Kontrast zu früher nicht nach dessen Verursachung zu fragen, sondern so zu tun, als wäre dessen Entstehungsgeschichte gänzlich uninteressant. Worauf sie hingegen Wert legen sollten, das war die Erörterung einer möglichen Wiedergutmachung durch den Jungen. Kam er also wieder mit tintenverschmierten Heften nach Hause, sollten die Eltern ihn dazu veranlassen, die Tintenflecken sorgfältig zu überkleben und notfalls einige Seiten nachzuschreiben, jedenfalls alles zu tun, um die Hefte wieder instand zu setzen. Dabei war davon abzusehen, ihm irgendwelche Fragen zu stellen oder Vorwürfe zu machen. Kam er mit zerrissenem Gewand an, sollte er, so gut es ging, Ausbesserungen mit Nadel und Faden vornehmen müssen oder auch beim Waschen und Bügeln helfen, aber nicht zu Erklärungen genötigt werden. Ich hoffte, dass der Junge bei diesem veränderten Elternverhalten den Mut zur Aussprache entfalten und sich von selbst den Eltern anvertrauen würde.

Der erhoffte Effekt trat bereits nach einer Woche ein. Eines Nachmittags kehrte der Junge mit einem zerbrochenen Uhrglas vom Spielplatz heim. Die Hand mit der Uhr ohne Glas versteckte er hinter seinem Rücken, die Glassplitter warf er heimlich in einen Abfalleimer. Die Mutter tat zunächst, als sähe sie nichts davon. Als es eine Zeit lang sehr ruhig war, ging sie nachschauen und fand den Jungen in seinem Kinderzimmer sitzen, wo er die Uhr in der Hand hielt und ein paar Tränen hinunterschluckte. »Oh«, sagte sie und tat, als wäre es das Selbstverständlichste auf der Welt, »deine Uhr hat kein Glas mehr. Wenn wir die Glassplitter hätten, könnten wir sie vorsichtig kleben.« Damit verließ sie das Zimmer. Nach einer Weile kam der Junge, immer noch stumm, und kramte die Splitter aus dem Abfalleimer heraus. »Fein«, sagte die Mutter, als sie dies bemerkte, »jetzt holen wir durchsichtige Klebebänder und machen uns ans Werk.« Der Junge konnte es gar nicht fassen, dass kein Donnerwetter erfolgte, und half eifrig bei der Kleberei mit. Schließlich war das Glas wieder einigermaßen an der Uhr befestigt. In der Familie wurde über den Vorfall nicht mehr gesprochen.

Als die Mutter an jenem Abend zum Bett des Jungen trat, um ihm »Gute Nacht« zu wünschen, zog er ihren Kopf zu sich herab und flüsterte ihr ins Ohr, wie die Sache mit der Uhr abgelaufen war. Er hatte die Uhr am Spielplatz an den Rand gelegt und war dann versehentlich daraufgetreten. Vor lauter Freude darüber, dass er sein »Vergehen« ehrlich zugegeben hatte, versprach ihm die Mutter, ein neues Uhrglas zu kaufen, und drückte ihn ganz fest an sich.

Auf diese Weise gewöhnte sich der Junge alsbald die verlogenen Ausreden ab, und die vielen kleinen »Selbstreparaturen«, die er künftig vornahm, haben ihm auch keinesfalls geschadet. Im Gegenteil, sie haben dazu beigetragen, seine Ungeschicklichkeit mit der Zeit zu mindern.

Das den Eltern empfohlene Vorgehen erinnert ein wenig an die Franklsche Methode der »Paradoxen Intention«, die nicht nur ein Instrument zum Überwinden von Angstbarrieren ist, sondern für jede Situation abgewandelt werden kann, in der die Macht eines inneren Gegners (»eigener Schweinehund«) oder äußeren Gegners (»nervenaufreibendes Familienmitglied«) überlistet werden soll. Droht zum Beispiel eine dominante Ehefrau ihrem Mann wiederholt mit der Scheidung und beginnt sie jedes Mal demonstrativ die Koffer zu packen, wenn er ihren Wünschen nicht sogleich willfährt, wird ein ständiges Nachgeben des Mannes auf diese Drohung hin die Lage kaum retten. Der beste Rat könnte in diesem Fall lauten, dass der Mann bei der nächsten Scheidungsandrohung am besten beginnen möge, seiner Frau auf liebenswürdige Weise beim Kofferpacken zu helfen und ihr freundlich zuzustimmen, dass eine Trennung, zumindest vorübergehend, vielleicht keine schlechte Idee sei. Mit hoher Wahrscheinlichkeit wird die Ehefrau dadurch von ihrer Erpressermethode kuriert oder zumindest nicht mehr bei jeder kleinsten Meinungsdifferenz die Koffer packen.

Analog kann verfahren werden, wenn Kinder im Kräfteringen mit ihren Erziehern oder Geschwistern versuchen, die Stärkeren zu sein. Ein Kollege von mir erzählte mir einmal, wie schnell seine beiden Söhne, die miteinander in eine wilde Prügelei verwickelt waren, damit aufhörten, als er ihnen ernsthaft vorschlug, ihnen »das Prügeln abzunehmen«, indem er sie gemeinsam verklopfe. Sein Hilfsangebot wurde nicht nur nicht angenommen, es bewirkte auch das sofortige Auseinandergehen der beiden Streithähne.

Paradoxes Agieren ist ein Ausbruch aus einem erwarteten und monoton wiederkehrenden Verhalten, *ein Ausbruch, der imponiert* – sei es dem Betreffenden selbst, sei es seiner Mitwelt. Wenn derjenige, der sein Leben lang Angst vor Höhen gehabt hat, plötzlich Rundflüge bucht und mit Begeisterung in die Tiefe schaut, oder wenn der Ehemann, der sich jahrelang von seiner Frau hat dominieren lassen, plötzlich fröhlich in ihre Scheidungsandrohung einwilligt und ihr auch noch die Koffer packt, oder wenn der Vater, statt mit den streitenden Söhnen zu schimpfen, vergnügt erklärt, er wolle ihnen gerne beim Prügeln helfen, oder wenn die Eltern sich für die Schadenserklärungen ihres Sohnes nicht im mindesten mehr interessieren ... so sind dies unerwartete Reaktionen, die jeweils zeigen, »dass man auch anders kann«. Sie stärken das Selbstbewusstsein, sie fördern die Achtung der Mitmenschen und sie schwächen den »Gegner« innen und außen. Ein Ausbruch aus dem Netz der Gewohnheiten, aus übersteigerten Gefühlen und abhängigen Reaktionsmustern wird nahezu immer honoriert, zumal dann, wenn gezielte und sinnorientierte Willensvorgänge dahinterstehen, die die Macht des Geistes gegenüber den Emotionen demonstrieren.

Ein bedenkenswerter Gedanke dazu: Viktor E. Frankl hat in seinen Schriften darauf aufmerksam gemacht, dass durch die Methode der »Paradoxen Intention« letzten Endes eine Art »Urvertrauen zum Dasein« wieder hergestellt wird. Just im Sich-Ausliefern an eine gefürchtete Vorstellung, vor der man bislang kapituliert hat, erlebt man die – wenn auch brüchige – Geborgenheit im Dasein überdeutlich. Das Flugzeug stürzt nicht so schnell ab, die Ehefrau zieht nicht gleich weg, die Söhne schließen Frieden, das Kind hört auf zu lügen ... Insofern nun, als Urvertrauen sehr viel mit Glauben (im weitesten Wortsinn) zu tun hat, schien ihm in dieser seiner Methode jene Weisheit zum Tragen zu kommen, die in dem alten amerikanischen Sprichwort anklingt:

Fear knocked at the door   *Die Angst klopfte an;*
faith answered   *der Glaube öffnete die Türe;*
and no one was there   *und niemand stand draußen.*

Es ist kein schlechter Rat, gelegentlich, wenn es klopft – und sei es unser Herz, das klopft! – , den Glauben zur Türe zu schicken.

Nur wer Ehrfurcht vor
dem geistigen Wesen anderer hat,
kann andern wirklich etwas sein.

(Albert Schweitzer)

30. Woche

Vortrag mit Folgen

Durch Zufall hörte ich den Vortrag eines renommierten Spezialisten zum Thema: »Sind Depressionen heilbar?« Es war kein Vortrag für ein Fachpublikum und mich interessierte eigentlich nur, wie der Referent dieses komplexe und facettenreiche Thema für die Zuhörer aufbereiten würde. Was ich aber zu hören bekam, beunruhigte mich.

Wenn man einen öffentlichen Vortrag über Depressionen ankündigt, muss man damit rechnen, dass zu einem großen Teil Zuhörer kommen, die selbst unter Depressionen leiden oder Angehörige mit dieser Krankheit haben. Der Referent nahm jedoch auf diese Tatsache nicht die geringste Rücksicht, sondern erläuterte zweieinhalb Stunden lang mit monotoner Stimme, wie Depressionen sich aus frühesten Kindheitsdefiziten ableiten ließen, wie sie danach ein solches »Opfer der Kindheit« in unregelmäßigen Abständen quälen würden und desto schrecklichere Folgen zeitigen würden, je mehr der Betreffende die Depressionen zu unterdrücken versuche, und dass schließlich so und so viele Personen mit Selbstmord enden müssten, weil sie in keiner Weise in der Lage seien, ihre Depressionen auszuhalten.

Den ganzen Vortrag über sann ich darüber nach, wie jemand, der in der psychotherapeutischen Branche zu Hause ist, derart deprimierende und Hoffnung vernichtende Erklärungen abzugeben vermochte vor einem Publikum, von dem er keineswegs annehmen konnte, dass es genug innere Distanz besaß, seine Ausführungen gut zu verkraften. Die Reaktion der Leute beim Hinausgehen war auch entsprechend: bedrücktes Schweigen, blasse Gesichter, gerötete Augen.

Eine Frau, die besonders irritiert schien, begleitete ich zur U-Bahn und sprach ein paar Worte mit ihr. Im Gespräch stellte sich heraus, dass sie zweimal in ihrem Leben ernste Berufskrisen durchgemacht hatte. Zuerst hatte sie ihren geliebten Beruf als Stewardess aufgeben müssen, weil sie zu alt dafür wurde, danach war sie in einer Firma, die sie als Telefonistin angestellt hatte, schlecht behandelt und ausgenützt worden, weswegen sie nochmals hatte umsatteln müssen. In beiden Fällen war sie nach ihrem Berufswechsel einige Zeit wie gelähmt gewesen und hatte tagelang geweint. Aber sie hatte jedes Mal wieder genug Elan aufgebracht, ihre Situation zu meistern und erneut Anschluss im Berufsleben zu finden. Vor kurzem hatte ein Bekannter von ihr fast scherzhaft erwähnt, dass sie vielleicht zu Depressionen neige, und um sich über diese Möglichkeit zu informieren, hatte sie den erwähnten Vortrag besucht.

Bis hierher könnte man sagen: keine Spur von einer krankhaften Abnormität, kein Anhaltspunkt für eine endogene Depression, allenfalls schwache vorübergehende reaktive Depressionen im Zusammenhang mit beruflichen Enttäuschungen; aber auch diese Depressionen noch innerhalb jener Selbsthilferessourcen, die kein psychotherapeutisches Eingreifen erfordern. Nun aber, nach dem Vortrag, war eine kritische Selbstdiagnose entstanden, die einen echten seelischen Schaden verursachen konnte. »Meine Kindheit war nicht ungetrübt«, erzählte mir die Frau, die mit vier Jahren zu ihren Großeltern gekommen und mit neun Jahren gegen ihren Willen ihrer Mutter zurückgegeben worden war. »Vielleicht ende ich auch einmal durch Selbstmord?«, fügte sie ängstlich hinzu.

Es war an der Zeit, eine Schieflage geradezurücken. »Nein«, antwortete ich. »Das werden Sie bestimmt nicht.

Ihre so genannten Depressionsphasen sind nicht aus heiterem Himmel über Sie hereingebrochen, sondern beide Male im Zusammenhang mit einem gravierenden Problem gestanden, bei dem es eher sonderbar gewesen wäre, wenn Sie vergnügt und unbeschwert geblieben wären. Es ist durchaus verständlich, dass Sie über den Verlust Ihres Traumberufes oder über Mobbingzustände im Zweitberuf geweint haben. Das hätten andere Menschen auch getan. Doch bedenken Sie: Zwei Mal haben Sie sich ohne fremde Hilfe wie ein › Stehaufmännchen‹ wieder aufgerichtet, haben sich beruflich umorientiert und in bis dahin ungewohnte Tätigkeiten eingearbeitet. Das ist eine beachtliche Leistung, die Ihnen die Regenerierungskraft vor Augen führen kann, die in Ihnen steckt. Wer dort, wo sich die Tore eines Lebensabschnittes schließen, die Tore für den nächsten Lebensabschnitt aufzustoßen vermag, der braucht nichts zu fürchten.« Die Frau lächelte, verwies aber nochmals auf ihre Kindheit. »Ach«, beruhigte ich sie, »das mit den Nachwehen schlechter Kindheit ist mehr Theorie als Praxis. In der Praxis werden die Kindheitserfahrungen auf die unterschiedlichste Weise verarbeitet, zum Teil sogar gegenläufig, nämlich gute Erfahrungen schlecht, und schlechte Erfahrungen gut. Psychologische Prognosen, die allein auf Grund bestimmter Milieufaktoren eines Kindes erstellt worden sind, sind bisher allemal gescheitert! Bei Ihnen könnte es zum Beispiel der Fall sein, dass Sie die beiden Berufswechsel sogar *deswegen* mit Bravour überstanden haben, weil Sie durch die beiden Bezugspersonenwechsel in Ihrer Kindheit gelernt haben, flexibel und anpassungsfähig zu sein.« »Das könnte wirklich sein«, nickte die Frau und ihr Lächeln vertiefte sich. Dann runzelte sie wieder die Stirne. »Aber die vielen Selbstmorde ...« »Ja«, stimmte ich zu, »es sind zu viele. Aber sie geschehen nicht, wenn jemand leben will wie Sie und lebenstüchtig ist wie Sie. Mit einer Ausnahme: Es gibt eine Krankheit, genannt › endogene Depression‹, die Patienten phasenweise derart umnachten kann, dass sie es (wider ihre eigentlichen Intentionen) vorziehen zu sterben. Diese Krankheit hat weder mit einer schlechten Kindheit noch mit Berufskrisen oder sonstigen Stressfaktoren zu tun, sondern tritt auf Grund einer erblichen Belastung in manchen Familien gehäuft auf und kann medikamentös behandelt werden. Bei Ihnen spricht jedoch nichts dafür, dass Sie an dieser Krankheit leiden –« »Erblich?«, unterbrach sie mich. »Nein, meine Eltern hatten beide ein frohes Gemüt! Ach, Sie haben gewiss recht! Schrecklich, wie diese Psychodoktoren einen verunsichern können!« Mit diesen Worten stieg sie in die U-Bahn und ich hütete mich, ihr zu verraten, dass auch ich zur Sorte der »Psychodoktoren« gehöre.

Ähnlich erging es mir einmal mit einer jungen Frau, die ich auf einer Tagung traf. Sie war fremd in der Gruppe, sichtlich gehemmt und verschüchtert. In der Kaffeepause sagte ich zu ihr, dass sie angesichts des übersteigerten Selbstbewusstseins mancher hypermoderner Menschen, die lautstark dem Motto »Hallo, jetzt komme ich!« frönen, eine wahrhaft erfreuliche Ausnahme bilde. Zurückhaltung sei ein Zeichen von Noblesse. Sie strahlte mich an. »Na ja«, gab sie zu, »es kommt vor, dass ich einfach zu ängstlich bin, um mich an einer Diskussion zu beteiligen.« »Dagegen weiß ich ein gutes Rezept«, antwortete ich und weihte sie im Plauderton in den heilsamen Effekt der »Paradoxen Intention« ein. Sie solle es ruhig wagen, für dumm oder unbeholfen gehalten zu werden, dann fühlten sich die anderen im Vergleich zu ihr wenigstens gescheit und sie habe somit ein gutes Werk vollbracht. Sie strahlte noch mehr und versprach, es auszuprobieren. Einen halben Tag später war sie in der Gruppe voll integriert. Was hätte es genützt, ihr einen schweren Minderwertigkeitskomplex zu bescheinigen? Nichts!

Wir »Psychodoktoren« haben eine große Verantwortung bezüglich unserer Aussagen und Kommentare. Es können

Schädigungen von Menschen allein durch das Gespräch mit einem Arzt oder Psychotherapeuten entstehen. Dabei handelt es sich um unselige Rückwirkungen leichtfertiger oder gedankenloser Äußerungen von Fachkräften, die als Autoritäten angesehen werden, was ihre Worte besonders schwer wiegen lässt. Solche Äußerungen erzeugen sozusagen ein krankmachendes Echo in der Seele jener Menschen, die empfindlich sind.

Natürlich muss auch in unserem Beruf gelegentlich eine bittere Diagnose gestellt oder etwas Unerfreuliches offengelegt werden. Aber die Art, wie es gesagt wird, und das, was man dazufügt, kann viel Unheil verhindern. Fachlich korrekt zu sein, ist unsere heilige Pflicht. Nur muss sich diese Pflicht mit menschlicher Einfühlsamkeit verbinden und tut sie es nicht, ist »Entheiligung« das traurige Ergebnis.

Ein seit Jahrhunderten verdunkelter Raum kann sofort erhellt werden, wenn man das Licht einlässt, nicht aber, wenn man versucht, die Dunkelheit auszutreiben.

(Paramahansa Yogananda)

31. Woche

Seltsame Blockaden

Ein junger Musiklehrer kam zu mir mit einem merkwürdigen Anliegen. Er sei ein munterer und ideenreicher Mensch, der es liebe, seine Zeit voll auszufüllen und allen möglichen Beschäftigungen nachzugehen, aber mitunter habe er so etwas wie eine »Blockade«. Dann sitze er im Sessel, starre vor sich hin und habe zu nichts mehr Lust, was er sich auch ausdenke; plötzlich sei »das Feuer in ihm wie erloschen«. Ich solle ihm diese Blockaden wegtherapieren.

Er war wegen seines Problems bereits bei zwei Ärzten gewesen, doch hatten ihm diese trotz neurologischer und endokrinologischer Untersuchungen keine hinreichenden Erklärungen dafür anbieten können. Außerdem hatte er sich eine Menge Fachliteratur beschafft und in einem Buch gelesen, dass plötzliche Stimmungsumschwünge erste Anzeichen einer sich anbahnenden Persönlichkeitsspaltung seien, was ihn alarmiert hatte.

Ich fühlte mich verlockt, ihn über die geheimnisvollen Blockaden näher zu befragen: woran er dabei denke oder was ihnen unmittelbar vorausgehe, aber andererseits scheute ich davor zurück, all dies bei ihm hochzuspielen, nachdem er schon im Zuge der ärztlichen Untersuchungen ausführlich darüber berichtet hatte. So nahm ich mir stattdessen vor, die notwendigen Informationen bei den Ärzten, die er konsultiert hatte, einzuholen und lieber den intakten Bereich seines Lebens auszuleuchten. Dazu bedurfte es kaum einiger Fragen, denn der junge Lehrer erzählte von sich aus stolz, was er alles unternehme und welche Ziele er anstrebe. Er arbeitete gerne mit seinen Schülern, war zusätzlich in einem Jugendclub tätig und organisierte kleine Schülerorchester, die er leitete und für halbjährliche Vorspiele trainierte. Daneben bildete er sich weiter, indem er Hochschulkurse in den verschiedensten Disziplinen besuchte. An den Wochenenden und Feiertagen fuhr er in eine entfernte Stadt zu seinen Verwandten; dort traf er sich auch mit einer lieben Bekannten, in der seine Eltern bereits die zukünftige Schwiegertochter sahen. Er war ein begeisterter Kunstturner und es verging kaum eine Woche, in der er nicht mehrmals im Turnverein war. Weitere Sportarten hatten es ihm ebenfalls angetan. Er sparte auf ein eigenes Motorboot, mit welchem er im Sommer Küstenfahrten unternehmen wollte. Im Winter fuhr er oft zum Ski-Langlauf und spielte Tennis in der Halle. Er war sehr belesen und fragte mich sogleich, ob ich diesen oder jenen Schriftsteller kennen würde und was ich von ihm hielte.

Fast zwei Stunden lang sprudelte er über vor lauter Schilderungen seiner Aktivitäten, dann wurde er ruhiger. Er schien sich daran zu erinnern, weshalb er gekommen war. »Ich bewundere Ihre physische und psychische Ausdauer«, sagte ich zu ihm. »Ich verstehe nicht, dass Sie nie müde werden und keine Ruhepause brauchen. Wie ist es Ihnen möglich, ununterbrochen produktiv zu sein, ohne zwischendurch einmal abzuschalten und sich zu erholen?« Er dachte nach. »Ja nun«, antwortete er nach einer Weile, »diese Blockaden, von denen ich heimgesucht werde ... da schalte ich schon geistig ab ... vielleicht sind das vom Organismus erzwungene Ruhepausen, weil ich sonst meine Kräfte überstrapazieren würde?« Ich lobte ihn für seine Klugheit. Er sei schließlich keine Maschine, die Tag und Nacht laufen könne, und selbst Maschinen würden dabei bald ausgeleiert sein. Sogar ein Musikstück wäre überfrachtet ohne Pausen zwischen den Tonsequenzen. Er dachte noch länger darüber nach. »Eigentlich leiste ich ja sehr viel, nicht wahr, warum rege ich mich dann über die kurzen Phasen auf, in denen ich nichts leiste?«

Verlegen blickte er mich an. »Nach dem Gespräch bei Ihnen kommt es mir fast lächerlich vor, mir deswegen den Kopf zu zerbrechen ... jedenfalls danke ich Ihnen, dass Sie mir zugehört haben. Es war zwar ganz überflüssig, Ihnen zu erzählen, womit mein Alltag voll gepackt ist, aber ich sehe jetzt selbst ein, dass ich im Grunde mit meinem Leben zufrieden sein kann ...« »Na, dann war es vielleicht doch nicht so überflüssig, dass Sie es mir erzählt haben«, konterte ich. »Ihre Blockaden sind wahrscheinlich ein Rettungsanker, den Ihr Organismus auswirft, wenn ihm Ihr Treiben zu bunt wird. Dafür können Sie ihm dankbar sein, anderenfalls hätten Sie nämlich bereits in jungen Jahren ein Erschöpfungssyndrom. Sie können dem aber auch vorbeugen, indem Sie gezielt kleine Meditations- und Stillezeiten in Ihren Alltag einbauen. Dreimal täglich zehn Minuten, morgens, mittags und abends, würden schon genügen, um Sie in Ihrer › inneren Raserei‹ zu bremsen. Über kurz oder lang müsste Ihr Organismus gar keinen Rettungsanker mehr auswerfen«. Der Musiklehrer sträubte sich ein bisschen gegen eine »vergeudete halbe Stunde« täglich, doch allmählich freundete er sich damit an, wie ich bei einem späteren Kontrollgespräch erfahren habe, und ist so von seinen seltsamen Blockaden genesen.

Was aber erbrachten meine Anrufe bei den beiden Ärzten? Der eine vermutete einen ins Unbewusste verdrängten Schuldkomplex, vor dem der Patient ständig auf der Flucht sei und dem er sich nur mittels Blockaden entziehen könne. Das ärztliche Rezept hieß: Die Ursachen des Schuldkomplexes müssten analytisch aufgedeckt werden. Der andere beabsichtigte, den jungen Mann in eine Nervenklinik zur Beobachtung einzuliefern, um dort feststellen zu lassen, ob dessen »Absencen« hirnorganischen Ursprungs seien.

Ich hingegen bin überzeugt, dass die Erkenntnis, zu der der junge Musiklehrer in unserem Gespräch gelangt ist, nämlich dass er in der selbstgewählten Unruhe seines Lebens regelmäßige Momente der Ruhe und Besinnung brauche, stimmte. Jedenfalls erübrigte sich eine weitere Therapie, was in Anbetracht der ärztlichen Vorschläge, die bereits im Raum standen, nur gut war.

Viktor E. Frankl hat seine Schüler gemahnt, von Anbeginn einer therapeutischen Sitzung an nicht bloß das Misslungene, Krankhafte und Störende im Leben einer Person zu betrachten, sondern mindestens so häufig (wenn nicht sogar noch häufiger) nach dem Gelungenen, Gesundgebliebenen und Tragenden in ihrem Leben zu forschen und zu fragen. Seine Ermahnungen beherzigend wird deshalb in der Logotherapie eine »Wechsel-Diagnostik« (Lukas) angewandt, die von den Patienten durchwegs als wohltuend erlebt wird. Dabei wechseln sich Fragen zur Krankheitssymptomatik mit Fragen zu den problemlosen Zonen ab. Letztere sind eben auch wichtig, denn dort befinden sich die Stützen zur Bewältigung der Symptomatik.

Das obige Fallbeispiel ist in diesem Zusammenhang interessant. Das Wort »Blockade«, das der junge Mann benützt hatte, veranlasst einen Berater schnell, in Richtung »Entblockierung« zu arbeiten. Nahtlos schließt sich die Überlegung an, was denn eine solche »Entblockierung des Patienten« behindern könnte. Können es seelische Verwundungen sein? Können es körperliche Defizite sein? Man gräbt nach, man bohrt nach, andauernd auf der Suche nach Verwundungen und Defiziten. Wenn man nichts findet, muss man noch tiefer graben und noch mehr bohren ... Das hinterlässt sogar bei robusten Menschen Spuren, die das Problem eher verschärfen als lindern.

Dem beugt die »Wechsel-Diagnostik« vor. Der Musiklehrer durfte bei mir zunächst in seinen problemlosen Zonen schwelgen und das tat er ausführlich. Es eröffnete sich mir der Blick auf einen vitalen, energiegeladenen Mann, der seine Schüler für die Musik zu begeistern vermochte, der sich unentgeltlich in Jugendclubs engagierte, der konstante Beziehungen zu Verwandten und Bekannten pflegte und der am Sport seine helle Freude hatte. Warum nicht? Ist das nicht alles herrlich? Allein, in der Zusammenballung von alldem hätte selbst ein Laie bemerkt, dass sich der Mann zu viel auf einmal auflud. Die Konsequenz daraus war die Notwendigkeit, seine Hyperaktivität zurückzuschrauben. Aber wie motiviert man jemanden, der so energiegeladen ist, dazu? Jetzt erst wechselte unser Gespräch zur Symptomatik. Bisher hatten ihn die Blockaden »zwangszurückgeschraubt«, und das war unangenehm für ihn, aber, wie ich ihm dargelegt habe, seine Rettung. Also war nicht »Entblockierung« angesagt, sondern ein freiwilliger gelegentlicher Rückzug in die Stille, um frische Kräfte zu sammeln. Es brauchte nicht viel Überredungskunst von mir, um den jungen Mann davon zu überzeugen. Noch stand er (dank der »Wechsel-Diagnostik«) im Scheinwerferlicht seines reichhaltigen und glückenden Lebens, über das wir soeben gesprochen hatten – da ist die Einsichts- und Umsetzungsbereitschaft groß.

*Der Mensch
wird des Weges geführt,
den er wählt.*

(Talmud)

32. Woche

Reisezeit

Ein Vater kam mit seinem 22-jährigen Sohn zu mir zur Beratung. Kaum hatten die beiden Platz genommen, begannen sie schon, sich gegenseitig anzuschreien, bevor ich überhaupt erfuhr, worum es ging. So nahm ich mir die beiden einzeln vor.

Der Vater berichtete, dass er eine florierende Firma besitze und den Sohn für die spätere Leitung vorgesehen habe. Deswegen habe sein Sohn eine Kaufmannslehre absolviert, übrigens mit ausgezeichnetem Erfolg. Danach habe sein Sohn in einer fremden Firma zur Zufriedenheit aller praktiziert, und nun solle er in die Firma des Vaters eintreten. Aber plötzlich sei er wie verwandelt, sei gleichgültig gegenüber dem weiteren Verlauf seiner Karriere und den väterlichen Geschäften, schließe sich in sein Zimmer ein, sitze grübelnd herum und weigere sich, die Firma des Vaters zu betreten. In seinem Zorn sprach der Vater von Verstoßen und Enterben.

Der Sohn schwieg zunächst und murmelte nur, ich würde ihn sowieso nicht verstehen. Erst allmählich öffnete er sich mir. Er sehe nicht ein, wozu er die Firma übernehmen solle. Was interessiere ihn deren Fortbestand und Gewinn? Solle er sich ein Leben lang abrackern, um Artikel zu verkaufen, die die Leute genauso gut auch woanders kaufen können? Was sei der Sinn des Ganzen, und überhaupt sehe er keinen Sinn in seinem Leben und in dem, was er bisher getan habe. Alles erscheine ihm gleichgültig und verächtlich und am liebsten wolle er davonlaufen auf Nimmerwiederkehr.

Ich spürte die massiven Zweifel des jungen Mannes an sich und der Welt, spürte fast hautnah seine sich aufbäumende Suche nach Sinn. Sein Vater hingegen hatte eine Lebensaufgabe für sich gefunden, nämlich die Firma und deren Fortbestand zu sichern. Aber was für den einen Lebenssinn bedeutet, muss es nicht für den anderen sein, und was zu leicht erworben wird, sinkt bekanntlich im Wert.

Ich riet den beiden, ihre festgefahrene Beziehung vorerst etwas zu unterbrechen. Vielleicht würde eine mehrwöchige Wander- und Meditationsreise dem Sohn helfen, sich über seine innersten Gefühle und Vorstellungen klar zu werden. Er solle die Reise aber nicht vorrangig zu seinem Vergnügen antreten, sondern in der festen Absicht, sein Gewissen zu erforschen und mögliche Ziele für sein künftiges Schaffen herauszufinden. Wäre für ihn eine Arbeit in der väterlichen Firma in irgendeinem speziellen Zusammenhang doch denkbar, beispielsweise beim Aufbau einer Forschungsabteilung oder in der Personalbetreuung oder nicht? Wenn nicht, welche anderen Einsatzbereiche könnten ihm sinnvoll und zugleich realisierbar erscheinen? Schließlich peilten wir einen Kompromiss zwischen Vater und Sohn an: Der Vater solle sich bereit erklären, die Reise des Sohnes zu finanzieren, und dürfe dafür von seinem Sohn nach dessen Rückkehr einen ungefähren Plan für dessen nähere Zukunft erwarten. Danach, so mussten beide versprechen, werde der Vater diesen Plan, wie immer er aussehen mochte, respektieren, während der Sohn mit vollen Kräften an der Verwirklichung seines selbstgesteckten Lebenszieles arbeiten werde. Das heißt, die Sinnsuche des jungen Mannes wurde sozusagen zeitlich limitiert, um dem passiven Stadium, in das er durch seine Sinnkrise gerutscht war, entgegenzuwirken.

Es war nicht leicht, dem Vater diesen Kompromiss abzuringen, dennoch enthielt er die beste Chance für beide: für den Vater die Chance, seinen Sohn auch ohne dessen Eintritt in die Firma weiterhin achten und lieben zu können, und für den Sohn die Chance, aus dem Stadium des permanenten Zweifelns heraus- und zu seinen persönlichen Lebensaufgaben hinzufinden.

Was viele, insbesondere jüngere Menschen heute umtreibt, ist die Frage, was am Ende einer langen mühseligen Jagd nach Aufstieg, Ansehen und Glück letztlich übrig bleibt, welchen Sinn aller Stress, aller Prestigegewinn und alle Besitztümer haben können. Die traditionellen Antworten, gesellschaftlichen Leitbilder und moralischen Vorschreibungen zu dieser Frage sind in den Umbrüchen unserer bewegten Zeit auf der Strecke geblieben und die gängige Philosophie der Gegenwart schürt eher Zweifel, als dass sie Halt böte.

In dieser Situation ist der Mensch mehr denn je gefordert, in sich selbst hineinzuhorchen, um aus seinem tiefsten Personenzentrum jene Weisungen zu vernehmen, die uns als geistige Wesen in Form einer Gewissensstimme (oder wie wir sie sonst nennen wollen) »eingegeben« sind. Sie durchtönt uns, sie durchweht uns, sie erzählt vom sinnvollen Handeln und von verantwortbaren Entscheidungen. Sie pflanzt uns Visionen ins Herz, die unser Herz höherschlagen lassen. Eigentlich brauchen wir ihr nur zu lauschen. Allerdings spricht sie sehr leise, weshalb der Zugang zu ihr bei jeglichem Lärm und jeglicher Hektik abreißt. Dann bedarf es eines räumlich-seelischen Abstands zum Alltag und eines radikalen Rückzugs in die Einsamkeit, um ihrer wieder gewahr zu werden.

Das Erstaunliche ist, dass diese unsere innerste Stimme positive und gangbare Wege aufzuzeigen vermag, ganz und gar unabhängig von eventuellen Misslichkeiten des Lebens. Ihre Botschaft lautet in etwa: »Brich getrost auf! Sei es dein Weg, etwas konstruktiv zu verändern, so wähle ihn mit Schwung und Elan! Sei es dein Weg, etwas tapfer zu ertragen, so nimm dein Kreuz und geh! Sei es dein Weg, ins Neue und

Unbekannte vorzudringen, so zögere nicht! Es wohnt genug Kraft in dir, um dein Leben zur Fülle zu leben. Vertrau!«

Von daher war es im obigen Beispiel richtig und notwendig, den Sohn aus seiner grüblerischen Lethargie herauszulocken, indem er seiner eigenen Gewissensstimme überantwortet wurde. Am Ende würde es auch dem Vater leichterfallen, eine für ihn unangenehme Entscheidung des Sohnes zu akzeptieren, wenn es dem Sohn gelänge, eine für ihn sinnvolle Entscheidung zu treffen. Lernen wir daraus, dass das Ringen und Suchen nach Sinn im Prinzip etwas sehr Gesundes und Menschengemäßes ist, das uns in manchen Fällen davon abhalten kann, in vorgefertigten Fußstapfen stumpf dahinzutrotten, dass es aber einmünden muss in das Entdecken einer persönlichen Aufgabe, die man willig und hingebungsvoll zu der seinen macht. Wer im Unterschied dazu im Stadium des Zweifelns verharrt, tritt am Platz, stagniert und ist in akuter Gefahr, zu ertauben – nicht in Bezug auf sein akustisches Gehör, sondern in Bezug auf das Vernehmen seiner innersten Stimme. Und das wäre ein großes Malheur. Aus gutem Grund schrieb Viktor E. Frankl bereits 1977: »Wir leben im Zeitalter eines um sich greifenden Sinnlosigkeitsgefühls … In einem Zeitalter, in dem die Zehn Gebote für so viele ihre Geltung zu verlieren scheinen, muss der Mensch instand gesetzt werden, die 10.000 Gebote zu vernehmen, die in den 10.000 Situationen verschlüsselt sind, mit denen ihn sein Leben konfrontiert. Dann wird ihm sein Leben wieder sinnvoll erscheinen …« Wie aber setzt sich der Mensch dazu instand? Indem er sich eben einübt, seinem Gewissen zu lauschen.

Man kann also eine Reise unter anderem auch dazu nützen, wieder hören zu lernen – das Urmenschlichste (und in diesem Sinne vielleicht sogar »Göttlichste« im Menschen), das es zu hören gibt!

*Wer vom Ziel
nichts weiß, kann den Weg
nicht haben, wird im selben Kreis
all sein Leben traben.*

(Christian Morgenstern)

33. Woche

Alte Träume

Während der Sohn aus dem vorigen Beispiel auf Reisen war, führte ich mit dem Vater einige Gespräche. Meine Sorge war, dass die von ihm aufgebaute Firma an der Spitze all seiner subjektiven Werte rangieren könnte. Dass sie ihm »mehr als alles« bedeuten könnte ... Wenn sich nun sein Sohn nach längerer Bedenkzeit weigern sollte, in die Firma einzusteigen bzw. sie später zu leiten, hieße dies, dass der Vater im Alter seine Firma unweigerlich verabschieden müsste. Er müsste sie eines Tages verkaufen oder in fremde Hände legen. Je mehr ihm die Firma folglich bedeutete, desto kleiner war dann der Schritt, der ihn beim Loslassen seines Lebenswerkes von einer damit verbundenen Verzweiflung trennen würde. Dem vorzubeugen galt es, die Palette der väterlichen Wertbezüge zu erweitern und dadurch die Firma aus ihrer absoluten »Spitzenposition« (in seinem Kopf) zu verdrängen.

Glücklicherweise hatte der Vater jedoch keine so einseitige Wertorientierung, wie ich anfangs befürchtet hatte. Es stellte sich heraus, dass er neben seinem Beruf ein großer Hundeliebhaber war, der einen alten Kindheitstraum hegte, nämlich Hunde bestimmter Rassen zu dressieren. Er besaß zwar einen prächtigen Schäferhund, war aber durch seine Arbeit nie dazugekommen, sich intensiv mit ihm zu beschäftigen, geschweige denn, ihn irgendwelche Kunststücke zu lehren. Bei unseren Erwägungen, was mit der Firma geschehen solle, falls der Sohn kein Interesse an ihr habe, formulierte der Vater spontan die Idee, einen ehemaligen Schulkameraden, mit dem er eng befreundet war, noch dazu einen Hundezüchter, anteilmäßig an der Firma zu beteiligen, wohingegen dieser ihn in die Geheimnisse der Hundedressur einweihen und ihm sein Gelände zur Verfügung stellen könnte.

Eine weitere faszinierende Möglichkeit, die in unseren Gesprächen auftauchte, war der alte und nie ausgesprochene Wunsch des Vaters, einmal in seinem Leben einige Wochen lang auf einem Hundeschlitten durch die Schneelandschaften der Polargegend zu flitzen. Als er mir dies eingestand, errötete er wie ein kleiner Junge, aber ich fand die Idee einer solchen Abenteuertour ausgesprochen attraktiv. Im Reich des ewigen Eises würde seine Fixierung auf die Firmenbelange rasch den Erlebnissen des Augenblicks weichen. Und warum sollte sich der Mann nach einer jahrzehntelangen Plagerei nicht eine (ent)spannende Abwechslung gönnen, zumal sie für ihn bezahlbar war? Als heilsamen Nebeneffekt würde er dabei feststellen, dass Träume in begnadeten Momenten zur Realität werden und dass eine Firma, und sei sie noch so blühend, nicht den ganzen Inhalt eines Lebens ausmacht.

Beruhigt entließ ich den Vater aus unseren Gesprächen. Wie auch immer der Sohn sich entscheiden mochte – ich wusste, der Vater würde es verkraften.

Stanislav Kratochvil, ein tschechischer Psychologe aus Kromeriz, hat 1968 auf dem Weltkongress für mentale Gesundheit in London eine Theorie vorgestellt, deren Gültigkeit inzwischen vielfach bestätigt worden ist. Er unterschied *parallele*, nämlich reichhaltige Wertsysteme, in denen mehrere Wertbezüge eines Menschen etwa gleichrangig nebeneinanderstehen, von *pyramidalen*, nämlich einseitigen Wertsystemen, in denen ein einzelner überdimensionaler Wertbezug die Spitze einer Pyramide bildet, während die restlichen Wertbezüge dieses Menschen in schwächeren Abstufungen darunter verblassen. Personen mit parallelen Wertsystemen lieben zum Beispiel ihren Beruf, sind ihrer Familie zugetan, pflegen Kontakte im Bekanntenkreis, sporteln oder basteln in der Freizeit und erfreuen sich an einem Leseabend oder an ihrem Konzertabonnement. Personen mit pyramidalen Wertsystemen widmen sich hingegen hauptsächlich einem einzigen Lebensbereich, den sie in seiner Bedeutung zu überschätzen neigen. Beispiele dafür sind Männer, die ganz in ihrer Tätigkeit aufgehen und alles andere rings um sich vernachlässigen, Frauen, die ausschließlich für ihre Kinder da sind und sie wie Gluckhennen bewachen, oder religiöse oder politische Fanatiker, um nur einige zu nennen.

Das Problem der pyramidalen Wertsysteme liegt auf der Hand: fällt der zu leistende »Dienst« am obersten Wert aus irgendeinem Grunde weg, bricht also die Spitze der Pyramide ab, fällt der Mensch in ein finsteres Loch, aus dem er kaum mehr herauskrabbelt. Die restlichen Wertbezüge sind zu schwach entwickelt, um ihn in einen neuen, fruchtbaren Lebensabschnitt hineinzuhieven, in dem nun andere »Dienste« übernommen werden müssten. Verliert beispielsweise eine

Mutter, die jahrelang nur für ihre Kinder gesorgt hat, diese, weil sie, erwachsen geworden, ausziehen und auf eigenen Füßen stehen, und ist kein weiterer Wertinhalt vorhanden, der den Platz der Kinder einnehmen könnte, wird diese Mutter in einen Strudel von Depressionen und psychosomatischen Krankheiten hinuntergezogen werden. Oder verliert ein Manager, der sein Tun und Wirken von früh bis spät auf seinen Beruf konzentriert hat, seine Arbeit, weil er in den Ruhestand eintritt, und ist er wenig flexibel, kommt es zu einem plötzlichen physischen und psychischen Abbau, zu Überdruss, Gereiztheit und Leeregefühlen bei ihm. Sobald der oberste Wert im pyramidalen Gefüge wankt, wankt auch die Stabilität der Person. Oder um es in den Worten Viktor E. Frankls auszudrücken: »Hinter jeder Verzweiflung steckt eine Vergötzung« – die Vergötzung eines einzigen Wertes, den man wie jeden Wert im Leben verlieren kann.

In ihrer Stabilität wesentlich »gesicherter« sind Personen mit parallelen Wertsystemen. Sie können den freiwilligen oder erzwungenen Abschied vom »Dienst« an einem Wert durch die verstärkte Hinwendung zu einem anderen Lebensinhalt leichter verwinden. Ein Mann, der seinen Beruf aufgeben muss, aber daneben immer schon ein Hobby (oder zumindest den Traum von einem solchen) hatte, wird sich in Zukunft mit seinem Hobby beschäftigen und es vielleicht sogar genießen, endlich genügend Zeit dafür zu finden. Eine Frau, die sich neben ihren Mutterpflichten immer schon im bescheidenen Rahmen fortgebildet oder Ausflüge mit ihren Freundinnen unternommen hat, wird beim Erwachsenwerden ihrer Kinder intensiver studieren oder häufiger Freundinnen zum Gedankenaustausch einladen und für diese Gelegenheit sogar dankbar sein. Die gleichrangigen Werte der parallelen Wertorientierung helfen im Verlust- oder Notfall zu kompensieren, das Leben kreativ umzugestalten oder auch bloß – zu überleben.

Dazu kommt ein weiterer Vorteil. Man versteht mit reichen Wertbezügen seine Mitmenschen besser und ist ihnen

174

gegenüber toleranter als mit einem einzigen Wertbezug, an dem man sich »festkrallt«. Einer Mutter, die sich ununterbrochen für ihre Kinder aufopfert, fällt es eher schwer zu verstehen, dass eine andere Mutter ihre Kinder nachmittags in den Hort schickt und eigenen Vorhaben nachgeht. Ein hoch engagierter Politiker wird kaum begreifen, wie jemand politischen Ideen und Argumentationen gegenüber völlig neutral sein kann. Pyramidale Wertstrukturen verleiten zu Extremismus und Intoleranz, was beides Unglück schafft. Parallele Wertsysteme hingegen bauen Brücken zwischen den Menschen. Ein Mann etwa, der Frau und Kinder liebt, sich beruflich fortbildet, Informationen über die römische Kultur sammelt, ein Steingärtchen mit Kakteen vor seinem Haus anlegt und den Urlaub zum Tauchen in der Adria nutzt, ein Mann eben mit diversen Interessensschwerpunkten, wird für vielerlei aufgeschlossen sein. Er wird einen häuslichen Familienvater genauso gut verstehen können wie einen begeisterten Historiker, einen emsigen Gartenfreund genauso gut wie einen fröhlichen Meeresfan. In irgendeinem Winkel des Herzens stimmt man miteinander überein ...

Es empfiehlt sich daher, manchmal alte Träume aus der Erinnerung hervorzuholen und mit ihrer Hilfe verflossene Wertbezüge zu »reanimieren«. Sollte sich gar im Laufe unseres Lebens unbemerkt eine »Pyramidenspitze« gebildet haben, so denken wir schon bevor diese Spitze abbricht an die Warnung Frankls, wonach jede Vergötzung den Keim der Verzweiflung in sich trägt, und nivellieren wir die Wertspitze beizeiten, indem wir ihr unsere alten Träume in neuem Gewand zur Seite stellen. Wir werden überrascht sein, wie befreiend und bereichernd dies ist!

Auch das gibt es:

optimistische Pessimisten,

die nach der Devise leben: Wenn es

dir gut geht, mach dir keine Sorgen –

das geht vorüber!

(Giovanni Guareschi)

34. Woche

Im goldenen Käfig

Ein gut situierter Mann wandte sich an mich mit der Frage, wo er für seine 48-jährige Frau Hilfe finden könne. Sie, die nie einen Tropfen Alkohol angerührt habe, würde in letzter Zeit immer öfter zu einem Glas Wein greifen, insbesondere heimlich, wenn er nicht zu Hause war. Und dies sei sehr oft der Fall, denn er sei Vertreter für eine Weinfirma in leitender Position; er müsse die Belieferung des Einzelhandels organisieren und reise daher viel umher.

Das Gespräch mit seiner Frau erschloss mir folgende Lebenssituation: Ihr 27-jähriger Sohn war in der Zentrale jener Weinfirma in Frankreich tätig und kam nur selten nach Deutschland. Der Vater traf ihn manchmal auf seinen Dienstreisen, aber die Mutter bekam ihn nur ein- bis zweimal im Jahr zu Gesicht. Die Eheleute hatten sich vor einiger Zeit ein luxuriöses Haus am Waldesrand gebaut. Damals war die Frau mit den Handwerkern, mit dem Aussuchen der Innenausstattung und mit diversen Einrichtungsarbeiten intensiv beschäftigt gewesen. Sie hatte mit gutem Geschmack eine Bauernstube und ein Jagdzimmer zusammengestellt und dafür mehrfach geäußerte Bewunderung im Bekanntenkreis geerntet. Jetzt aber war das Haus fertiggestellt und im Grunde für zwei Personen zu groß, zumal der Mann, wie gesagt, kaum zu

Hause war. Die Frau wanderte allein durch die kunstvoll eingerichteten Räumlichkeiten und hatte nichts zu tun. Es erfasste sie ein Gefühl der Beklemmung, der Überflüssigkeit und Langeweile, das sie dann mit einem Glas Wein hinunterzuspülen trachtete.

Solange der Sohn im Haus gewesen war und versorgt werden musste und solange sich das Haus im Rohbau befunden hatte und zur Vollendung gebracht werden musste, hatte die Frau einen Sinn in ihrem Dasein erblickt. So lange war sie auch psychisch ausgeglichen geblieben. Mit der Selbstständigkeit des Sohnes und der Komplettierung des Hauses hatte sich dies geändert. Wohlstand und Besitz genügen nicht für ein sinnerfülltes Dasein ... Ich wollte die Frau motivieren, mit mir gemeinsam einen spannenden Neubeginn ihres Lebens auszufantasieren, aber sie wehrte alles ab. Sie hatte mit Psychologen schlechte Erfahrungen gemacht und übertrug dies auf mich.

In einem Gespräch unter vier Augen erläuterte ich dem Mann die Sachlage und unterbreitete ihm einen Vorschlag. Das »Herumsitzen im goldenen Käfig« gefährde seine Frau in Richtung Depression und Alkoholismus. Besser schiene es mir, er würde sie auf seine beruflichen Fahrten mitnehmen und ihr irgendeinen kleinen Teil der Verantwortung übertragen, zum Beispiel das Vorbestellen der Unterkünfte, die Gestaltung der Abendprogramme, vielleicht sogar das Führen einer Kundenkartei und Ähnliches. Er solle seine Einladung an sie damit begründen, dass er nicht mehr der Jüngste sei und eine »Assistenz« brauche, die ihn entlaste. Skeptisch meinte der Mann, dies wären zu viele Strapazen für seine Frau, die von zartem Naturell sei, doch ich vertrat die Ansicht, dass auch die Beschäftigung mit der eigenen Gesundheit eher Ausdruck einer geistigen Unterforderung der Frau war und bei einer Erweiterung ihres Sinnhorizontes wahrscheinlich in den Hintergrund treten würde. Schließlich versprach mir der Mann zu versuchen, was ich geraten hatte.

Ich hörte lange nichts von den beiden, bis mich ein Anruf des Mannes erreichte. Er bedanke sich überschwänglich. Seit er seine Frau auf seine Geschäftsreisen mitnehme, sei sie wieder fröhlich geworden und in guter Verfassung. Außerdem würde sie sich nach jeder Fahrt so richtig auf zu Hause freuen, ja, beide würden zum ersten Mal ihr schönes Heim wirklich genießen. »Was ist mit dem täglichen Gläschen Wein?«, fragte ich. »Welches Gläschen Wein?«, stutzte der Mann. »Ach so«, erinnerte er sich, »daran denken wir gar nicht mehr! Hie und da ein gemeinsames Gläschen, mehr ist nicht drin.«

Einem Zitat von Arthur Schopenhauer gemäß pendelt der Mensch ständig zwischen zwei Extremen hin und her, und zwar zwischen Not und Langeweile. Diese Behauptung hat durch die Erkenntnisse Frankls und seiner Schüler eine traurige Befürwortung gefunden. Freilich bewirkt (vor allem wirtschaftliche und soziale) Not: Trübsinn, Unterernährung, frühe Alterung, schlechte ärztliche und hygienische Versorgung – stellt also einen gewaltigen physischen Risikofaktor dar. Aber Langeweile (vor allem mitten im Überfluss und Wohlstand) bedingt eine existenziell tiefgreifende Frustration, wie sie Viktor E. Frankl als Massenphänomen der westlichen Industriegesellschaft des ausklingenden 20. Jahrhunderts beschrieben hat, eine Sinnleere im menschlichen Leben, die als psychischer Risikofaktor nicht zu unterschätzen ist. Existenziell frustrierte Menschen haben genug, *wovon* sie leben können, aber nicht genug, *wofür* sie leben möchten. Darauf reagieren sie mit Missmut, chronischer Unzufriedenheit, Apathie.

❋ Sind sie jung, lassen sie sich in Diskotheken vom Lärm berieseln, putschen sich mit Drogen auf, jagen jeder Art von Thrill hinterher oder sehnen sich nach dem Aussteigen, ohne zu wissen, wohin.

❋ Sind sie mittleren Alters, wechseln sie ihre Partner, ihre Berufe, jagen verkrampft Glück und Erfolg nach oder schlagen ihre Freizeit vor dem Bildschirm tot.

✳ Sind sie bereits betagt, werden sie bissig, jammrig, zänkisch, spinnen sich in eine eigenbrötlerische Welt ein und schimpfen über ein verpfuschtes Leben.

Das Kritische an der existenziellen Frustration ist, dass ähnlich wie in einem physikalischen Vakuum vieles angesaugt wird: krankhafte Auswüchse an (auto-)aggressiven, kriminellen Handlungen wuchern buchstäblich in diese Frustrationen hinein. Es gibt keine Wertvorstellungen, die ihnen Einhalt gebieten würden. Warum *nicht* Wände beschmieren? Warum *nicht* Brandbomben legen? Warum *nicht* ein Gläschen Wein nach dem anderen trinken ...? Die Frau aus dem Fallbeispiel war extrem gefährdet. Sicher hätte sie keine Brandbomben gezündet, aber eine Suchtanbahnung kann einen Flächenbrand von nicht geringerer Tragik erzeugen. Aus der Warte eines notleidenden Menschen gesehen, ist es kaum zu fassen, und doch verhielt es sich so: Diese Frau war noch im besten Alter, von Krankheiten verschont, bei Verstand, hatte einen treuen Ehemann, der ihr jeden materiellen Wunsch erfüllen konnte, hatte einen gesunden, normal entwickelten Sohn, der beruflich fest im Sattel saß, hatte einen Bekanntenkreis, der ihr selbstgestaltetes Heim lobte ... und das alles reichte nicht aus, um ihrem Leben Inhalt und Würze zu verleihen. Sie hatte sich im »goldenen Käfig« verfangen. Es musste sofort etwas geschehen, und da sie keine Neigung zu Eigeninitiativen zeigte, mobilisierte ich ihren Mann, das Käfigtor für sie zu öffnen.

Allgemein würde ich aber nicht raten, sich diesbezüglich auf den Lebenspartner zu verlassen. Die existenzielle Frustration ist ein Alarmsignal. Es rüttelt dazu auf, schnell in Schwung zu kommen und für einen winzigen Teil der Welt konkrete Mitverantwortung zu übernehmen. Wer sich liebevoll um etwas oder um jemanden kümmert, der entrinnt dem Sog des Sinnvakuums und weiß plötzlich wieder, warum er sich und die Welt nicht schädigen soll. Er erinnert sich nämlich wieder, dass es schön ist, dass es ihn und die Welt gibt. Genau betrachtet: wunderschön!

Eines Menschen Einsicht
leiht keinem anderen
ihre Schwingen.

(Khalil Gibran)

35. Woche

Selbstbespiegelung

Nachstehend ein Zitat aus dem Prosastück »Über das Marionettentheater« von Heinrich von Kleist:

»Ich badete mich, vor etwa drei Jahren, mit einem jungen Mann, über dessen Bildung damals eine wunderbare Anmut verbreitet war. Er mochte ohngefähr in seinem sechzehnten Jahre stehn, und nur ganz von fern ließen sich, von der Gunst der Frauen herbeigerufen, die ersten Spuren von Eitelkeit erblicken. Es traf sich, dass wir grade kurz zuvor in Paris den Jüngling gesehen hatten, der sich einen Splitter aus dem Fuße zieht; der Abguss der Statue ist bekannt und befindet sich in den meisten deutschen Sammlungen. Ein Blick, den der junge Mann in dem Augenblick, da er den Fuß auf den Schemel setzte, um ihn abzutrocknen, in einen großen Spiegel warf, erinnerte ihn daran; er lächelte und sagte mir, welch eine Entdeckung er gemacht habe. In der Tat hatte ich, in eben diesem Augenblick, dieselbe gemacht; doch sei es, um die Sicherheit der Grazie, die ihm beiwohnte, zu prüfen, sei es, um seiner Eitelkeit ein wenig heilsam zu begegnen: ich lachte und erwiderte – er sähe wohl Geister! Er errötete, und hob den Fuß zum zweiten Mal, um es mir zu zeigen; doch der Versuch, wie sich leicht hätte voraussehn lassen, missglückte. Er hob verwirrt den Fuß zum dritten und vierten, er hob ihn wohl noch zehnmal: umsonst! Er war außerstand, dieselbe Bewegung wieder hervorzubringen – was sag ich? Die Bewegungen, die er machte, hatten ein so komisches Element, dass ich Mühe hatte, das Gelächter zurückzuhalten:

Von diesem Tage, gleichsam von diesem Augenblick an, ging eine unbegreifliche Veränderung mit dem jungen Menschen vor. Er fing an, tagelang vor dem Spiegel zu stehen; und immer ein Reiz nach dem anderen verließ ihn. Eine unsichtbare und unbegreifliche Gewalt schien sich, wie ein eisernes Netz, um das freie Spiel seiner Gebärden zu legen, und als ein Jahr verflossen war, war keine Spur mehr von der Lieblichkeit in ihm zu entdecken, die die Augen der Menschen sonst, die ihn umringten, ergötzt hatte. Noch jetzt lebt jemand, der ein Zeuge jenes sonderbaren und unglücklichen Vorfalls war, und ihn, Wort für Wort, wie ich ihn erzählte, bestätigen könnte.«

Was Heinrich von Kleist im Jahre 1810 beschrieben hat, ist ein Phänomen, das heutzutage so manchen Leuten Einweisungen in psychiatrische Krankenhäuser beschert, ohne dass eine echte Indikation dafür vorläge. Sind sie aber erst einmal drinnen, kommen Sekundär- und Tertiäreffekte dazu. Sie büßen an Selbstvertrauen ein, sie werden künstlich ruhiggestellt, was auch die Lebensfreude »hinwegberuhigt«, und sie erfahren eine diffizile Ächtung im Bekanntenkreis, die noch schlimmer ist als Neugierde oder Mitleid.

Damit will ich keine Kritik an den psychiatrischen Krankenhäusern üben, sondern lediglich feststellen, dass es Patienten gibt, die dort gar nicht hinmüssten, die aber dort landen auf Grund von nichts anderem als einer übermäßigen Selbstbeobachtung und Selbstbespiegelung, in deren Gefolgschaft irritierende Hineinsteigerungsmechanismen ablaufen. Genau wie bei dem anmutigen Jüngling in Kleists Erzählung, der all seine Anmut in dem Moment verlor, als er bewusst anmutig sein wollte, verlieren solche Leute ihre Unbefangenheit im Daseinsvollzug, weil sie etwas für sich erzwingen wollen, das ihnen nur dann gehört, wenn es unreflektiert bleibt. Wiederholt sind mir Personen vorgestellt worden, die zum Beispiel durch die Teilnahme an einer Selbsterfahrungsgruppe aus dem Gleichgewicht geraten waren, ja, Horrortrips erlebt haben, in denen sie ihr bisheriges Leben innerlich nochmals rückspulten, sich dabei in Schrei- und Weinkrämpfe verstrickten und völlig außer sich gerieten. Das sind keine »reinigenden Gewitter«, sondern gefährliche seelische Aufschaukelungsprozesse, im Zuge derer es geschehen kann, dass sich das spontane, unkomplizierte Leben von früher nicht mehr einstellt. Um vieles besser sind demgegenüber die Selbsthilfegruppen, die es für diverse Problemlagen gibt und die *ohne* Therapeuten (!) mit hohen Erfolgsquoten arbeiten. Während die Selbsterfahrungsgruppen ihre Teilnehmer darauf programmieren, ihr Selbst schonungslos voreinander zu entblößen, fordern die Selbsthilfegruppen dazu heraus, einander zuzuhören und zu helfen, und das ist der entscheidende Unterschied. Wer einem anderen helfen will, erfährt sich automatisch selbst, aber wer sich selbst erfahren will, der hilft niemandem, meistens nicht einmal sich selbst.

Ein warnendes Beispiel dazu ist eine ältere Dame, der Folgendes passiert ist:

Sie hatte jahrelang ein Reformhaus geführt und schließlich beschlossen, in den Ruhestand zu treten und das Geschäft aufzugeben. Ein solcher Abschied ist für jeden Menschen, der ein größeres oder kleineres Lebenswerk aufgebaut hat, ein markanter Einschnitt. Die alleinstehende Dame wusste dies und beabsichtigte deshalb, nach Aufgabe ihres Geschäftes eine Weile in ein Kloster zu übersiedeln, doch wenige Tage vor der geplanten Abreise verstarb ihre Mutter, mit der sie ein inniges Verhältnis gehabt hatte. Dadurch kam die natürliche Trauer über den Verlust der Mutter zu dem ebenso natürlichen Abschiedsgefühl nach Beendigung der Berufstätigkeit hinzu und das klösterliche Auffangnetz entfiel vorerst. Dies versetzte die Dame in einen deprimierten Zustand, in dem sie nichts mehr essen wollte oder konnte, was genügend Grund für den behandelnden Arzt war, sie in ein psychiatrisches Krankenhaus einzuweisen. Dort ging es mit ihr rapide bergab. Sie erhielt Psychopharmaka und führte Gespräche, die sich ausschließlich um sie selbst drehten, um ihre Verlassenheitsgefühle, um ihre angeblich zu lange Abhängigkeit von der Mutter, um ihre berufsbedingt unterdrückten Bedürfnisse, um ihre enttäuschten Partnerschaftswünsche – kurz, ihre Welt wurde immer enger und alles, was einmal ihr Leben lebenswert gemacht hatte, entschwand aus ihren Augen. Sie begann, sich selbst als hoffnungslosen Fall zu betrachten, und das war sie denn auch: eines Tages blieb ihr Herz über Nacht einfach stehen.

Ich habe mich mit einem der Krankenhausärzte, den ich später kennen lernte, darüber unterhalten, und er sagte mir, wenn er damals schon über das Franklsche Gedankengut informiert gewesen wäre, hätte er die Patientin vielleicht durchgebracht. Er glaubte nämlich nicht an einen rein organisch verursachten Tod. Was der Dame gefehlt hatte, war ein Stück Lebensfreude in frei beschwingter Selbstvergessenheit gewesen. Hätte man ihre vergangenen beruflichen Leistungen anerkannt, ihre stets gute Beziehung zur Mutter gewürdigt, und danach eine angenehme Form des Gebrauchtwerdens arrangiert, und sei es nur über ein Vögelchen, das sie zu füttern gehabt hätte, oder über den Anschluss an eine Telefonkette, bei der sich alleinstehende ältere Menschen gegenseitig täglich anrufen, um sich zu vergewissern, dass alles in Ordnung ist, hätte ihr Herz vermutlich noch eine Weile weitergeschlagen.

Die von Frankl entwickelte Methode der »Dereflexion« holt mit ihrer »Fernrohrwirkung« den »Sinn des Augenblicks« ganz nah an den Patienten heran, indem sie diesem übermittelt: »Denk nicht an dich selbst, stell dich etwas zurück, es gibt noch anderes außer dir, schau hin auf das andere, geh auf im anderen und du wirst dich selber geschenkt bekommen.« Sowie ein Patient verstanden hat, dass er noch irgendwie wichtig ist und sich deswegen nicht in seinem Schmerz verkriechen und in seinem Kummer vergraben darf, hat er auch schon Hoffnung geschöpft. Mag sein, nicht die Hoffnung auf ein langes und glückliches Leben, aber zumindest die Hoffnung auf ein sinnvolles Leben, unter welchen Umständen auch immer, und das ist der Kernpunkt einer jeden Heilung und eines jeden Heil-Seins menschlicher Existenz. Die forcierte Selbstbeobachtung hingegen fixiert auf den »blinden Fleck« in der geistigen Optik, was die Sinnwahrnehmung reduziert, wodurch sich der Mensch selbst entgleitet.

*G*esegnet sind die,
die geben können, ohne sich daran
zu erinnern, und die, die nehmen
können, ohne es zu vergessen.

(Anny Umshaus)

36. Woche

Freude-Machen

Ein 16-jähriger Jugendlicher suchte bei mir Rat. Er hatte den Verdacht, homosexuell zu sein, weil er eine kurze Freundschaft mit einem anderen Jugendlichen hinter sich hatte, von dem er zu sexuellen Spielereien verführt worden war. Darüber sann er stundenlang nach. Im Gespräch zeigte sich, dass er kaum noch Kontakt zu seinen Mitmenschen pflegte, weil er männliche Personen mied aus Angst, das für ihn peinliche Erlebnis könne sich wiederholen, und weibliche Personen mied in der Annahme, er könne ja doch keine gute und zwanglose Beziehung zu ihnen entwickeln. Seine Kontaktschwäche bewirkte, dass er gar nicht in die Lage kam, eine normale zwischenmenschliche Kommunikationsbasis zu Gleichaltrigen zu entwickeln. Er zog sich in sich selbst zurück und wurde immer scheuer, unsicherer und auf seine »Selbstdiagnose« fixierter.

Ich machte ihm den Vorschlag, ab sofort das Geschlecht seiner Mitmenschen unbeachtet zu lassen und in den anderen Leuten einfach nur Individuen zu sehen, die als Menschen denken, fühlen und leben so wie er. Um ihn von seinen verkrampften sexuellen Überlegungen abzulenken, erhielt er die Aufgabe, zwei Wochen lang an jedem Tag irgendjemandem eine kleine Freude zu bereiten, egal, wer es sei. Ich hoffte dabei auf ein gesundes Stück Selbstvergessenheit, das sich bei ihm einstellen könnte, verbunden mit einer positiven sozialen Resonanz aus der Mitwelt. Eine Resonanz, die ihn offener und aufgeschlossener für seine Mitmenschen machen sollte.

Aber der junge Mann leistete Widerstand. »Wieso soll ich anderen eine Freude machen? Die anderen denken doch auch nicht daran, wie sie mir eine Freude machen können?«, wandte er ein. Leider ist es eine weitverbreitete Meinung, dass prinzipiell die anderen anfangen müssten, wenn es um den Neuaufbau guter Kontakte geht, und dass man selber nur gnädig nachzuziehen bräuchte. Es ist eine irrige Meinung, die von keinerlei Erfolg gekrönt ist, denn die anderen Menschen warten genauso auf das Anfangen von jemand anderem. Es bedurfte also einiger Argumentationskunst, um den jungen Mann davon zu überzeugen, dass er niemals Sympathie oder gar Liebe erwarten dürfe, wenn er nicht zuerst bereit sei, dasselbe von sich aus zu verschenken. Schließlich befolgte er meinen Rat und startete das Projekt »Täglich eine Freude bereiten – egal, wem«.

Mit der Zeit gewann er Spaß an dem Projekt, für das er sich allerhand einfallen ließ, wie er mir regelmäßig berichtete. Er badete den Hund der Nachbarin, der nach einer wilden Taubenjagd dreckbespritzt nach Hause getrabt war. Er schrieb einer Rentnerin in der Straßenbahn eine Kurzbedienung ihres Handys auf, nachdem sie vergebens versucht hatte, eine dringende SMS-Nachricht zu verschicken. Er drückte einem Briefträger an einem brennend heißen Tag eine Flasche Trinkjoghurt in die Hand. Er zupfte Unkraut aus dem Vorgarten seines Wohnblockes, worüber der Hausmeister angesichts chronischer Kreuzschmerzen selig war. Eines Tages war es zufällig ein hübsches, junges Mädchen, dem er half, mitten im Regen einen widerspenstigen Schirm aufzuspannen, dessen Griff sich gelöst hatte. Beide gingen in ein Kaffeehaus, weil es in Strömen goss – und verabredeten sich für die nächste Woche wieder. Plötzlich hatte der junge Mann keine Zeit mehr für unsere Therapiestunden, er war mit seinen Rendezvous beschäftigt. Aber ich glaube, er benötigte auch keine Therapie mehr, denn an Homosexualität dachte er bei seiner neuen Jugendliebe bestimmt nicht.

Es gibt Probleme, die man sorgfältig beobachten muss, um sie zu meistern oder ihnen tunlichst aus dem Weg zu gehen. Daneben gibt es eine Kategorie von Problemen, die just dann anwachsen und sich aufblähen, wenn man sie beachtet. Dazu zählen zum Beispiel die Schlafstörungen. Je intensiver jemand nachts im Bett über seine Unfähigkeit, einschlafen zu können, nachgrübelt, desto sicherer hält er sich selbst wach. Auch psychogene Sexualstörungen fallen häufig in diese Kategorie. Zum Beispiel verjagt eine ängstliche Beobachtung der eigenen Potenzschwäche jede anschwellende Erektion beim Mann. Analoges gilt für die Frigiditätsproblematik bei der Frau.

Allerdings genügt es nicht, jemandem, der in einer solchen »Selbstbeobachtungsfalle« sitzt, zu raten, er möge *nicht* an seine diesbezüglichen Sorgen denken. Sorgen drängen sich einem von selbst auf; sie lassen sich nicht einfach mit einer Handbewegung verscheuchen. Um eine nachhaltige Aufmerksamkeitsregulierung beim Betreffenden einzuleiten, muss seine Aufmerksamkeit deshalb auf einen anderen Inhalt gelenkt werden, der irgendeine Zugkraft hat. In der Franklschen Methodik verwenden wir dafür »selbsttranszendente Inhalte«. Selbsttranszendenz bedeutet Selbstüberschreitung. Wir lenken also die Aufmerksamkeit des Betreffenden von seinem Ich (und dessen Sorgen) weg, indem wir sie gezielt hinlenken zu einem Nicht-Ich und dessen Werthaftigkeit. Dies hat mehrere Vorteile. Erstens reduziert sich die Problembeobachtung, die, wie angedeutet, nur noch tiefer ins vorliegende Problem hineindrückt. In optimalen Fällen verschwindet das Problem – unbeachtet – sogar von allein. Zweitens hört das verbissene Kreisen um sich selbst auf, das nicht zum Menschen passt und bereits neurotischen Charakter hat. Wer sich zu viel mit sich selbst beschäftigt, verliert den Bezug zur Mit- und Umwelt und gerät alsbald in eine kritische Isolation, wie sie seelisch gestörtes Dasein kennzeichnet. Drittens hebt die verstärkte Wahrnehmung der Wertsubjekte und -objekte um sich herum das ethische Niveau. Die Liebe in ihrem weitesten und unschuldigsten Sinne streckt ihre zarten Fühler aus; denn es ist fast unmöglich, Wertvolles zu erkennen und es nicht zu lieben. Etwas Besseres kann unseren Patienten überhaupt nicht passieren. Vor der Liebe verhüllen sich alle Gesichter der Angst.

Der 16-jährige Jugendliche, von dem ich berichtet habe, war ein Paradebeispiel dafür. Sein ständiges Sinnieren, ob er denn nun homosexuell sei oder nicht, hatte ihn zusätzlich zu dem Auslösevorfall blockiert. Gewiss hätte man mit ihm über das Gewesene diskutieren können, aber »wegdiskutiert« hätte man es damit auch nicht. Gewesenes ist nun einmal »festgemauert in der Erde« wie Schillers Glockenform. Wichtiger war es, ihn aus seiner Verstrickung herauszureißen und wieder in ein fröhlich pulsierendes Bezugsnetz einzugliedern. Der Tipp mit dem täglichen Freude-Machen erwies sich sonach als perfektes Vehikel zu seinen Mitmenschen. Und dass die Liebe am Ende nicht nur auf ethischem Niveau gesiegt hat, sondern sich auch noch in ihrem engeren, partnerschaftlichen Sinn eingestellt hat, war eine Draufgabe, wie sie sich in seltenen Therapiestunden ereignet. Manchmal schon habe ich erfahren dürfen: Wenn man mit einem Patienten den richtigen Weg einschlägt, belohnt einen – das Leben.

Und ist man kein Patient und schlägt man aus eigener Kraft den richtigen Weg ein, ergeht es einem genauso.

Viele Menschen
sind nur deshalb so einsam,
weil sie Dämme bauen statt Brücken.

(Theodor Fontane)

37. Woche

Vernunft im Zwielicht

Der Forscher John N. Marquis hat in dem von Arnold A. Lazarus herausgegebenen Buch »Angewandte Verhaltenstherapie« folgende Kritik an den Methoden der Psychoanalyse und der non-direktiven Therapie geübt:

»Herkömmliche Methoden der Psychotherapie sind nicht nur unwirksam, sondern auch patientenfeindlich. Ein Vertreter der klassischen Psychoanalyse bringt es fertig, sechs Monate lang nichts anderes zu tun, als den Analysanden in den Techniken der freien Assoziation zu unterweisen und

189

seine Widerstände zu deuten. Fast alles, was der Patient sagt, wird als falsch angesehen. Es ist bestenfalls irgendeine Art von Derivat seiner unaussprechlichen Triebe, gefiltert durch Ich-Mechanismen, deren Hauptfunktion darin besteht, dem Patienten und anderen etwas über ihn vorzumachen. Schlimmstenfalls ist es ein absichtlicher Versuch, den Bemühungen, ihm zu helfen, auszuweichen und sie zunichte zu machen.

Die non-direktive Therapie ist vielleicht respektvoller, und gewiss kann man von Carl Rogers in Bezug auf die Achtung vor unseren Mitmenschen, gleichgültig, wie gestört sie sein mögen, viel lernen. Trotzdem ist es eine äußerst feindselige Verhaltensweise, auf eine direkte und vernünftige Frage die Antwort zu verweigern oder Patienten Informationen vorzuenthalten, anstatt ihnen das zu geben, was sie in Form fachlicher Hilfe brauchen, um mit den Problemen des Lebens fertig zu werden.«

Fragen wir, inwieweit die moderne Psychotherapie mittlerweile imstande ist, auf eine vernünftige Frage eines Patienten eine vernünftige Antwort zu geben, oder allgemeiner ausgedrückt, welche Funktion die Vernunft innerhalb des heutigen Psychotherapie-Reigens innehat?

Ehe ich darauf antworte, möchte ich das Dilemma aufzeigen, das ursprünglich zu einer Misskreditierung der Vernunft innerhalb dieses Wissenschaftszweiges geführt hat. In der psychotherapeutischen Praxis begegnet man häufig Menschen, die ausführlich darlegen, dass sie zwar »mit dem Kopf« begreifen, was für sie geeignet wäre, dass sie aber »mit dem Bauch« nicht mitziehen, was bedeutet, dass sie rationale Einsichten besitzen, die sie emotional nicht umzusetzen vermögen. Beispielsweise wissen solche Patienten durchaus, dass Eifersucht der Liebe schadet und ab einer gewissen Intensität den Partner eher forttreibt als festhält. Dieses Wissen ändert jedoch nicht das Geringste an ihrer unter Umständen krankhaften Eifersucht. Auf Grund solcher Erfahrungen entstand der Trend in der Psychotherapie, auf vernünftige Ratschläge, die an die Ratio eines Patienten appellieren, zu verzichten und sich mehr einer Aufhellung seines Gefühlswirrwarrs zu widmen. Dass dem Patienten auf diesem Wege zu einem angemessenen Lebensstil verholfen werden kann, ist allerdings weiterhin umstritten; manch kritische Stimme meint sogar, dass ein hemmungsloses Hochkommen- und Hinausschreien-Lassen der Gefühle den Verstand eines Patienten zunehmend außer Kraft setzt. Eine reife Persönlichkeit wird man dadurch jedenfalls nicht.

Nach Viktor E. Frankl findet die Polarität »Vernunft – Gefühl« ihre Synthese in der Geistigkeit des Menschen. Die Teilhabe an einer geistigen Dimension charakterisiert den Menschen als ein Wesen, auf dessen Lippen die ewige Frage »Wozu?« brennt, und gleichzeitig als ein Wesen, das als einziges fähig ist, diese Frage von Stunde zu Stunde konkret zu beantworten durch sein Tun. Insofern umfasst das Geistige eben »Vernunft und Gefühl und noch mehr«, was auch in dem schönen Wort »Herzensweisheit« (sapientia cordis) zum Ausdruck kommt, die, aus geistig unbewusster Tiefe stammend, rationale und emotionale Elemente in sich vereint und darüber hinaus einen intuitiven Schatz in sich birgt, der weder auf das eine noch auf das andere gänzlich zurückzuführen ist.

Diese Beschreibung sei anhand eines Berichtes aus einer Dorfchronik von Otto Voll, Lichtenfels/Bayern, exemplifiziert:

»Als in unserem Dorf vor Jahren ein starker Gewitterregen niederprasselte, sodass im Unterdorf das Vieh und Kleingetier zu ersaufen drohte, sind alle, die Hände und Füße hatten, herbeigeeilt, um tatkräftig zu helfen. Dabei waren zwei erstaunliche Beobachtungen zu machen. Leute, die sich jahrelang kein gutes Wort gegönnt hatten, ja, die in einem gespannten, widergemeinschaftlichen Verhältnis zueinander gestanden waren, packten plötzlich gemeinsam mit an und haben durch dieses Ereignis gelernt, wieder miteinander zu sprechen. Und weiter empfand keiner der Dorfbewohner, obwohl sie alle bis in den Morgen zu tun hatten, irgendeine Müdigkeit. Drei Stunden Schlaf genügten ihnen vollauf, um am selben Tage nach der nächtlichen Rettungsaktion ihrer gewohnten Arbeit nachzugehen.«

Das Interessante an dem Bericht ist die Tatsache, dass – ausgelöst durch eine Notsituation – innere Kräfte bei den Dorfbewohnern freigesetzt worden sind, die ihnen zuvor verschlossen gewesen waren. Denn wenn Nachbarn jahrelang miteinander verfehdet sind, darf man annehmen, dass ihnen die Vernunft längst eingeflüstert hat, dass dies für beide Parteien nur Nachteile bringt und letztlich einen unhaltbaren Zustand darstellt. Dennoch hat die Vernunft keinen Sieg davongetragen – bis zu jener Nacht, als das Gewitter kam. Dafür wird es andererseits so und so oft Notwendigkeiten für die Dorfbewohner gegeben haben, noch die eine oder andere Arbeit zu beenden, was jedoch auf Grund von Ermüdungs- und Erschöpfungsgefühlen nicht mehr gelungen ist. Nicht aber in jener Gewitternacht, als das Vieh zu ersaufen drohte. Da hatten die Gefühle keine Macht mehr über die Menschen, weder ihre Hassgefühle untereinander noch die Müdigkeitsgefühle ihrer Arbeit gegenüber, da handelten die Menschen – sinnorientiert!

Wir sehen, was die Vernunft allein nicht geschafft hätte: Eine abrupte Überwindung sozialer und vitaler Hindernisse war durch das Ansichtigwerden einer gemeinsamen sinnvollen Aufgabe in die Wege geleitet worden.

Dass dies nicht nur in Hinblick auf gemeinsame Aufgaben, sondern auch in Hinblick auf persönliche Lebensentscheidungen möglich ist, beweist die authentische Geschichte eines ehemaligen Alkoholikers, der sich in seiner Trinkerzeit vehement gegen jeden vernünftigen Ratschlag, sich in eine Entziehungskur zu begeben, gewehrt hatte. Wie üblich hatte auch er seine Alkoholabhängigkeit geschickt verdrängt. Doch eines Tages, als er, wie schon oft, schwankend heimkam, öffnete ihm sein 6-jähriger Sohn die Tür, schaute ihn ängstlich an und fragte mit leiser, stockender Stimme: »Papi, bist du wieder betrunken?« Da muss sich bei dem auf der Schwelle stehenden Mann etwas durch sein benebeltes Hirn hindurch den Weg freigebahnt haben bis in sein Innerstes. Er drehte sich um, schleppte sich in die Klinik und meldete sich zur Entwöhnung an. Danach gelang es ihm, trocken zu bleiben.

Aus alledem kann die Psychotherapie lernen. Die Vernunft ist nicht das schlechteste Werkzeug des menschlichen Geistes, und einem Patienten vernünftige Antworten bzw. Ratschläge zu geben, soll auch nicht weiter verpönt sein. Aber alle Vernunft verpufft ungehört, wenn sie nicht in eine Sinnfühligkeit einklinkt, die die Kraft zuschießt, seelische oder körperliche Hindernisse zu überspringen. *Sie* ist zu mobilisieren! Im Gleichnis schlägt das Herz »zwischen Kopf und Bauch«, und analog sitzt auch die Herzensweisheit eines Ichs dazwischen, beides benützend, beides vereinend und auf ein Du hin ausrichtend – auf Vieh und Kleingetier, auf ein 6-jähriges Kind, was es auch sei. Nur so wird das Ich gesund. Oder mit Frankls Worten: »Das Ich wird Ich erst am Du.«

Wer ist weise?
Wer von jedermann lernt.
Wer ist stark? Wer sich selbst
überwindet. Wer ist reich?
Wer sich mit dem Seinigen begnügt.
Wer ist achtbar?
Wer den Menschen achtet.

(Jüdisches Sprichwort)

38. Woche

Schwimmen lernen

Es handelte sich um ein kleines Mädchen, das partout nicht schwimmen lernte, obwohl die Mutter schon viel Geld für Unterricht ausgegeben hatte. Die Mutter, deren Schlafstörungen mir mittels der logotherapeutischen Methode der »Dereflexion« zu beheben gelungen war, hatte die Idee, dieselbe Methode bei ihrer Tochter anzuwenden. Ihre Idee war goldrichtig, denn die Tochter lernte aus demselben Grunde nicht schwimmen, aus dem die Mutter (vor ihrer Behandlung) nicht hatte einschlafen können. Sie beobachtete sich ängstlich und traute den Automatismen ihres Körpers nicht, was in der Fachsprache eine »Hyperreflexion« genannt wird.

Die Hyperreflexion der Mutter hatte sich auf den Einschlafprozess bezogen, den sie (vor ihrer Behandlung) durch ein ängstliches Lauern auf den Schlaf und ein Belauern ihrer eigenen Müdigkeit gestört hatte. Je mehr man das Einschlafen-Wollen zum Mittelpunkt seiner Gedanken macht, desto weniger entspannt man sich und desto wacher bleibt man eben.

Inzwischen konnte die Mutter gut einschlummern, indem sie abends im Bett ihre Gedanken vom Schlafproblem ablenkte und sich beruhigenden Vorstellungen hingab. Nun aber ging es um die Tochter, die deswegen nicht schwimmen lernte, weil sie sich bei der Abfolge der Hand- und Fußtempi so ängstlich und verkrampft beobachtete, dass sie ständig aus dem Rhythmus geriet und immer wieder Wasser schluckte. Dies steigerte ihre Ängste und damit ihre übertriebene Selbstbeobachtung, was das Bewegungsspiel des Körpers völlig durcheinanderbrachte. Bei ihr wendeten wir folgenden Trick an: Die Mutter nahm einen Kassettenrekorder, legte eine Märchenkassette ein, drehte die Lautstärke hoch und ging damit an einem seichten Seeufer entlang, während die Tochter, der Kassette lauschend, an demselben Ufer im Wasser zu schwimmen versuchte. Innerhalb von vier Tagen lernte das Kind schwimmen. Am fünften Tag musste es bereits dringend ermahnt werden, sich nicht zu weit vom Ufer zu entfernen.

Was war geschehen? Das Zuhören des Kindes hatte eine Reduktion seiner »Hyperreflexion«, also seiner übertriebenen Aufmerksamkeitszuwendung zum Schwimmproblem, bewirkt. Unbeachtet konnten die natürlichen und wiederholt im Unterricht eingeübten Schwimmbewegungen unbeeinträchtigt vonstatten gehen. Indem die Kleine sich mit dem Märchen befasste und nicht damit, wie sie Arme und Beine bewegen sollte, schwamm sie automatisch korrekt.

Es gibt eine Reihe von Beschwerden, sowohl im Alltagsleben als auch im psychosomatischen Bereich, bei paranoiden Anflügen oder sonstigen Fixierungen an irgendwelche unangenehmen Denkinhalte, die existieren, solange der Betreffende ihnen Beachtung schenkt, ja, die sich verschärfen, je ernster er sie nimmt, die aber auf der Stelle verschwinden, sobald er sie ignoriert. Da es jedoch unangenehme Denkinhalte sind (man wird nicht einschlafen können, man wird trotz Schwimmvermögen im Wasser untergehen ...), fällt es den

Menschen verflixt schwer, sie zu ignorieren. In diesen Fällen ist die von Viktor E. Frankl entworfene Methode der »Dereflexion« äußerst hilfreich. Wie beschrieben geht es bei ihr darum, einen Denkinhalt zu finden, der für den Betreffenden so faszinierend ist, dass dessen Aufmerksamkeit im entscheidenden Augenblick daran gefesselt und von der unheilvollen Selbstbeobachtung und Negativerwartung abgezogen wird. Die Beschwernis tritt dann überhaupt nicht auf.

Bekannt geworden ist die Methode der »Dereflexion« nicht nur bei Schlafstörungen, sondern auch bei psychogenen Potenz- und Frigiditätsproblemen, weil auch in diesen Fällen das Erzwingen-Wollen einer körperlichen Reaktion und die damit verbundene ängstliche Selbstbeobachtung genau das Gegenteil bewirken. Die Patienten sind daher anzuleiten, an alles andere zu denken, als an die gewünschte Körperreaktion. Die Erektion bzw. der Orgasmus treten umso spontaner und unmittelbarer auf, als sie gar nicht beabsichtigt werden, weshalb man den Patienten empfiehlt, sich vorerst des Koitus zu enthalten, dafür sich aber intensiv und zärtlich mit dem Partner oder der Partnerin zu beschäftigen, was alsbald zum gewünschten Erfolg führt.

Die »Dereflexions-Methode« klingt einfach und ist doch weit mehr als ein bloßes Ablenkungsmanöver. Schließlich ist die gesamte bisherige geistige Entwicklung der Menschheit ein Weg der allmählichen Loslösung des Denkens von den ichbezogenen subjektiven Belangen unserer engsten Umgebung, in der ursprünglich nur Nahrung, Feind und Sexualpartner aufschienen, hin zur Versachlichung und Objektivierung der uns gegenüberstehenden Welt inklusive dem Begreifen von funktionalen Zusammenhängen wie Planetenbahnen oder Atomstrukturen, die mit unserer Ichsituation nur mehr abstrakt zu tun haben. Urvölker haben noch jeden Donnerschlag als eine persönliche Strafe oder Warnung aufgefasst, so wie sie auch die Erde als selbstverständlichen Mittelpunkt des Alls verstanden haben. Die Dinge, die sie ringsum vorfanden, gab es nur »für sie«. Heute kennen wir »das

Ding an sich«, wir wissen um viele Naturvorgänge, die keineswegs auf uns bezogen ablaufen. Der Vulkanausbruch ist keine »Rache der Götter« mehr und die Sonne scheint nicht mehr, »um uns zu wärmen«. Der geistige Fortschritt der Menschheit ist die kontinuierliche Überwindung des ichbezogenen »Mittelpunktwahns«, die uns niemals leichtgefallen ist, wie wir von Bruno, Kopernikus, Darwin und anderen Forscherschicksalen her wissen.

Der geistige Entfaltungsprozess unseres Geschlechts ist demnach nichts anderes als eine gewaltige wissenschaftliche »Dereflexion«, eine Abkehr vom steten kognitiven Kreisen um uns selbst und eine bewusste Erkennung und Anerkennung der Wirklichkeit, die in und außerhalb uns, aber jedenfalls weitestgehend unabhängig von uns existiert.

Den gleichen Entwicklungsprozess muss jedes heranwachsende Kind in komprimierter Form nochmals durchlaufen auf seinem steinigen Weg vom ichbezogenen Kleinkind, dessen Welt nur aus bedürfnisbefriedigenden und nichtbedürfnisbefriedigenden Inhalten besteht, hin zum reifen Menschenkind, das sich in Mitmenschen einfühlen und mit ihnen zu teilen vermag und das Ideen nachvollziehen kann, die objektive Gegebenheiten betreffen. Geistiges Wachstum erfordert einen dereflektorischen Prozess, ein Über-sich-Hinausschauen, ein Hineintasten in die Wertewelt an sich. Das ist ein schwerer Weg, denn auch das heranreifende Kind leidet schmerzlich am erzieherischen Appell, freiwillig auf die Position des familiären Mittelpunktes zu verzichten und möglichst sachlich statt rein emotional zu reagieren.

Dass ein solches Über-sich-Hinausschauen dem Menschen (im Unterschied zum Tier) angemessen ist, zeigt sich daran, dass sein Gesamtorganismus dabei in optimaler Balance ist. Ein Arbeiter, der abends müde, aber zufrieden mit seinem Tagewerk ins Bett fällt und noch ein wenig dieses Tagewerk überdenkt, ist schnell eingeschlafen. Ein Liebender, der sich seinem Partner zärtlich hingibt, ist auch des Aktvollzugs fähig. Ein schwimmkundiges Kind, das einem spannenden

Märchen lauscht, bewegt sich wie ein Fisch im Wasser. Sie alle haben nicht ihr Selbst zum Ziel, sondern die Arbeit, ein Du, eine Geschichte oder was auch immer. Ihr »Geist« ist darauf gerichtet wie eine Nadel auf einen Magneten und ihr Körper reagiert automatisch richtig. Damit soll nicht gesagt sein, dass man nie seinen eigenen Körper oder seine eigenen Sorgen im Visier haben dürfte. Der Körper muss gepflegt werden, Sorgen sollen behoben werden, Unannehmlichkeiten mögen tunlichst beseitigt werden. »Dereflexion« ist beileibe nicht immer die passende Methode. Doch wäre wohl so manchem Zeitgenossen gedient, wenn er weniger Runden um sich selbst drehen und dafür intensiver auf die Signale aus seiner Mit- und Umwelt lauschen würde. Es könnte sein, dass er sich, ähnlich wie das geschilderte Kind, von diversen Verkrampfungen freischwimmen würde.

*B*ist du einsam,
so besuche einen,
der noch einsamer ist als du.

(D. Dorenbeck)

39. Woche

Im Schonraum

Eine Frau war zum dritten Mal wegen allgemeiner Erschöpfung und Depressionen in eine Nervenklinik eingewiesen worden. Bei diesem ihrem dritten Aufenthalt wurde ich zur Behandlung zugezogen, doch war kein großer therapeutischer Aufwand nötig, denn im Schonraum der Klinik erholte sich die Frau relativ rasch. Während sie nun in der Klinik war, wurden ihre zwei schulpflichtigen Kinder vom Vater in einem angesehenen Internat untergebracht, weil er einerseits wünschte, dass die Kinder rund um die Uhr versorgt wurden, und andererseits seine Frau nach ihrer Rückkehr aus dem Spital möglichst entlastet wissen wollte.

Kurz vor der Entlassung der Frau aus der Klinik führte ich noch ein längeres Gespräch mit ihr. Die Ärzte schätzten sie als »rehabilitiert« ein und tatsächlich wirkte sie munter und fröhlich. Sie lenkte das Gesprächsthema jedoch immer wieder auf ihre Kinder, von denen sie das eine oder andere Vorkommnis erzählte; weitere Lebensinhalte erwähnte sie nicht. Für mich war dies ein Alarmzeichen, denn offensichtlich hatten die Kinder das Leben der Frau bislang intensiv ausgefüllt. Ab jetzt würden sie aber nur mehr selten bei ihr sein. Ich fürchtete, dass die Frau bei ihrer Heimkehr eine durch die ungewohnte Abwesenheit der Kinder bedingte Leere verspüren würde.

Jeder, der seine ganze Lebenskraft längere Zeit einem bestimmten Inhalt gewidmet hat und diesen plötzlich verliert (vgl. »Pensionierungsschock«!), driftet zunächst auf ein »existenzielles Vakuum« (Frankl) zu und braucht viel innere Stärke, um sich »mitten im Leerlauf« umzuorientieren und etwas Neues aufzubauen. Von einer Patientin, die gerade einem seelischen Tief entronnen ist, kann dies kaum erwartet werden. Ich bat die zuständigen Ärzte, die Frau etwas länger in der Klinik zu behalten, um mit ihr eine Neustrukturierung ihres Lebens unter dem Aspekt der Abwesenheit der Kinder planen und besprechen zu können. Die Ärzte waren jedoch von der Wiederherstellung der Frau überzeugt und auch der Ehemann drängte auf ihre Entlassung.

Wenige Wochen später wurde die Frau mit einer Schlafmittelvergiftung in die Klinik zurückgebracht. Sie hatte die Entlastung zu Hause, die ungewohnte Stille und Einsamkeit tagsüber nicht ertragen und aus dem Leben scheiden wollen. Muße und Entspannung genügen eben nicht zur Zufriedenheit eines Menschen und schon gar nicht unmittelbar nach einer Schonzeit, in der man sowieso von allen Aufgaben entlastet war. Der Mensch benötigt ein gesundes Angefordertsein, eine austarierte »Spannung zwischen Sein und Soll«, wie es Frankl ausgedrückt hat, um sich wohl zu fühlen.

Ich setzte also die psychotherapeutischen Gespräche mit der Patientin fort auf der Suche nach einem Lebensinhalt, der für sie passen würde. Wir entdeckten, dass die Frau sehr tierlieb war, und überlegten miteinander, wie sie ihre Tierliebe irgendwie sinnvoll nützen könnte. Spaßeshalber bewarb sie sich im öffentlichen Zoo der Stadt und fand dort überraschend eine Beschäftigung, woraufhin sie die Klinik voller Elan verließ. Die neue Arbeit machte ihr Freude und es war rührend zu hören, wie sie mit den Tieren umging und jedes einzelne von ihnen betreute. Für die Kinder der Frau war es eine Sensation, dass sie durch die Tätigkeit der Mutter freien Eintritt in den Zoo hatten. Fast jedes Wochenende brachten sie Freunde und Freundinnen aus dem Internat mit, um ihnen stolz »ihren« Zoo zu zeigen, wo ihre Mutter aushalf.

Als ich an einem solchen Sonntag die Frau an ihrer Arbeitsstelle besuchen wollte, sah ich aus der Ferne, wie sie mit den Kindern lachte und scherzte, da kehrte ich beruhigt wieder um. Die Therapie war erfolgreich beendet.

Es ist bezeichnend, dass Freizeitangebote auch mit der Vokabel »Zeitvertreib« benannt werden, gerade so, als wäre freie Zeit eine, die »vertrieben« werden müsste. Tatsächlich aber ist »vertriebene« Zeit oft »ungenützte« Zeit, die ein Gefühl des Unbehagens auslöst, was kein Votum gegen gesunde Entspannung und Muße sein soll. Stress und Muße sind Kontrastpole menschlicher Aktivitätsformen, die sich abwechseln sollen wie Ebbe und Flut. Die Flut brandet an die Küste heran, erobert dem Meer neues Terrain und wirft seine Schätze an Land. Die Ebbe zieht sich wieder ins Ursprungsbecken zurück, die Wasser sammelnd, die Schätze hütend. Ähnlich der Mensch: im Stress prescht er vor in die Zukunft, fährt Ergebnisse ein und verausgabt seine Potenziale; in der Muße besinnt er sich wieder auf sich selbst, sammelt Kräfte und erinnert das in der Vergangenheit Geschehene. Es ist eine »goldene Regel« der Psychohygiene, dass Stress eine Beziehung zur *Zukunft* und Muße eine Beziehung zur *Vergangenheit* haben soll.

Überhaupt darf Stress nicht nur mit negativem Vorzeichen gelesen werden. Stress wird akzeptabel unter dem Zielkriterium des Etwas-schaffen-Wollens, des Eines-zu-entstehenden-Werkes-ansichtig-Seins. Wer eine Arbeit vor sich hat, die er als wichtig und dringlich versteht und (in der Zukunft!) vollenden möchte, wird sich ungeachtet aller Mühe und des Zeitaufwandes hineinknien und wäre eher unglücklich, wollte ihn jemand dabei aufhalten. Anders ist es bei der Muße, die voraussetzt, dass vor ihr (in der Vergangenheit!)

eine Aufgabe vollbracht worden ist, von deren Anstrengung ausgeruht werden soll, um Kräfte aufzutanken. Eine solche »Entspannung danach« ist weder langweilig noch frustrierend, weil sie noch überstrahlt wird von dem Geleisteten und Erlebten, dem mit Genugtuung »nachgesonnen« werden kann.

Schwierigkeiten tauchen dann auf, wenn Stress keine Zukunft oder Muße keine Vergangenheit hat, das heißt, wenn sich jemand sinnlos abrackert oder abrackern muss, ohne zu wissen wofür, oder wenn jemand viel Muße hat ohne vorhergehende schöpferische Phase, die ein Ausruhen sinnvoll macht. Man kann weder nur ausruhen noch immer nur arbeiten, weswegen der Begriff des Stresses von H. Selye mit dem »Salz des Lebens« verglichen worden ist, denn auch Salz kann man nicht »immer essen« und vermisst es doch, wenn es fehlt.

Insbesondere Rekonvaleszenten, die gesundheitlich noch auf wackeligen Beinen stehen, brauchen beide Kontrastpole in einem ausgewogenen Maß. Werden sie zu früh mit Stress überlastet, geraten sie in eine Überforderungskrise. Werden sie zu stark geschont, gerinnt Muße zur Leere. Zudem gibt die Krankheitszeit, die Rekonvaleszenten hinter sich haben, keinen guten Vergangenheitsbezug für die Muße her – eine Erholung vom Nichtstun ist keine Erholung! In der Leere steigt eher das Grübeln über sich selbst, über die (überstandene) Krankheit, über die damit verbundenen Rückstände, über düstere Aussichten etc. an und drückt in den Rückfall hinein.

Beim obigen Beispiel hatte sich das Problem bereits im Krankenhaus angebahnt und zu einem ernsten Zwischenfall geführt. Die Frau war ohne Beleuchtung neuer Sinnperspektiven entlassen worden. Dabei bietet das Leben Sinnmöglichkeiten in Hülle und Fülle an, nur ist oft der Blick dafür getrübt und wie von Schleiern verhangen. Deswegen finde ich den Ausdruck »beleuchten« auch so zutreffend für das Vorgehen nach Franklschem Muster, denn etwas, das beleuchtet wird, *ist schon da*, es wird durch das Beleuchten nicht erschaffen, es wird nur sichtbar und erkennbar gemacht und dadurch in den Verfügungsraum der Person gestellt. Kein Berater kann seinen Patienten Sinn geben oder für sie aus dem Nichts holen, er kann nur hinweisen auf etwas, das latent in ihnen schlummert und der Erweckung harrt.

Wäre bei der geschilderten Mutter die Liebe zu den Tieren nicht in ihrem Innersten längst vorhanden gewesen und hätte die Frau nicht zutiefst aus dieser Liebe heraus um den richtigen Umgang mit Tieren gewusst, hätte sie an dem neuen Job niemals so große Freude finden können und er wäre als echte Sinnalternative zum bisherigen Leben wenig geeignet gewesen. Meine Aufgabe war es nicht, ihr die Liebe zu den Tieren einzupflanzen, sondern gemeinsam mit ihr zu entdecken, dass diese positive, knospenhafte Anlage in ihr darauf wartete, im rechten Moment und am rechten Ort aufblühen zu dürfen. Individuelle Sinnmöglichkeiten zu beleuchten, ist ein spannendes Unterfangen, das depressive Stimmungen gründlich verjagt. Wer fantasiereich genug ist, möge es bei sich selbst ausprobieren ...

Wenn ein berühmter Mensch stirbt, dann steht es in allen Zeitungen. Aber keiner schreibt auch nur ein Wort, wenn ein berühmter Mensch geboren wird ...

(Aus der Witzecke)

40. Woche

Abschiedsgespräche

Ich habe Viktor E. Frankl 1968 in einer Vorlesung an der Wiener Universität kennen und schätzen gelernt und daraufhin meine Dissertation zum Abschluss meines Psychologiestudiums über seine Lehre geschrieben. Auch nach meiner Promotion 1972 blieb er mein Supervisor und Mentor. Im Laufe der Jahre entwickelte sich eine treue Freundschaft zwischen seiner und meiner Familie, obwohl er für mich bis zu seinem Tod 1997 nie aufhörte, mein verehrter Lehrer zu bleiben.

Da ich von 1986 an ein Wissenschafts- und Ausbildungsinstitut mit psychotherapeutischer Ambulanz in Fürstenfeldbruck bei München leitete, während Viktor E. Frankl in Wien wohnte, sahen wir uns in jener Zeit nur dann, wenn entweder er nach München reiste oder ich meine Heimatstadt Wien besuchte. 1986 war Frankl bereits über 80 Jahre alt und herzkrank. So kam es, dass unsere seltenen Treffen für mich stets im Schatten der Möglichkeit standen, es könnte mein letztes Zusammentreffen mit ihm sein. Klug, wie er war, sah er es genauso. Weder er noch ich sprachen über diese Möglichkeit, aber sie färbte auf eine wundersame Weise unsere Kontakte mit ein. Die Stunden unseres Beisammenseins wurden kaum mehr mit oberflächlichem Geplauder und höflichen Floskeln umrandet. Unsere Gedankenaustausche gewannen an Dichte und Gehalt, wurden noch um eine Nuance offener und ehrlicher, als sie es sowieso immer schon waren. Es verging kein Kontakt mit meinem einstigen Lehrer, bei dem ich nicht an irgendeiner Stelle meinen aufrichtigen Dank für seine überreiche fachliche Mitgift ausgedrückt hätte, von der ich meine ganze berufliche Laufbahn lang profitiert habe. Und es verging kein Kontakt, an dem er mir nicht, irgendwie kaschiert, seinen Segen gab.

Als Viktor E. Frankl im Alter von 92 Jahren starb, waren wir längst bestens voneinander verabschiedet. Der Zufall wollte es, dass ich wenige Wochen vor seinem Tod in Wien weilte und gemeinsam mit ihm eine Vorlesung an derselben Wiener Universität gestaltete, an der ich ihn kennen gelernt hatte. Er war fast blind und ziemlich schwach, aber geistig ungemein rüstig. Nach seinen Ausführungen spendeten ihm die Studenten einen nicht enden wollenden Applaus. Frankl stand auf, verneigte sich, zeigte auf mich und sagte: »Frau Doktor, setzen Sie bitte fort …«

Es waren seine letzten Worte an mich und auch sie hatten eine unmissverständlich tiefe, über die Aktualität hinausgehende Bedeutung. Bis heute bemühe ich mich, sein Werk *fortzusetzen*.

Niemandem bleibt das Los erspart, Abschiede von Angehörigen, Freunden und Bekannten leisten zu müssen. Abschiede sind im Allgemeinen mit Trauer und Tränen verbunden. Deshalb seien hier zwei fruchtbare Gedanken zur »Trauerarbeit« formuliert.

1) Hilfe im Akutstadium
Der Psychologe Reinhard Tausch hat in einer breitgestreuten Befragung eruiert, dass es fünf feste »Haltegriffe« gibt, die Menschen in Schock-, Katastrophen- und Trauerfällen helfen.

Diese »Haltegriffe« sind allesamt mit einem »Wenn« verknüpft, also mit einer Vorbedingung, auf dass sie ihre Bewältigungshilfe entfalten können. Sie lauten in Stichworten:

* Familie, Freunde, Mitmenschen – *wenn* das Beziehungsklima zu ihnen gut ist.
* Religiöser Glaube – *wenn* er hoffnungsvoll und nicht beängstigend ist.
* Erinnerungen – *wenn* man versöhnt und dankbar zurückschauen kann.
* Natur, Tiere, Kunst, Kultur – *wenn* man dafür aufgeschlossen ist.
* Arbeit, Beruf, Pflichten – *wenn* sie nicht mit Dauerstress verbunden sind.

Daraus ist der Schluss zu ziehen, dass bereits *vor* dem Eintritt einer Katastrophe bzw. einer Abschiedssituation ein Lebensstil etabliert sein sollte, der *nach* Eintritt der Katastrophe bzw. der Abschiedssituation zu überleben hilft.

Auf Grund der Ergebnisse von Tausch empfiehlt sich demnach, noch *bevor* ein Anlass zur Trauer vorliegt, Folgendes aufzustocken:

* solide Beziehungen zu uns nahestehenden Personen,
* eine gute Beziehung zu Gott, wie wir ihn auch verstehen mögen,
* einen dankbaren Frieden mit unserer Vergangenheit,
* unsere Aufgeschlossenheit für Natur und Kultur,
* unser schöpferisches Wirken in der Welt (bezahlt oder unbezahlt).

Ist dergleichen vorhanden, wird kein Trauerfall noch so schrecklichen Ausmaßes einen Menschen völlig aus der Bahn werfen. Seine »Haltegriffe« werden ihn sozusagen mitten in seiner persönlichen Katastrophe stützen. Fachlich formuliert: er wird nicht in eine reaktive Depression abrutschen.

2) Hauptaspekt der Trauerarbeit

Das Wort »Arbeit« suggeriert etwas Falsches. Trauer kann niemals so »bearbeitet« werden, dass sie eines Tages komplett »erledigt« wäre. Die Trauer um einen Toten zum Beispiel bleibt in Form eines sanften, liebevollen Gedenkens ein Leben lang bestehen und schützt die wertvolle Begegnung und zeitbegrenzte Zweisamkeit, die man mit dem Betreffenden hatte, vor dem Vergessenwerden. Sinn einer »Trauerarbeit« ist auch nicht, bloß eine unterschwellige Gefühlsmischung von Wut, Verzweiflung, Angst und Unverständnis zum Ausdruck zu bringen. Vielmehr schafft sie bei Gelingen eine Sensibilität für Essenzielles und schmiedet den Menschen zu einem höheren Sein um. Wie das?

Es ist erwiesen, dass Menschen im glühenden Schmerz an einer Weggabelung stehen. Sie bleiben nicht einfach unverändert. Entweder denken sie: »Wenn ich leide, sollen andere auch leiden! Warum soll es ihnen besser gehen als mir?«, und Ähnliches. Diese Variante macht sie verbittert, ungenießbar, abweisend. Manchmal teilen sie sogar unnötig Schmerzen aus. – Oder sie denken: »Weil ich leide, weiß ich, wie weh das tut, und verstehe andere in ihrem Leiden besser. Wenn ich dazu beitragen kann, ihre Pein zu lindern, will ich es tun«, und dergleichen. Das enorme Plus der zweiten Variante ist, dass die Trauernden eine Solidargemeinschaft trauriger Menschen wahrnehmen, der sie sich zugehörig fühlen. Sie erkennen glasklar: Andere leiden auch! *Und keiner hat so scharfe Augen, das zu sehen, wie der, der selbst gelitten hat!* Es zu sehen und mitzufühlen, ist perfekte Trauerarbeit, die Leben, fremdes wie eigenes, zurückschenkt.

Insgesamt ist festzuhalten: Eine Konfrontation mit dem Tod verändert Menschen. Manche tauchen aus diesem Schock (erstarrt, verhärtet) nicht mehr auf. Manche tauchen zu ihrem Nachteil verändert (gleichgültig, herzlos, grausam) auf. Manche aber tauchen auch zu ihrem Vorteil verändert auf. Sie sind es, die den Tod mit den Waffen der Liebe besiegen.

Wer zu ihnen zählen möchte, tut gut daran, sich schon *vor* dem Eintreten eines Trauerfalles darauf vorzubereiten. Mein Tipp: Die fünf von Reinhard Tausch genannten »Haltegriffe« beizeiten aufpolieren! Und dazu noch ein Tipp der Extraklasse: »Führen Sie mit den Personen, die Ihnen besonders lieb und teuer sind, gelegentlich ein Gespräch, als wäre es das letzte, das Sie mit ihnen führen können. Was würden Sie Ihrer Tochter, Ihrem Mann, Ihrem Bruder ... sagen, wenn Sie wüssten, Sie sehen sie oder ihn nie wieder? Würden Sie danken, anerkennen, vergeben, an schöne gemeinsame Erlebnisse erinnern? Was sonst noch? Sie werden staunen! Aus der Perspektive eines möglichen Abschieds spricht es sich anders: inniger, ehrlicher, niveauvoller ... Es kann der Tag kommen, an dem Sie froh sind, nicht versäumt zu haben, dasjenige Wichtige zur Sprache gebracht zu haben, das Sie mit dieser Person verbindet. Es kann der Tag kommen, an dem es plötzlich zu spät dafür wäre.«

*In ihrem Innersten
trug die Violine diesen Spruch:
»Als ich noch in den Wäldern lebte,
habe ich geschwiegen;
nun ich gestorben bin, singe ich.«*

(Pater Bertschi)

41. Woche

Zufall und Wunder

Eine 55-jährige Hausfrau, verheiratet mit einem Werkzeugmacher, hatte vier Kinder großgezogen, wovon das jüngste im Alter von 25 Jahren von einem LKW angefahren worden war. Die verunglückte Tochter war danach noch sieben Wochen lang bewusstlos auf der Intensivstation einer Klinik gelegen, wo sie künstlich beatmet worden war. Die Mutter war die ganze Zeit an ihrem Krankenbett gesessen, bis die Verunglückte starb.

Der Verlust der Tochter wurde bei der Frau zum Auslöser einer schweren Depression, die nur sehr langsam und unter therapeutischer Begleitung (die ich damals durchführte) abklang. Danach führte die Frau ein ruhiges, zurückgezogenes Leben. Die drei restlichen Kinder, die mittlerweile alle schon eigene Familien hatten, vernachlässigten die Mutter ein wenig. Sie besuchten sie selten, und es gab kaum Gesprächsstoff zwischen ihnen und ihr. Es entstand eine gewisse Unausgefülltheit im Alltagstrott der Frau, ein Nicht-gebraucht-Werden, das einen herben Kontrast zu ihrem früheren intensiven Gefordert-Sein im Sechs-Personen-Haushalt bildete. Oft schon hatte ich sie ermuntert, sich wieder ihrer Leidenschaft, dem Sticken und Häkeln, zuzuwenden, doch blockierte eine Art »stumpfe Sehnsuchtslosigkeit« der Frau derlei Initiativen. Es schien ihr alles ziemlich egal zu sein.

Eines Tages jedoch kam sie aufgeregt und weinend zu mir. Unter Zittern und Tränen brachte sie Folgendes vor: Es war ihr Geburtstag. Ihre drei Kinder waren »zufällig« auf Urlaub. Ein Sohn hatte geäußert, er lasse sich deswegen seinen Urlaub nicht verpatzen. Eine Tochter hatte einen Fleurop-Blumenstrauß mit zwei Zeilen geschickt. Das dritte Kind hatte den Geburtstag vergessen. Als die Mutter zum Briefkasten gegangen war, um nachzusehen, ob ihr jemand geschrieben habe, hatte sie darin einen Brief gefunden, der an ihre tote Tochter adressiert war, abgesandt von jener Klinik, in der ihre Tochter gestorben war.

Die Frau betrachtete diese Tatsache als »Hohn des Schicksals«. Der Brief, den sie nicht einmal zu öffnen vermochte, hatte ihr einen Schock versetzt. Sie konnte es nicht fassen, ausgerechnet an ihrem Geburtstag an das furchtbare Unglück erinnert zu werden. Alles habe sich gegen sie verschworen, schluchzte sie, keiner wisse, wie es in ihr aussähe – sie stand kurz vor einem körperlich-seelischen Zusammenbruch. Sanft nahm ich ihr den Brief aus den schweißnassen Händen, öffnete ihn und stellte fest, dass es sich um die Routinebefragung eines Mediziners handelte, der an einer Dissertation über komplizierte Schlüsselbeinfrakturen arbeitete. Er hatte der Krankenhauskartei entnommen, dass bei der Verunglückten solche Verletzungen vorgelegen hatten, und dabei übersehen, dass sie damals gestorben war. Er bat sie in seinem Schreiben um die Beantwortung einiger Fragen über Folgeerscheinungen des Bruchs und Ähnliches.

Ich erklärte der weinenden Frau den Inhalt des Briefes und entschloss mich dann zu einer etwas gewagten Interpretation, um die Aufregung der Frau abzufedern. »Dieses Schreiben des Dissertanden sollten Sie mit einem entsprechenden Vermerk zurückschicken«, sagte ich zu ihr. »Aber diesen Umschlag heben Sie sich auf. Es steht der Name Ihrer Tochter darauf, und er kam gerade an Ihrem Geburtstag zu Ihnen. Ist es nicht wie ein Wink von Ihrer Tochter, wie ein zarter Geburtstagsgruß? Ihre drei lebenden Kinder sind so sehr mit sich selbst beschäftigt, dass sie keine Zeit für den Geburtstag der Mutter finden, aber dieses zu früh von Ihnen getrennte Kind ist durch einen außergewöhnlichen Zufall just am heutigen Tag in Ihrem Herzen aufs Neue lebendig geworden; ist das nicht wie ein Wunder? Das ›Schicksal‹, wie Sie es nennen, wollte sie durch das Versehen des Mediziners bestimmt nicht quälen, nein, es wollte Ihnen vielleicht eine Freude bereiten, indem heute an Ihrem Geburtstag eine Erinnerung an Ihre verstorbene Tochter in Ihre Hände gespielt wurde – als hätte diese Ihnen ein leises Zeichen gesandt ...«

Die Frau trocknete ihre Tränen und schwieg. Minuten vergingen. Dann verstaute sie den Briefumschlag sorgfältig in ihrer Handtasche, erhob sich, drückte mir die Hände und ging. Kein Zweifel, sie konnte ihren Schmerz ertragen. Er war jetzt nicht mehr sinnlos und grausam für sie, sondern in eine höhere, bedeutungsvolle Dimension eingebunden. Die Einstellung, dass sich alles gegen sie verschworen habe, war einem Symbol der Mutter-Tochter-Liebe gewichen, die über das Grab hinausreicht – hineinreicht in die Ewigkeit.

Ein berühmtes Zitat von Viktor E. Frankl lautet: »Der Zufall ist der Ort, an dem das Wunder nistet –.« Vielleicht ist mir dieses Zitat durch den Kopf gegangen, als ich die erwähnte Mutter mit dem unseligen Briefumschlag vor mir sitzen gehabt habe. Vielleicht ist es mir auch deswegen durch den Kopf gegangen, weil ich ahnte, dass sie für einen über unser menschliches Begreifen hinausgehenden »Übersinn«, für einen nicht rational erfassbaren »Weltsinn«, offen war.

Man muss allerdings mit Wunder-Hypothesen vorsichtig sein. Zum einen ist keineswegs jeder Zufall ein Wink der Vorsehung. Es gibt entsetzliche Zufälle, bei denen das Wort »Wunder« absolut grotesk klingen würde. Beispielsweise geht es bei Unfällen oft um Sekunden oder sonstige Winzigkeiten, die »zufällig« über Leben und Tod entscheiden. Deshalb endet das Zitat Frankls auch mit den Worten: »Der Zufall ist der Ort, an dem das Wunder nistet – oder besser gesagt: nisten kann; denn immer kann etwas nur – niemals muss es mehr als bloßer Zufall sein.«

Zum anderen wäre es uns auch dann nicht möglich, die volle Bedeutung eines Geschehens zu erfassen, wenn es sich tatsächlich um einen übernatürlichen Sinn handeln würde, der sich über die Schiene des Zufalls ein natürliches Geschehen zu seinem Träger auserwählte. Das Einzige, das wir tun können, ist, unsere Hoffnung darauf nähren, dass im letzten nichts umsonst ist, dass der Geist überall weht, im Furchtbaren wie im Erfreulichen, und dass *in seiner Ebene* die Geschehnisse dieser Welt einen anderen, einen unbedingten Sinn haben, der uns beschränkten Wesen ein Geheimnis bleiben muss.

Trotzdem habe ich im besprochenen Fall meiner Patientin eine »Bedeutungsvariation« angeboten. Mit welchem Recht? Ich möchte sagen, mit dem Recht einer Person, deren Aufgabe es ist, Korrekturen (nicht in Schulhefte, sondern) in die Gedanken Ratsuchender hineinzuschreiben. Darin, in den Gedanken jener Mutter, stand nämlich bereits Irrationales geschrieben: Vom »Hohn des Schicksals« ist zu lesen gewesen oder von einer »Verschwörung gegen sie«. Der Glaube ans Übernatürliche war bereits vorhanden, nur auf destruktive Art. Deshalb bedurfte es einer Alternative im Bewusstsein, um das Aha-Erlebnis zu erzeugen: »Ja, so kann es auch sein. Stimmt, vielleicht irre ich mich. Vielleicht ist alles humaner (diviner?) als ich denke ...?«

Ein weiterer Gesichtspunkt:

Ein Kind zu verlieren ist unendlich schwer. Dennoch ist es zu schaffen, sich trotz eines solch gravierenden Einschnittes dem Leben wieder voll zuzuwenden. Es wäre nämlich kein Liebesdienst am toten Kind, ihm rückwirkend die Bürde aufzuladen, durch sein Leben und Sterben Anlass eines elterlichen »Totalschadens« geworden zu sein. Wie gesagt, es ist zu schaffen – insbesondere dem toten Kind zuliebe –, aber nur dann, wenn sich die Trauer nicht mit der Verzweiflung an einer als sinnlos oder grausam eingestuften Welt paart. In diesem Fall schaltet ein Mensch ab. Er will nicht mehr. Er will nichts mehr. Er braucht nicht einmal depressiv zu werden, es genügt schon eine Abschottung in Gleichgültigkeit. Genau das war in Ansätzen bei meiner Patientin zu beobachten gewesen. Lange hatte ich keinen Weg gefunden, diese Gleichgültigkeit aufzuweichen, doch nach dem oben skizzierten Gespräch ging es ihr sichtlich besser.

Prüfen wir also gelegentlich, wie wir Zufälligkeiten auslegen! Rational sind sie nicht einzuordnen, weil sie sich den Gesetzen der Logik verschließen. Irrational aber spiegeln sie in der Einordnung, die wir individuell vornehmen, unseren eigenen Bezug zur Welt und zur damit verbundenen Grundsatzfrage wider: Ist alles ein einziger großer Unsinn? Hat alles einen wunder-baren Übersinn? Wohl dem, der selbst im Schmerz noch »Wundern« eine Chance gibt!

Es knospet

unter den Blättern —
das nennt man Herbst.

(Hilde Domin)

Es knospet

unter den grauen Haaren —
das nennt man Alter.

(Elisabeth Lukas)

42. Woche

Graue Haare

Eine 29-jährige Frau bekam schon seit ihrem 25. Lebensjahr graue Haare. Sie hatte lange Zeit ihre Haare getönt, aber mittlerweile hatte ihre Kopfhaut eine Allergie gegen Haarfärbemittel entwickelt, die so stark war, dass ihr ein massiver Haarausfall drohte, wenn sie ihre Haare weiterhin tönen würde. Sie musste sich mit ihren grauen Haaren abfinden und geriet darüber in helle Verzweiflung.

Als sie bei mir zur Beratung war, verglich ich ihre grauen Haare mit einer kleinen, aber sehr nützlichen Signalanlage. »Für alle Menschen verrinnt das Leben gleich schnell«, argumentierte ich, »für Sie wie für die anderen auch. Wer jedoch niemals an die Vergänglichkeit denkt, der ist in Gefahr, sein Leben mit Nichtigkeiten zu vergeuden und zu erschrecken, wenn es sich dem Ende nähert. Wer jedoch hin und wieder daran denkt, dass unser irdisches Dasein begrenzt ist und dass alle Vorhaben, die wir in unserem irdischen Dasein ausführen möchten, hier und jetzt getan werden müssen, ehe es für sie zu spät ist, der hat den großen Vorteil, rechtzeitig sein Leben zu planen und seine Ziele zu verwirklichen.«

Die Patientin konnte dem zustimmen, deshalb fuhr ich fort: »Nun fehlt den meisten Menschen eine kleine Signalanlage, die ihnen von Zeit zu Zeit ihre Endlichkeit ins Bewusstsein ruft, und damit die Notwendigkeit, das Leben sinnvoll zu füllen, aktiviert. Sie aber gehören zu den privilegierten Menschen, die eine solche kleine Signalanlage besitzen, nämlich ihr Haar. Es ist schön, wie es ist, nur: Es ist grau. Und die Farbe › Grau ‹ erinnert Sie daran, dass sie nicht ewig Zeit haben, Ihre persönlichen Vorhaben in Angriff zu nehmen, sondern dass Sie am besten heute damit beginnen, eines nach dem anderen tatkräftig umzusetzen.«

Die Patientin nickte versonnen und blickte in weite Ferne, als würde sie ihre Zukunft grüßen. Um diese mit der Gegenwart zusammenzubinden, machte ich ihr einen Vorschlag: »Jeden Morgen, wenn Sie sich kämmen, denken Sie daran, dass Sie im Spiegel ein Signal empfangen, das anderen Menschen verborgen bleibt. Es hilft Ihnen, mit Schwung und guten Vorsätzen in den Tag hineinzugehen, denn es flüstert Ihnen zu: › Die Zeit rinnt ...‹ Antworten Sie dann: › Ja, ich weiß. Aber noch *ist* Zeit, und das ist herrlich! Ich werde sie in Dankbarkeit nützen, so gut ich kann.‹ Und wenn Sie an diesem Tag nur Ihrem Mann ein freundliches Lächeln schenken, am Arbeitsplatz einer Kollegin behilflich sind oder beim Kaufmann ein aufmunterndes Wort sprechen, dann haben Sie schon leuchtende Spuren Ihrer selbst hinterlassen, die jenseits der irdischen Zeit in der Ewigkeit gespeichert sind. Betrachten Sie einfach Ihr Haar auf neue Weise! Der Farbton ist egal; einmal ist die eine, einmal die andere Farbe modern. Was Sie bedrückt, ist die Erinnerung an das Alter. Diese jedoch sollten Sie, obwohl Sie noch so jung sind, nicht scheuen. Denn sie ist die Antriebsfeder, die Sie bei jedem morgendlichen Kämmen mit dem heimlichen Wissen versorgt: › Ja, ich weiß, heute ist der erste Tag vom Rest meines Lebens. Was in meinem Leben geschehen soll, wird *jetzt* gestartet und nicht aufgeschoben ...‹ Sie werden sich wundern, welche Energie Ihnen plötzlich zufließen wird!«

Fünf Monate nach unserem Gespräch legte mir die Patientin einen großen selbstgeknüpften Teppich zum Ansehen vor. Er bestach durch eine faszinierende Farbkomposition, die sie selbst kreiert hatte, und war als Blickfang für eine Wohnzimmernische gedacht. Seit ihrer Jugend hatte sie diese Arbeit vorgehabt, berichtete mir die Frau, aber nie die Kraft zum Anfangen gefunden. Seit sie jedoch ihr Haar auf die von uns besprochene Weise betrachtet habe, sei das Teppichknüpfen flott vor sich gegangen. Ich freute mich über ihre Leistung! Die Saat einer klugen Lebensphilosophie war aufgegangen. Mehr noch: Seit diese Frau das Älterwerden im positiven Sinne als Impuls zum Leben verstand, fürchtete sie sich nicht mehr vor dem Tod.

Zur Bewältigung der Vergänglichkeit des menschlichen Lebens hat Frankl ein philosophisches Konzept entwickelt, das er »Optimismus der Vergangenheit« nannte. Demzufolge ist alles Geschehene unverlierbar in der Vergangenheit geborgen. Denn alles Vergangene ist festgelegt und jeglichem verändernden Zugriff entzogen. Es ist durch keinerlei Kraftanstrengung mehr aus dem Gewesen-Sein zu entfernen. Es hat sich sozusagen verewigt. Im Unterschied dazu ist unsere Zukunft zwar reich an Möglichkeiten, aber leer an Wirklichkeiten. In ihr ist nichts festgelegt; jede ihrer Möglichkeiten ist flüchtig und verlierbar. An der Berührungslinie zwischen beidem befindet sich die Gegenwart als hauchdünne Grenzlinie zwischen dem Noch-nicht-Seienden der Zukunft und dem Bereits-Verewigten in der Vergangenheit. Was im nächsten Augenblick verwirklicht werden wird, ist stets offen; was im Augenblick zuvor verwirklicht worden ist, ist es hingegen ein für alle Mal.

Da sich der Mensch ein Leben lang als Grenzgänger an der Gegenwartslinie fortbewegt, hat er – so merkwürdig dies klingt – die Ewigkeit hinter sich und das Noch-nicht-Verewigte oder auch Niemals-zu-Verewigende vor sich, das heißt, das einzig Sichere, das ihm gehört, das einzig Wirkliche, das seiner Existenz untrennbar zugehört, ist das Gewesene. Hat zum Beispiel jemand mit seinem Partner fünf glückliche Ehejahre verbracht, dann kann sie ihm keine Macht der Welt mehr rauben. Diese Jahre sind »in die Erntescheune seines Lebens eingefahren worden«, wie Frankl es ausgedrückt hätte. Ob der Betreffende noch 50, 30, 10 oder auch nur 1 weiteres glückliches Ehejahr verbringen wird, ist in der Ungewissheit der Zukunft versteckt, es schwingt im Netz unzähliger Möglichkeiten mit, die alle nicht wirklich *sind*, noch nicht *sind*, und die bis auf eine davon niemals Wirklichkeit sein werden.

Aus diesem »Optimismus der Vergangenheit« leitete Frankl einen »Aktivismus der Zukunft« ab. Läge nämlich die Ewigkeit vor uns und würde sie sich quasi von selbst abspulen, dann könnten wir die Hände in den Schoß legen und das auf uns Zukommende in Seelenruhe erwarten; es würde sowieso alles geschehen, wie es geschehen muss. Weil sich aber vor uns nichts als das Nichts noch ungeborener Möglichkeiten befindet, für deren Auswahl und »Geburtshilfe« wir mitverantwortlich zeichnen, stehen wir uns selbst gegenüber in der Pflicht, die jeweils sinnvollsten Ideen, Handlungen, Einstellungen etc. im Netz des Möglichen zu orten und aus der Ungewissheit der Zukunft in die Geborgenheit der Vergangenheit hineinzulotsen. Wir bestimmen mit, was einmal die Ernte unseres Lebens sein wird und ob wir mit dem, was am Ende unverrottbar in der Scheune unseres vollendeten Lebens lagern wird, auch zufrieden sind.

Im Lichte dieser philosophischen Sichtweise verblasst die scheinbare Allgewalt des Sensenmannes. Er kann zwar, wie er es immer tat, übrig gebliebene Kornbüschel vom Feld eines gelebten Lebens hinwegmähen. Die Möglichkeiten der Zukunft einer Person sind seine klassische Beute im Sterbefall. Auch die Gegenwartslinie, auf der die Person wandelt, kann er zuletzt noch an sich reißen. Aber damit endet auch schon sein Vernichtungsrepertoire. Mehr kann er buchstäblich nicht. Die Scheunen der Vergangenheit darf er nicht betreten, sie sind für ihn tabu. Absolut nichts kann er verändern von dem, was gewesen ist, und kein Stück abzweigen von dem, was gewesen ist. Haben im Leben zweier Menschen fünf glückliche Ehejahre stattgefunden, dann kann der Tod weder ein Jahr davon verschlucken, noch fünf unglückliche Jahre daraus machen. Was diese fünf glücklichen Ehejahre anbelangt, ist er ohnmächtig. Das Verewigte kennt keinen Tod. Allerdings ist ehrlicherweise hinzuzufügen: Auch fünf Ehejahre, die die Hölle auf Erden gewesen sind, verewigen sich vom Tod unberührt und vielleicht ist genau dies ja die »Hölle« unserer archaischen Vorstellungen: die Hölle der Wahrheit, aus der es kein Entrinnen gibt.

Wir sollten unser tägliches Leben danach gestalten, auch wenn wir noch keine grauen Haare als »Signalanlage« besitzen, wie meine ehemalige Patientin. Wählen wir sorgfältig aus, was wir in unsere Erntescheune einlassen! Nicht nur erfahrenes Glück, auch gespendetes Glück ist Korn vom Feinsten. Es lohnt sich, mit Freude an das eigene Tagewerk zu gehen und den Mitmenschen mit Güte und Toleranz zu begegnen. Es lohnt sich, nicht bloß weil wir älter werden, sondern weil sich unsere Lebensvergangenheit dadurch anreichert mit einer Qualität, die die Frage der Quantität aufwiegt. Wie viele Tage mögen uns noch beschieden sein? Was kümmert es uns? Das bereits Gelebte bleibt. Das bereits Gelebte zählt.

*Die größte Angelegenheit
des Menschen ist, zu wissen,
wie er seine Stelle in der Schöpfung
gehörig erfülle.*

(Immanuel Kant)

43. Woche

Ein Kreismodell

Wir haben die Zukunft als »reich an Möglichkeiten« beschrieben. Man könnte sie überhaupt als das »Reich des Möglichen« definieren, wenngleich die darin enthaltenen Möglichkeiten in einem Individualleben natürlich beschränkt sein können, etwa im Fall von Gefangenschaft, schwerer Krankheit oder hohem Alter. Jedoch ist nicht schade um *jede* Möglichkeit der Zukunft, die unverwirklicht bleibt. Im Menschen wohnen grausame und abgründige Möglichkeiten, die besser niemals die Gegenwartslinie passieren, um als Wirklichkeiten in die geschichtliche Vergangenheit einzugehen. Bezüglich so mancher Möglichkeit (Raub, Mord, Terror) ist es ein Segen, wenn sie im Nichts, aus dem sie kommt und in dem sie zukunftsträchtig ruht, wieder verschwindet. Nein, nicht jede Möglichkeit ist wert und würdig, ergriffen und verwirklicht zu werden.

Meinen Studenten pflegte ich in diesem Zusammenhang das folgende Kreismodell anzubieten (siehe Grafik S. 220):

Der große Kreis symbolisiert das »Reich des Möglichen«, das »Sein-Könnende«. Der Einfachheit halber ist dieser Kreis in der Mitte geteilt. Die linke Seite steht für das »Sein-Sollende« unter dem »Sein-Könnenden«. Sie enthält all jene Möglichkeiten, deren Verwirklichung ethisch, sozial, ökologisch ... positiv wäre für einen selbst und für die Mitwelt. Im Unterschied dazu steht die rechte Seite für das »Nicht-sein-Sollen-

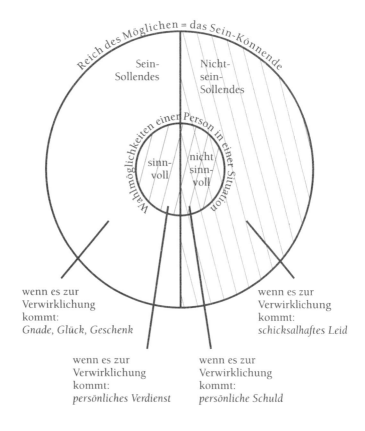

Reich des Möglichen = das Sein-Könnende

Sein-
Sollendes

Nicht-
sein-
Sollendes

Wahlmöglichkeiten einer Person in einer Situation

sinn-
voll

nicht
sinn-
voll

wenn es zur
Verwirklichung
kommt:
Gnade, Glück, Geschenk

wenn es zur
Verwirklichung
kommt:
schicksalhaftes Leid

wenn es zur
Verwirklichung
kommt:
persönliches Verdienst

wenn es zur
Verwirklichung
kommt:
persönliche Schuld

de« unter dem »Sein-Könnenden«. Sie enthält all jene Möglichkeiten, deren Verwirklichung ethisch, sozial, ökologisch ... negativ wäre für einen selbst und für die Mitwelt. Intelligent, wie meine Studenten stets waren, fanden sie schnell heraus, dass im Modell noch eine weitere Differenzierung notwendig ist. Unheimlich viele Möglichkeiten verwirklichen sich Tag für Tag ohne unser Zutun und wir können dabei nur zuschauen; ob uns diese Geschehnisse gefallen oder nicht. Was sich in der Natur abspielt, was die Politiker entscheiden, wie sich die Wirtschaft entwickelt, was die Kinder anstellen, wie sich die Nachbarn verhalten, ob unser Immunsystem funktioniert usw. liegt außerhalb unseres persönlichen Freiraums. Wir können da und dort minimal Einfluss nehmen, langfristig noch eher als im Moment, aber Millionen Entscheidungen fallen, ohne dass wir dazu gefragt werden. Demgegenüber gibt es einen winzigen Freiraum, in dem wir das Sagen haben, solange wir bei Bewusstsein sind. Es sind unsere gegenwärtigen Wahlmöglichkeiten, die jeweils zur Disposition stehen. Wir können unsere Handlungen aussuchen und wir können ebenfalls unsere inneren Haltungen mitprägen. Schließlich sind wir keine Roboter, die bloß nach vorgefertigten Programmen reagieren, sondern menschliche Wesen, denen der Geist »eingehaucht« worden ist.

Im Kreismodell symbolisiert der kleine Innenkreis diesen winzigen persönlichen Freiraum einer Person in einer bestimmten Lebenssituation. Das »Sein-Sollende« unter dem »Sein-Könnenden« bildet sich hierin als das Sinnvolle ab, das die Person wählen kann, als sinnvolle Handlung oder Haltung. Das »Nicht-sein-Sollende« unter dem »Sein-Könnenden« bildet sich hierin als das Nicht-Sinnvolle ab, das die Person ebenfalls wählen kann, als widersinnige Handlung oder Haltung. Was außerhalb des kleinen Innenkreises im »Reich des Möglichen« liegt, kann die Person nicht wählen, darüber besitzt sie (zur Zeit oder überhaupt) keine Freiheit. Im Fazit: Der Mensch kann kein »Sein-Sollendes«, das nicht unter seine Wahlmöglichkeiten fällt, verwirklichen (z. B. die ganze Welt verbessern), er ist aber verantwortlich dafür, ob er das »Sein-Sollende«, das unter seine Wahlmöglichkeiten fällt (den »Sinn des Augenblicks«), verwirklicht oder nicht.

Nach Aufzeichnung des Modells ließ ich meine Studenten raten, in welche Worte man dasjenige fasst, was als Ergebnis herauskommt, sobald etwas aus den großen (abzüglich der kleinen) oder aus den kleinen Halbkreisen zur Verwirlichung gelangt. Ich gebe zu, dass sie zumeist ein wenig überlegen mussten, bis sie die Antworten fanden. Die Begriffe »Leid« und »Schuld« gingen ihnen noch flott von den Lippen. Schicksalhaftes Leid ist ein »Nicht-sein-Sollendes« außerhalb der eigenen Wahlmöglichkeiten, das einem widerfährt. Persönliche Schuld ist ein »Nicht-sein-Sollendes« innerhalb der eigenen Wahlmöglichkeiten, das man selber verwirklicht. Dann wurden sie unsicher. Wie nennt man ein »Sein-Sollendes« außerhalb der eigenen Wahlmöglichkeiten, das einem geschieht? Allmählich kamen sie auf »Gnade«, »Glück«, »Geschenk«. Und wie nennt man ein »Sein-Sollendes« innerhalb der eigenen Wahlmöglichkeiten, das man selbst verwirklicht? Sie wussten es nicht und ich musste nachhelfen: wie wäre es mit »persönliches Verdienst«?

Ich halte es für bedauerlich, dass uns die Negativseiten des Lebens präsenter sind als die Positivseiten. Insbesondere was das Phänomen der Schuld anbelangt, ist es dringend geboten, ihren Gegenpol im Blick zu bewahren. Tausende Male handeln wir sinnvoll, tun wir das Richtige, entscheiden wir uns für das Anständige und springen nicht selten dabei über unseren Schatten. Das ist keineswegs selbstverständlich und verdient den Respekt der Menschengemeinschaft. Wir dürfen uns dafür sogar selber loben! Denn alles Gute, das wir aus eigenem Entschluss realisieren, ist eben unser persönliches Verdienst und bleibt es für alle Zeit. Es ist die wahre Leistung, auf die wir stolz sein dürfen, weil sie höher angesiedelt ist als jede Höhe, die über die Karriereleiter erreichbar wäre.

Einen letzten Aspekt möchte ich dem Kreismodell beifügen. Meine Studenten dafür stets aufgeschlossener, als ich vermutet hatte. Er betrifft die große Halbkreisfläche des »Nicht-sein-Sollenden« unter dem »Sein-Könnenden« außerhalb der Wahlmöglichkeiten einer Person. Wir haben diese Fläche als »schicksalhaftes Leid« tituliert. In der Theologie und auch in der Philosophie gibt es die gewagte Idee, dass es sich dabei dennoch um ein »Sein-Sollendes« handeln könnte, allerdings in einer Ebene, die menschliches Verstehen bei Weitem übersteigt. Frankl verwendete dafür den Begriff des »Übersinns«, um anzudeuten, dass es *Sinn in der Welt* – und auch einen Sinn der Welt – geben könnte, der allumfassend ist, also sogar die tragische Trias von Leid, Schuld und Tod mit umfassen könnte, dafür aber in das menschliche Fassungsvermögen nicht mehr hineinpasst. Er überragt einfach jede Annäherung per Logik und Verstand und sprengt jede Vorstellungskraft. Ein solcher »Übersinn« wäre dann »der Sinn des Sinns und des Widersinns«, er wäre »das Gute, das kein Böses kennt und keines Bösen bedarf, um im Kontrast dazu gut zu sein«, das heißt, er wäre »das Gute an sich«, zu dem kein Gegenpol mehr existiert.

Diese Idee hat etwas Tröstliches. Sie unterstützt die Hoffnung, dass das Böse – im Kleid des Widersinns – gar nicht existiert. Der Widersinn ist die Abweichung und Abirrung vom Sinn, aber der Sinn ist nicht die Abweichung und Abirrung vom Widersinn! Nur in unserer menschlichen Niederung liegen das »Ja zum Sinn« und das »Nein zum Sinn« auf gleicher Ebene, als wären das Gute und das Böse antagonistische Mächte identischer Daseinsberechtigung, die beide das Pendel der Welt im Gleichgewicht halten. Auf übermenschlicher Ebene, so die Hoffnung, gibt es nur eine Macht, *die eine*, die alles Gute und Böse, »Sein-Sollende« und »Nicht-sein-Sollende«, Freude und Leid in einer menschlich unbegreiflichen Weise und Weisheit durchdringt. Oder anders ausgedrückt: Sowohl der Mensch als auch das Schicksal können Widersinniges in die Welt setzen, aber beide können nicht verhindern, dass das in die Welt Gesetzte in einer transzendenten Ebene trotzdem »Übersinn« hat.

Dass »Schicksal« nicht zwingend »Leid« bedeuten muss, sondern auch »Glück« bedeuten kann, ist klar und zeigt sich auch im Kreismodell (siehe Seite 220). Allein, über den Sinn des Glücks rätselt niemand. Doch nach dem Sinn des Leides ruft und ringt jeder Leidbetroffene. Vielleicht hilft ihm dabei das Frankl-Wort, das die oben erwähnte Idee auf den Punkt bringt: »Erst von der Überwelt her erhält menschliches Leiden seine letzte Sinngebung, erhält es jenen über alles menschliche Fassungsvermögen hinausreichenden Übersinn ...« Diese Aussage mag zum Anlass werden, das Rufen und Ringen einzustellen und das Leiden, wenn es denn unvermeidlich ist, mit Würde zu tragen. Wissen wir doch, dass nichts Verwirklichtes verloren geht, nichts, was uns geschehen ist, und nichts, was durch uns geschehen ist. Das *durch uns Geschehene* jedoch ist *unseres*, die Lebensernte in der Scheune unserer Vergangenheit; *das uns Geschehene* hingegen können wir getrost auf fremde Schultern und in fremde Verantwortungsräume legen, auf die Schultern unserer Mitmenschen, durch die es geschehen ist, und/oder – in die Hände Gottes.

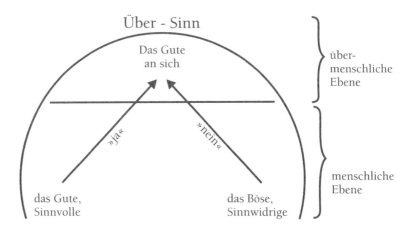

Noch die kleinste
Pfütze spiegelt den Himmel.

(Litauischer Spruch)

44. Woche

Vögel auf einem Kabel

Dass eine kluge Lebensphilosophie nicht hochgestochen, sondern sehr praktikabel sein kann, hat Viktor E. Frankl mit seiner Sichtweise zur Vergänglichkeit allen irdischen Daseins bewiesen. Ihr zufolge ist einzig und allein *eines* unvergänglich, nämlich das bereits Vergangene. Im Vergangensein – im Sein! – ist es vor der Vergänglichkeit geschützt. Der mächtige Gevatter Tod kann es nicht mehr antasten, wie wir bereits wissen, kann es weder korrigieren noch eliminieren. Und war es wertvoll, dann hat sein Wert Bestand fort und fort.

Hier Ausschnitte aus zwei (von vielen) Briefen an mich, in denen Personen die Praktikabilität dieser Sichtweise auf rührende Art offenbart haben:

Brief 1

»Liebe Frau Lukas, ich möchte Ihnen von Herzen danken, dass Sie in einem Buch so einleuchtend und verständlich über die Bewältigung der Vergänglichkeit geschrieben haben. Am 26. Juli dieses Jahres ist unsere Tochter in der 37. Schwangerschaftswoche gestorben. Am 30. Juli ist sie auf natürlichem Wege geboren worden. Das ist mein Schicksalsschlag, der mich ereilt hat. Die ersten Wochen danach habe ich Ihr Buch mit mir herumgetragen, und wenn mir danach war oder ich es brauchte, habe ich darin gelesen. Es hat so gut getan. Besonders hilft mir die Stelle, an der Sie erläutern, dass sich in der Trauer unser › Reichtum‹ widerspiegelt. So bewusst habe

ich mir über meine Wertbezüge noch keine Gedanken gemacht. Jetzt kann ich mich in meiner Trauer und in meinem
Schmerz auch über die schönen Augenblicke, die ich in der
Vorfreude auf meine Tochter gehabt habe, glücklich schätzen. Das gibt mir viel!«

Brief 2

»Ich hörte vorige Woche Ihren Vortrag über den Lebenssinn. Dabei gefiel mir besonders der Bericht über die
AIDS-Kranken, die noch kurz vor ihrem Tod eine Ikone malen
durften und darin Sinn erfuhren: es war ihr Meisterwerk, die
Krönung ihres Lebens. (Anmerkung: Logotherapeutisch ge-
schulte Mitarbeiter eines sizilianischen Hospizes hatten den
Schwerkranken, die bloß noch auf den Tod warteten, eine
Malwerkstätte eingerichtet. In die Bilder konnten die Schwerkranken all ihre Träume, Sehnsüchte und Hoffnungen hinein-
legen, die von ihnen nicht mehr realisierbar waren.)

Ich bin 65 Jahre alt und mein Leben wurde mit 35 Jahren
durch einen Unfall mit schwerer Kopfverletzung durchkreuzt. Ich konnte meinen Beruf nicht mehr ausüben und
musste in Berufsunfähigkeitspension gehen. Das war das Aus
für mich, hing ich doch so sehr an meinem Beruf. Ich fühlte
mein Leben verpfuscht. Seit zehn Jahren betreue ich nun täglich meine Mama abends im Seniorenheim. Durch Ihren Bericht kam mir die Idee: Das ist doch *mein Meisterwerk, die
Krönung meines Lebens!* Dieser Gedanke, dass ich mein Meisterwerk schaffe, gibt mir Kraft, körperlich und seelisch, zur
Mama zu gehen. Ich gehe ja gerne, aber meine Gesundheit ist
schwach und zuweilen bin ich mit meiner Kraft fast am Ende.
Ich bin meistens bis 21.30 Uhr bei ihr. Mama ist 96 Jahre alt
und jammert, wenn ich früher gehe. Sie ist wie ein Kind. So
warte ich, bis sie schläft, und gehe dann, nachdem ich sie ge-
segnet habe. Sie sagten im Vortrag, alle AIDS-Kranken konnten wie durch ein Wunder ihre Ikone fertig malen, ehe sie
starben. Das heißt für mich: Auch ich werde die Kraft haben,
Mama zu betreuen, bis sie heimgeht. – Liebe Frau Lukas, ich

wollte, dass Sie erfahren, wie sehr mir Ihr Vortrag hilft und Auftrieb gibt! Ich bin seither nicht mehr ›berufsunfähig‹, also ein ›Nichtsnutz‹, nein, ich schaffe mein ›Meisterwerk‹! Vergelt's Gott!«

Der Dank beider Briefschreiberinnen gebührt eigentlich Viktor E. Frankl, denn ich habe ja nur aus seinem Gedankengut ausgeteilt.

Zu seinen philosophischen »Perlen« gehört eine weitere Sichtweise, die sich auf die schier unbeantwortbare Frage bezieht, warum es überhaupt Leid, Tod und Schicksalsschläge in unserer Welt gibt und geben muss. Hätte die Schöpfung nicht auch ohne dergleichen konzipiert werden können? Nicht selten werden vorwurfsvolle Proteste zum Schöpfer emporgeschickt, richten sich kritische Blicke auf die Altarbilder mit ihren Darstellungen vom gütigen Altvater, der die Hand über seine Geschöpfe hält. Wo ist seine Hand, wenn Kinder ertrinken, Fußgänger überfahren werden, Familien durch Erdbeben verschüttet werden, Häuser durch Feuersbrünste vernichtet werden? Wo bleibt sie im Inferno der verletzlichen Kreatur?

Viktor E. Frankl hatte damit kein Problem. Sein Glaube war durch Katastrophen nicht anfechtbar. Auch seine Überzeugung, dass ein über alles menschliche Begreifen hinausreichender Erst- bzw. Letztsinn der Welt existiert, der Leid, Not und Tod mit einschließt, kam niemals ins Wanken, selbst nicht in der Zeit des Holocaust, als er seine gesamte Familie verlor. Für ihn wäre eher die Vorstellung eines rational erfassbaren und in seinen Taten durchschaubaren Gottes suspekt gewesen. Er betonte wiederholt, dass sich der Mensch nicht anmaßen solle, den unendlichen »Sinn des Ganzen« zu deuten, sondern sich vielmehr »vor dem Geheimnis zu beugen« habe, da der Radius menschlichen Begreifens nun einmal zu winzig und begrenzt sei, um »Gottes Wege« zu erforschen.

Vielleicht kann ein Gleichnis helfen, diesen schwierigen, uns abverlangten »Beugeakt« zu vollziehen:

Zwei Vögel sitzen auf dem Kabel einer Starkstromleitung, die eine große Stadt mit Licht und Energie versorgt, und unterhalten sich. Der eine meint: »Komisch, was die Menschen für unsinnige Dinge tun! Da spannen sie einen Draht aus, auf dem sie nicht sitzen können, weil sie keine Flügel haben, hinaufzufliegen, und außerdem viel zu schwer dafür sind. Wozu machen sie das?« »Ja«, antwortet der andere, »und für uns Vögel bräuchten sie auch nicht extra Drähte aufzuspannen. Wir haben genügend Äste im Wald, um darauf zu sitzen. Nein wirklich, solch überflüssiges Zeug, was da hängt ...«

Man bedenke: Wie oft sind wir selbst in der Rolle dieser beiden Vögel, sitzen am blanken Draht unseres Schmerzes und begreifen – nichts.

Wenn wir also keinen Sinn in einem betrüblichen Ereignis sehen, was im Allgemeinen der Fall ist, dann dürfen wir in unserem »Unvermögen des Sinnsehens« auch bitterlich weinen. Was wir aber nicht sollten, das ist: *aus unserem »Unvermögen des Sinnsehens« auf eine absolut vorhandene Sinnlosigkeit, Chaosartigkeit und Absurdität der Schöpfung zu schließen.* Es kann »göttlich« anders sein.

Die wahre Lebenskunst
besteht darin – im Alltäglichen das
Wunderbare zu sehen.

(Ingrid Thier)

45. Woche

Blumen am Bahnhof

Einmal hatte ich in einer norddeutschen Stadt eine Fortbildung zu leiten und fuhr mit der Bahn von München, wo ich damals wohnte, dorthin. Die Veranstaltung verlief zufriedenstellend. Beim Abschied wurde mir ein prachtvoller Blumenstrauß überreicht. Mit den Orchideenblüten in der einen Hand und meinem Köfferchen in der anderen kämpfte ich mich durch eisigen Wind zum Bahnhof und überlegte dabei im Stillen, was mit den Blumen geschehen sollte. Wenn ich sie im geheizten Waggonabteil mit nach Hause nahm, kamen sie nach neun Stunden Fahrt vertrocknet und verwelkt an. Das Einfachste war es, sie gleich in einem Müllcontainer am Bahnhof zu deponieren. Aber es war schade um die schönen Blumen, die, wie mir schien, liebevoll ausgesucht worden waren. Ich brachte es nicht über mich, sie wegzuwerfen, und so bestieg ich meinen Zug.

Im Abteil war es, wie erwartet, sehr warm, und ich öffnete das Fenster. Da sah ich am Ende des Bahnsteigs eine ältere Frau an einem Geländer lehnen. Sie wirkte müde und niedergeschlagen, wer weiß, welche Last sie drückte. Als ich die Frau erblickte, hatte ich eine Inspiration. Ich packte die Blumen, stieg aus dem Zug und lief auf sie zu. »Entschuldigen Sie bitte, darf ich Ihnen die Blumen schenken?«, sprach ich sie an. »Ich bin auf dem Weg nach München und möchte den Orchideen diese lange Fahrt nicht zumuten.« Die Frau hob ihr verhärmtes Gesicht. »Mir hat schon lange niemand mehr Blumen geschenkt«, antwortete sie erstaunt. »Dann war es Zeit, dass es wieder einmal jemand tut«, rief ich ihr zu und sputete mich, um meinen Zug nicht zu verpassen. Als ich bei der Abfahrt aus dem Fenster schaute, winkte sie mir freundlich nach.

Gewiss, ein nebensächliches Ereignis. Vielleicht. Vielleicht auch ein Schlüsselerlebnis für einen einsamen Menschen am Rande der Bitterkeit. Mir geht es bei der Nacherzählung dieses kleinen Ereignisses nicht um den eventuell erzielten Effekt, sondern um das Herausmeißeln der einzigartigen Sinngestalt einer einmaligen Lebenssituation, die darin bestand, Blumen, die ich selbst nur wegwerfen konnte, in Hände zu legen, in denen sie noch Freude bringen mochten. Hätte ich diese einzigartige Sinngestalt nicht erkannt (oder erkannt und nicht ergriffen), wäre sie vergangen und nie mehr zurückgekehrt. Weil ich sie aber gerade noch rechtzeitig erkannt und ergriffen habe, ist sie – nicht vergangen, sondern – *ein*gegangen in die Wirklichkeit, in der sie »Ewigkeitswert« hat.

Was das Erkennen und Ergreifen von einzigartigen Sinn-gestalten am häufigsten behindert, ist die Abgestumpftheit. Ja, ich behaupte sogar, dass Inspirationen aller Art, seien es künstlerische, wissenschaftliche oder soziale, dem Gegenteil von Abgestumpftheit, nämlich einem tiefen *Gefühl für das Sakrale* entspringen.

Der Mensch hat sich mit seiner Menschwerdung sozusa-gen »aufgerichtet« und steht nun als aufrechtes Wesen in zwei Bezugsrichtungen: in einem Bezug zu »oben«, zur Tran-szendenz, und in einem Bezug zu »unten«, zum Boden der Natur. So wie er die Stirn in den unermesslichen Raum über sich emporstreckt, so haftet er mit seinen Füßen fest auf der Erde. Es ist seine Verbundenheit und Rückgebundenheit, die sich darin symbolisiert: die Verbundenheit mit seiner biolo-gischen und biochemischen Wurzel einerseits und die Rück-gebundenheit (»religio«) an seine spirituelle Heimat andererseits.

Beide Bezüge können sich zum Nachteil des Menschen lo-ckern. Als ich einst durch Südamerika reiste, war ich zum Beispiel sehr betroffen von der dort herrschenden Armut gro-ßer Bevölkerungsteile, aber eines traf mich am meisten: Die elenden Slums, die sich rund um die Großstädte ansammeln, stehen in keinem Verhältnis zu den riesigen Flächen unbe-bauten Landes ringsum, auf denen Früchte und Gemüse pro-blemlos wachsen würden, wenn sie angebaut würden. Auf meine Nachfrage erklärte man mir, es läge nicht nur an den politischen Missständen, sondern vor allem auch daran, dass unzählige Leute vom Land in die Großstädte drängen, wo sie sich ein bequemeres und angenehmeres Leben erwarten, aber moralisch und wirtschaftlich untergehen. Welch ein Irrsinn, wenn Menschen am Rande berstender Fruchtbarkeit hun-gern! Die Ursachen mögen komplex sein, doch insgesamt ist da offensichtlich ein gesunder Bezug zur Natur und ihren Schätzen verloren gegangen.

In den Industrieländern der Nordhalbkugel ist die Lage bestimmt nicht viel besser, wie die sich zuspitzende Umweltsituation (Ozonloch etc.) beweist. Trotzdem spricht einiges dafür, dass wir hier mehr noch am schwindenden Bezug zur Transzendenz kranken. Es schwappt zwar gerade die aktuelle Esoterikwelle über uns hinweg, doch bleiben ihre Inhalte allzu sehr an der Oberfläche, ja, teilweise an einer abergläubischen Mystik haften. Dabei wäre es ungemein wichtig, das Gefühl für das echte Wunder, für das Numinose im Winzigen, für das Wertvolle im scheinbar Wertlosen, eben das *Gefühl für das Sakrale* wieder zu entdecken.

Nehmen wir einen alten, dementen Menschen. Er liegt bewegungslos im Bett, mit einem »blöden« Gesicht. Was bedeutet das schon? Es bedeutet, dass die geistige Person, die er ist, sich nicht mehr kundtun kann und dass auch wir zu ihr nicht vordringen können. Aber sie ist da, die geistige Person dieses Menschen, unbeschädigt und heil steht sie hinter einem beschädigten, vergreisten Körper und verklärt ihn mit ihrer Würde. Dasselbe gilt für ein neugeborenes Baby. Auch das Baby ist »blöde«, wenn man so will, aber auch das Baby trägt die (noch schlummernde) Geistigkeit in sich, die es zu etwas Besonderem macht; weshalb es die Liebe und Achtung seiner Eltern verdient, wie der alte Mensch die Liebe und Achtung seiner Kinder verdient.

Denken wir an einen Gral. Wir sehen nur die Schale, das Innere ist verborgen. Wir verneigen uns vor der Schale, weil sie Heiliges trägt. Denken wir an einen Apfelkern. Ein Stückchen Holz. Und doch trägt es einen ganzen gewaltigen, verästelten Baum keimhaft in sich! Denken wir an eine befruchtete Eizelle. Ein bisschen Schleim. Aber was trägt sie an Lebensschicksal in sich! Denken wir an eine normale organismische Zelle vom Menschen- oder Tierleib. Ein paar Aminosäuren. Aber was trägt sie an Erbinformation in sich! Denken wir an einen simplen Stein. Anorganische Materie, aber jedes Atom ein Kunstwerk an Ordnung, Bewegung und elektrischer Ladung! Wir müssen wieder lernen, hinter die äußere Hülle zu schauen, ins Zentrum zu schauen, ins Zentrum der Materie, ins Zentrum der Person, dorthin, wo Schöpfung pulsiert, und wir werden hellsichtig und demütig werden. Das Wunder liegt in der *Potenzialität* von Sein. Jedes einzelne, unsichtbare Atom hat potenziell die Kraft einer Atombombe. Jede einzelne, unsichtbare Zelle behütet und bewahrt potenziell das Abbild eines Lebewesens. Jeder einzelne menschliche Körper ist potenzieller Sitz von Geistigkeit, Freiheit und Verantwortlichkeit. Das »blöde« Gesicht, der Apfelkern, der Stein sind Gralskelchen gleich, die etwas Unfassbares bergen und für den Sehenden entbergen, obwohl auch der Sehende nie weiter als bis an den Kelchrand sehen wird – für das Innere ist menschliches Begreifen um eine Nummer zu klein.

Wenn wir solcherart unser Gefühl für das Sakrale erweitern, werden wir sowohl unseren Bezug zur Transzendenz als auch unseren Bezug zur Natur wieder stärken. Das wird uns von der Abgestumpftheit entbinden und zu sinnvollen Aktionen stimulieren. Es können minimale Aktionen sein, wie meine Blumenübergabe an eine Fremde am Bahnhof, oder auch generationenübergreifende Initiativen mit Langzeitwirkung. Egal, es wird für uns und unsere Welt bekömmlich sein. Denn wer könnte sich dazu entschließen, in gravierendem Ausmaß gleichgültig oder gar sinnwidrig zu handeln, wenn er durchdrungen ist von dem unerschütterlichen Glauben, dass auch der jämmerlichste Mitmensch noch seine Würde und das geringfügigste Ding noch seinen Wert hat? Wer könnte Natur leichtfertig zerstören, wenn er in ihr seine eigene Wurzel erkennt? Wer könnte das Übergeordnete leugnen, wenn er sich darin geistig beheimatet fühlt? Üben wir uns in einem achtungsvollen Umgang mit allem Seienden und wir werden eine neue Anbindung ans Sein erfahren.

Dies aber bedenkt,
ihr Menschen im Leid:
Immer noch leben elender andre,
deren Tränen tief euch beschämten,
sähet ihr nicht immer nur
wieder euch selbst!

(Hans Bahrs)

46. Woche

Tränen aufheben

Eine junge Mutter saß bei mir und klagte heftig über die viele Arbeit, die sie mit ihren zwei kleinen Kindern hatte. »Ich habe überhaupt keine Zeit mehr für mich«, jammerte sie. »Ständig muss ich hinter den Kindern her sein und aufpassen, was sie gerade anstellen. Nichts gibt es für mich jetzt außer Muttersein! Einmal müssen die Kinder gefüttert, einmal angezogen, einmal frisch umgezogen werden, das verstreute Spielzeug muss weggeräumt werden, Berge an Wäsche sind zu waschen und das Einkaufen mit den beiden ist eine Tortur. Bis die Kinder endlich abends im Bett liegen, bin ich mit meinen Nerven fix und fertig.«

Ich entschloss mich zu einer Schocktherapie. »Ja«, antwortete ich in beiläufigem Ton, »wenn Ihre Kinder eine schwere Krankheit bekämen und daran stürben, wären Sie wieder frei von Ihren Verpflichtungen und könnten Ihr Leben nach Ihren Wünschen gestalten ...« »Um Gottes Willen«, rief die junge Mutter, »an das darf ich gar nicht denken! Nein, nein, ich bin natürlich froh, dass die beiden Kinder gesund sind, auch wenn sie viel Arbeit bedeuten. Vielleicht sollte ich mich gar nicht darüber beschweren ... am Ende könnte der Herrgott mich hören ...«

Ein und derselbe Sachverhalt kann gleichermaßen beides auslösen: eine gute oder eine schlechte Stimmung. Wenn im Herbst die ersten Nebel durch die Lande wallen und die Blätter langsam von den Bäumen gleiten, heißt das nicht zwangsläufig, dass ein Betrachter schwermütig wird. Ebenso gut kann diese Szenerie in ihm die Assoziation zu gemütlichen langen Winterabenden im warmen Wohnzimmer bei Kerzenschein und duftendem Tannenreisig wachrufen. Der Betrachter selbst bestimmt in seiner Einstellung die emotionale Färbung der Sachverhalte und diese seine Einstellung beeinflusst ganz entscheidend sein psychisches Zustandsbild.

In der Psychotherapie ist es daher unumgänglich, allzu kritische und desaströse Einstellungen zu »modulieren«, um psychische Zustände in einem stabilen Gleichgewicht auszubalancieren. Dabei ist es (außer über Medikamente/Drogen) fast unmöglich, die Stimmungslage einer Person *direkt* anzuheben. Gelingt es aber, ihre Einstellung zu einem Sachverhalt zu positivieren, verbessert sich *indirekt* auch ihre Stimmung.

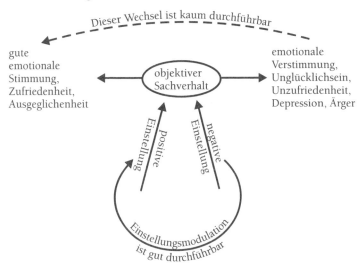

So ist es zum Beispiel im Umgang mit mürrischen Leuten schwieriger, sie aufzuheitern, als ihnen auseinanderzusetzen, dass der Gegenstand ihres Grams auch sein Gutes haben kann, sei dies nur ein Zugewinn an Erfahrung oder der Preis für einen Gegenwert, der ihnen anders nicht erreichbar gewesen wäre. Auch die vorhin erwähnte »geplagte Mutter« konnte an der Versorgung ihrer Kinder Freude finden oder sich darüber ärgern, je nach Laune, und es wäre kaum möglich gewesen, ihren Ärger direkt in Freude zu verwandeln. Über die Einstellung allerdings, wie froh sie doch sein könne, gesunde Kinder zu haben, ließ sich ihr psychischer Zustand und damit ihr Umgang mit den Kindern harmonisieren.

Ich habe so viele unzufriedene Frauen kennen gelernt, dass ich manchmal daran zweifle, ob die Emanzipationsbewegung des letzten Jahrhunderts die Frauen unseres Kulturkreises tatsächlich beglückt hat. Irgendwie ist ihr durchschnittlicher Frustpegel zu hoch:

❊ Entweder sind die Frauen berufstätig und ohne Kinder, dann genießen sie nicht ihre den männlichen Kollegen gleichgestellte Selbstständigkeit, sondern sehnen sich nach Mutterschaft und Familie.

❊ Oder sie haben Mann, Kind und keinen Beruf, dann genießen sie es nicht, finanzielle Sicherheit und Zeit für ihre Kinder zu haben, sondern klagen über ein unerfülltes Leben.

❊ Daneben gibt es die große Gruppe der berufstätigen und Kinder aufziehenden Frauen, die aber nicht die Fülle ihres Lebens registriert, sondern nur dessen Belastung.

❊ Und es gibt eine kleine Gruppe von Frauen, die aus verschiedenen Gründen weder berufliche noch familiäre Verpflichtungen hat (vgl. die interviewte Lottogewinnerin) und der bei allem damit verbundenen Chancenreichtum »die Decke auf den Kopf fällt«.

Des Weiteren:

❋ Unzählige Mütter haben sich bei mir beschwert, dass ihr Ehemann ihnen die gesamte Bürde der Kindererziehung überlasse; was sie übersehen, ist die enorme Freiheit, die es ihnen gestattet, diesen wichtigen Part nach eigenem Gutdünken zu regeln.

❋ Auf der anderen Seite stehen Mütter, die sich über permanente Eingriffe ihres Ehemannes in ihr Erziehungskonzept beschweren und über diese Einschränkung ihrer Freiheit empört sind; sie sehen wiederum nicht die Kooperationsbereitschaft beim Partner, sondern nur dessen Einmischung.

Vielleicht ist meine Beurteilung zu trübe und die »löblichen Ausnahmen« an Frauen, die zu ihrer Entbundenheit von bzw. Eingebundenheit in Arbeit, Familie und Freizeitaktivitäten von ganzem Herzen ja sagen können, sind verbreiteter, als ich es weiß. Der Blick des Psychotherapeuten fällt eben immer ins Zentrum seelischer Nöte, bei Einzelindividuen wie bei ganzen Bevölkerungsschichten. Dazu kommt, dass Männer etwa dreimal seltener psychotherapeutische Praxen aufsuchen als Frauen, was nicht bedeutet, dass sie es weniger nötig hätten. Da sie aber seltener die Dienste eines Psychotherapeuten in Anspruch nehmen, hört man von ihnen ein entsprechend geringeres Maß an Klagen. Wie dem auch sei, ich finde es bei allen Menschen schade, wenn sie sich ihre kostbare Lebenszeit mit Jammereien und Nörgeleien (oft über Banalitäten) verfinstern. Menschen, die sich ewig »nach dem gegenüberliegenden Ufer« sehnen, kommen nicht nur niemals dort an, sondern integrieren sich auch nicht am eigenen Ufer. Sie treiben sozusagen im Strom geweinter und ungeweinter Tränen dahin.

Apropos Tränen: Manchem Patienten und mancher Patientin, der oder die wegen dem Klecksen der Kinder, einer verpatzten Prüfung, einer Vergesslichkeit des Partners und ähnlichem Kleinkram bei mir geweint hat, habe ich schon gesagt: »*Heben Sie sich Ihre Tränen auf* – für einen Anlass, der sie wert ist! Sie werden sehen, ein solcher kommt. Dann werden Ärger, Trauer, Kummer und Rebellion am richtigen Platz sein, und dann darf Ihre Seele auch aufschreien. Aber im Moment ist die Zeit dafür noch nicht gekommen. Und dafür falten Sie in Demut die Hände und danken Sie Gott.«

An einem

offenen Paradiesgärtchen geht der
Mensch gleichgültig vorbei und wird
erst traurig, wenn es verschlossen ist.

(Gottfried Keller)

47. Woche

Dankbarkeit

In der Psychologie des 20. Jahrhunderts sind zwei exquisite »Heilmittel der Seele« stiefmütterlich behandelt worden. Es handelt sich um die Dankbarkeit und um die *Vergebung*. Erst seit den späten 90er-Jahren ist diesbezüglich ein zartes Umdenken im Gang, nicht zuletzt angestoßen durch die bahnbrechenden Erkenntnisse von Reinhard Tausch und Viktor E. Frankl. Die beiden Forscher fragten sich (unabhängig voneinander), was Menschen hilft, vertrauensvoll statt ängstlich von Lebensetappe zu Lebensetappe voranzuschreiten. Sie erkannten, dass die Gefahr im Allgemeinen weniger in dem Neuen, das ständig auf Menschen zukommt, lauert, als vielmehr in deren Furcht vor dem Neuen, das schlechter sein könnte als das Alte (über das sie aber auch oft gewettert haben). Betrachten wir zwei Beispiele:

»Arbeitslosigkeit«: Menschen, die Angst haben, ihren Arbeitsplatz zu verlieren, werden nachgewiesenermaßen häufiger krank als andere und verlieren dadurch erst recht schnell ihren Arbeitsplatz.

»Eifersucht«: Menschen, die Angst haben, ihren Partner oder Freund zu verlieren, verändern nachgewiesenermaßen ihre Persönlichkeit zu ihrem Nachteil und werden dadurch erst recht unattraktiv.

Was also hilft, im Vertrauen zu bleiben und der Zukunftsangst die Stirn zu bieten? Oder anders formuliert, was hilft, sich auf das Gegenwärtige ohne Einschränkung einzulassen und es dennoch loslassen zu können, wenn seine Zeit um ist? Ein erstklassiges diesbezügliches Hilfs- und Heilmittel ist eben die Dankbarkeit.

»Arbeitslosigkeit«: Ideal wäre es, wenn jemand dankbar ist, dass er Arbeit hat und solange er Arbeit hat. Ferner wäre es ideal, wenn er im Fall von Arbeitslosigkeit dankbar ist, dass er staatliche Unterstützung erhält und einer Gesellschaft angehört, in der er reelle Chancen zur Umschulung und zum Wiedereinstieg ins Arbeitsleben vorfindet. Diese Dankbarkeit würde sein Immunsystem stärken. Er bliebe topfit und seine Elastizität, sich an veränderte Umstände anzupassen, nähme zu. Das Leben belohnt denjenigen, der ihm vertraut.

»Eifersucht«: Ideal wäre es, wenn jemand dankbar ist, dass er nicht allein dasteht und einen lieben Gefährten an seiner Seite hat. Ferner wäre es ideal, wenn er im Fall, dass dieser Gefährte eines Tages von seiner Seite weichen sollte, dankbar ist für die gemeinsam verbrachte schöne Zeit, die nicht mehr ausgelöscht werden kann. Diese Dankbarkeit würde ihm die Rückbesinnung auf eigene Quellen der Lebensfreude erleichtern. Er bliebe ungebrochen und in sich gefestigt, was ihm die Beziehungsfähigkeit als Option für eine neue Zweisamkeit erhielte.

Bei einem Interview, das ich einmal für den Norddeutschen Rundfunk gegeben habe, wurde ich gefragt, was ich als Psychotherapeutin jemandem sagen würde, der als Kind einen überaus strengen Vater gehabt hat. Ich erklärte, ich würde mich nicht sogleich auf das Vaterproblem stürzen. Mir wäre wichtig, zunächst die volle Bandbreite der Kindheitserinnerungen abzutasten. Dazu gehörten auch Überlegungen wie: »Was war gut in seiner Familie und in seinem Umfeld? Gab es vielleicht eine herzliche Mutter, einen geduldigen Opa, eine verständnisvolle Lehrerin, eine geschätzte Mitschülerin, einen kollegialen Lehrmeister? Und: Hatte sein Vater auch positive Seiten? War er tüchtig, hat er gebastelt, war er sportlich?« –

Ehe ich meinen Gedankengang weiterentwickeln konnte, wurde ich von heftigem Protest der Interviewerin unterbrochen. Das sei doch Verdrängung und Schönfärberei! »Verehrte Frau«, antwortete ich, »seien Sie mit Ihrem Urteil vorsichtig. Auch das Gute kann verdrängt werden! Es ist heutzutage geradezu verpönt, Gutes auch nur anzusehen. Schwarzfärberei ist modern! Man bekommt Applaus für die Behauptung, Musik soll irritieren und stören, wie sie jüngst ein moderner Komponist auf einem Festival in Wien öffentlich aufgestellt hat. Man bekommt einen Literaturnobelpreis (wie ebenfalls in Österreich geschehen) mit der Begründung, dass › man stets den Finger in die Wunden der Gesellschaft gelegt habe‹. Aber seien wir ehrlich, ist Irritation und Störung das, was wir brauchen? Wenn Sie eine Wunde hätten, wäre Ihnen damit gedient, dass ich meine Finger hineinbohre? Oder hätten Sie lieber einen schützenden Verband darum gewickelt? Zurück zu Ihrer Frage: Es ist legitim, jemanden, der ein unbewältigtes Vaterproblem mit sich herumschleppt, nach der Fülle seines Werdeganges zu fragen, denn die Wahrheit ist um vieles größer als ihre Ausschnitte, und der Prozess einer Menschwerdung hängt nicht nur vom Erziehungsstil eines Vaters ab. Worüber der Betreffende Grund zur Klage hat, hat er mir mitgeteilt. Nun will ich wissen, worüber er Grund hat, dankbar zu sein. Und wenn ich das gehört habe, dann werden wir eine Perspektive seinerseits ausarbeiten, mit der er sich innerlich versöhnlich vom Vater verabschieden kann, und die Altlast aus seiner Kindheit künftig aufwiegt mit den Gaben der Glücksfee, die ihn bis heute so manches Mal still und leise besucht, obwohl er sie kaum bemerkt.«

Nachstehend noch ein paar anregende Gedanken zum »Heilmittel« Dankbarkeit:

Was ist die Essenz der Dankbarkeit? Es ist die *Wertschätzung*. Man kann nicht dankbar sein, ohne zu wissen, wofür;

und das Wofür beschreibt einen Wert, wie zum Beispiel Gesundheit, Wohlstand oder Frieden. Das psychohygienisch Wichtige dabei ist nicht einfach das Vorliegen von Gesundheit, Wohlstand oder Frieden – was schon an sich herrlich ist! –, sondern die Tatsache, *dass man es schätzt.* Allzu häufig liegen nämlich glückliche Bedingungen vor und niemand schätzt sie. Sie werden irrtümlich als Selbstverständlichkeiten »konsumiert«. In Wirklichkeit ist aber nichts selbstverständlich, weder, dass wir morgens aufstehen können noch dass wir tagsüber ein Stück Brot zu essen haben noch dass wir im kalten Winter einheizen können. Wertschätzung schützt vor diesem Kardinalirrtum, der ein böses Aufwachen vorprogrammiert. In Ausnahmefällen ist es sogar möglich, die Kenntnis eines Unwertes zu schätzen, etwa, um davor gewarnt zu sein. Mir hat zum Beispiel ein Mann erzählt, dass er seiner hochgradig hysterischen Großmutter verdanke, dass er nicht in ihre Fußstapfen gestiegen sei. Er fühle sich gelegentlich verleitet, hysterisch überzureagieren, aber die Erinnerung an die schaurigen Auftritte der Großmutter kuriere ihn stets beizeiten. Das ist eine interessante Auslegung einer Kindheitserfahrung, von der der fiktive Klient mit dem Vaterproblem aus dem obigen NDR-Interview einiges lernen könnte!

Wann ist Dankbarkeit angesagt? Nun, zwei Zeitpunkte sind besonders dankbarkeitsträchtig. Erstens das Ende eines jeden Tages. Es gibt kein besseres »Schlafmittel«, als vor dem Einschlafen die kleinen Glanzlichter des vergangenen Tages nochmals rückblickend zu genießen. Woran man vor dem Einschlafen denkt, das brennt sich tief in die Seele ein. Jeder Tag, den wir erleben, ist einer von abgezählt vielen Tagen. Er kommt nie wieder. So soll denn das Beste dieses einmaligen Tages noch einmal bedacht und damit herausgehoben werden aus dem Gewöhnlichen, damit es nicht untergeht, damit es in der Seele weiterstrahlen kann. Zweitens ist Dankbarkeit angesagt bei allen Abschieden. Beim Abschied von *Schönem* federt der Dank für das Gewesene den Verlust ab, er wird zum »Preis« für das Schöne, das man hat erleben dürfen. Beim Abschied von *Hässlichem* federt der Dank für das Ende des Gewesenen den Protest ab und erlaubt die Regeneration im erleichterten Aufatmen. Prinzipiell kann ein Abschied nur im Guten gelingen oder er gelingt nicht, und dabei spielt die Dankbarkeit bzw. ihr Fehlen die entscheidende Rolle.

Was hat Dankbarkeit mit Aufmerksamkeit zu tun? Enorm viel. Es gibt die bereits angedeutete Grundtäuschung, der zufolge wir nicht bemerken, was in Ordnung ist und funktioniert. Unsere Aufmerksamkeit ist biologisch so konstruiert, dass sie nur auf Normabweichendes fällt. Niemand bemerkt, dass er *keine* Zahnschmerzen hat, *kein* Bauchweh und *keine* Rückenplage. Hätte er jedoch eines der genannten Übel, würde er es auf der Stelle registrieren. Das Schlechte, Schmerzende, Bedrohliche alarmiert sofort unsere Aufmerksamkeit, damit wir tunlichst etwas unternehmen, um ihm zu entrinnen. Solange hingegen alles unauffällig ist, schweift unsere Aufmerksamkeit zu anderen Inhalten ab. Dieser biologische Mechanismus ist durchaus überlebenspraktisch, aber realitätsfern. In Wirklichkeit ist schon simple Normalität ein riesiges Geschenk. So kommt es leider zu der Absurdität, dass wir meistens erst zu spät – mitunter erst in der Todesstunde! – bemerken, was wir an Positivem und Erfreulichem besessen haben. Es rechtzeitig zu würdigen und wertzuschätzen ist eine große Kunst: die Kunst der Dankbarkeit.

Bedenken wir: Ganze Sternformationen sind im Weltall entstanden und vergangen, damit die Materie geschaffen wurde, aus der wir gebaut sind. Millionen Vorfahren von uns haben gearbeitet und Kinder aufgezogen, damit wir geboren werden konnten. Eine grandiose Flora und Fauna hat sich in ihrer unübersehbaren Vielfalt vor uns ausgebreitet, damit wir sie zu unserem Wohle verwenden dürfen. Das ist ein unglaublicher Aufwand für unser bisschen Leben! Vergeuden wir es nicht mit Frust und Ärger, in Blindheit und Trägheit, sondern kosten wir jeden Augenblick davon intensiv aus und vergessen wir nie, zu staunen und zu danken.

Über Nacht,

über Nacht kommt Freud' und Leid,

und eh du's gedacht, verlassen

dich beid' und gehen dem Herrn

zu sagen, wie du sie getragen.

(3. Strophe eines von Hugo Wolf vertonten Liedes)

48. Woche

Traumaschatten

Eine junge Frau erklärte mir, sie sei völlig frigide und könne in der körperlichen Liebe zu ihrem zweiten Mann – mit dem sie eine sehr gute Ehe führte – nichts empfinden, weil ihr erster Mann sie brutal gequält und misshandelt habe. Sie befand sich in den Klauen ihrer eigenen Überzeugung, dass sie auf Grund ihres Traumas unfähig sei, einem Manne jemals wieder zu vertrauen und sich liebend an ihn hinzugeben. Mir oblag es, ihre Überzeugung ins Wanken zu bringen.

»Das Leid, das Sie erlebt haben«, begann ich, »ist kein zwingender Grund dafür, dass sie Ihren jetzigen Mann nicht lieben können. Denn zwischen Ihrem ersten und Ihrem zweiten Mann besteht kein Zusammenhang. Es sind unterschiedliche Menschen, die in unterschiedlichen Zeitphasen in Ihr Leben getreten sind, und auch Sie selbst befinden sich heute in einem anderen Reifestadium als während Ihrer ersten Ehe. In Wirklichkeit lieben Sie Ihren jetzigen Mann und möchten ihm Ihre Liebe auch zeigen, sonst wären Sie nicht Hilfe suchend zu mir gekommen. Es ist also nur eine schlechte Erfahrung, eine traurige Erinnerung, die Sie daran hindert, zu tun, was Sie möchten. Aber den Terror dieser unseligen Erinnerung sollten Sie sich nicht gefallen lassen. Eine schlechte Erfahrung soll nicht Ihren Lebensweg verbauen. Ich gebe Ihnen einen Tipp: Wenn sich diese Erinnerung wieder in Ihre Gedanken schleicht, dann sprechen Sie zu ihr. Sagen Sie ihr zum Beispiel: › Ach, du bist wieder da? Na, dich kenne ich schon zur Genüge! Aber du bist nicht mehr so interessant wie früher. Geh nur ruhig wieder dorthin, wo du hergekommen bist, nämlich in die vergangene Zeit, wo du hingehörst. Ich habe jetzt Besseres zu tun, als mich mit dir zu beschäftigen.‹ Wenn Sie so oder ähnlich denken, wird die Macht dieser alten Erinnerung schwinden und Ihre Liebesfähigkeit sich erholen, wovon Ihr Partner gewiss profitieren wird.«

»Ich kann doch nicht vergessen, was geschehen ist«, wandte meine Patientin ein. Sie hatte mich missverstanden. Es ging nicht um ein Vergessen von Gewesenem, sondern darum, ob dem Gewesenen erlaubt wurde, etwas Kostbares in der Gegenwart zu ruinieren. Und es ging um eine Frage der Ethik im weitesten Sinne. Denn womit hatte der zweite Ehemann dieser jungen Frau ihr Misstrauen, ihre Ablehnung verdient? Er war nicht schuld an ihrem Trauma. Er büßte sozusagen für das Vergehen eines anderen. Das warf einen Schatten auf die sonst gute Beziehung und wie sehr war doch der jungen Frau zu wünschen, nicht nochmals eine herbe Enttäuschung erleben zu müssen! Langsam fing sie an zu verstehen, was ich ihr riet.

Nachdem sie einige Fortschritte gemacht hatte, zeigte ich ihr, dass sie ihrer schlechten Erfahrung sogar etwas Positives abgewinnen konnte, weil sie dadurch in die Lage versetzt wurde, das Glück ihrer zweiten Ehe hoch zu bewerten, höher als ohne die alte »Kontrasterfahrung«. »Könnte Folgendes sein«, fragte ich sie, »könnte es sein, dass sie, *gerade weil* sie einst einen schmerzlichen Umgang von Menschen miteinander kennen gelernt haben, ermessen können, wie nett, zärtlich und tolerant Ihr jetziger Partner ist? Könnte es sein, dass Sie *gerade deswegen* eine dankbarere und liebevollere Ehefrau werden können als andere Frauen, die ihre Ehe leichtfertig mit sinnlosen Streitereien aufs Spiel setzen, weil sie nie erfahren haben, wie schrecklich eine brutale Zweierbeziehung ist?«

Im Endeffekt wandelte sich die Einstellung der Patientin von der Ursprungsposition: »Ich kann nicht mehr richtig lieben«, zu der unvergleichlich gesünderen Position: »Ich kann meinen jetzigen Mann besonders innig lieben, weil ich auch schon eine andere, düstere Version von Ehe kennen gelernt habe.« Wie erhofft ließ parallel zum Wandel ihrer Einstellung ihre psychische Verkrampfung nach. Sie überwand auch sexuell das Hemmnis und freute sich gemeinsam mit ihrem Mann über nachgeholte »Flitterwochen«, wie sie mir auf einer Ansichtskarte von ihrem nächsten Urlaubsort mitteilte.

Was im Leben schmerzt, ob seelisch oder körperlich, bedingt auch Aggression. Niemand ist gut gelaunt, wenn ihn etwas kränkt – krank macht im wahrsten Sinne des Wortes. Wohin also mit der Wut und der schlechten Laune? Nun, zweifellos ist jemand in der Nähe, an dem man sich abreagieren kann. Vor allem Nahestehende »stehen« im Allgemeinen »nahe« genug, um überschüssigen Ärger abzubekommen. Das ist auf menschlichem Niveau nicht nur ethisch fragwürdig – es erleichtert auch nicht wirklich. Jedes Leid, das weitergereicht wird, vermehrt das Leid in der Welt; und jede Leidvermehrung fließt zum Leidverursacher zurück, wenn nicht sofort, dann später.

Ein Tiger im Zirkus, der Zahnweh hat und deswegen seinen Dompteur beißt (welcher am Zahnweh des Tigers natürlich unschuldig ist), hat keine Einsicht in die ethische Fragwürdigkeit dessen, was er tut. Er reagiert blindlings, vom Schmerz getrieben. Ein Mann jedoch, der von seinem Vorgesetzten angeschnauzt wird, nach Hause kommt, an der Pforte seinen Hund tritt und im Wohnzimmer seine Frau anbrüllt, hat sehr wohl eine Einsicht in die ethische Fragwürdigkeit dessen, was er tut, und muss folglich dafür gerade stehen. Er kann sich nicht wie der Tiger auf »blinde Triebe« berufen, er ist dank seines Menschseins ein »Sehender« und was er sieht, ist, dass sein Verhalten nicht in Ordnung ist. Die Schimpftirade seitens seines Vorgesetzten mag für ihn schwer zu tragen sein, aber der Hund und die Frau sind daran unbeteiligt und wenn er ihnen Schmerz zufügt, nur weil er selber Schmerz empfangen hat, potenziert sich der Schmerz, statt dass er besänftigt wird – auch *sein* Schmerz, denn dieser überhöht sich noch mit Schuld.

Was könnte eine Alternative – nicht für den Tiger, aber für den Mann in unserem Beispiel – sein? Er könnte heimgehen, Hund und Frau schonen und den Ärger »in sich hineinfressen«, salopp ausgedrückt. Die Psychologen und Ärzte halten davon nicht viel und dies zu Recht. Denn der hinuntergeschluckte Ärger ist ab einer gewissen Intensität »unverdaulich« und belastet den Organismus derart, dass Magengeschwüre noch ein mildes Ergebnis sind. Das ist auch der Grund, warum Psychologen und Ärzte manchmal *doch* die erstgenannte Alternative empfehlen, allerdings unter Umleitung der Aggression gegen »harmlose Objekte«. Sie meinen, statt Hund und Frau tut es ein an die Wand geknalltes Kissen auch. Und das wiederum meinen sie zu Unrecht, denn genau genommen ist auch das Kissen der falsche Adressat des Ärgers und niemand möge mir erzählen, dass sich eine erlittene Demütigung dadurch aus der Welt schaffen lässt, dass man eine Kissenschlacht veranstaltet.

Aus der Sicht Frankls ist etwas anderes vonnöten: Aggressionen dürfen nicht in die falsche Richtung gelenkt werden, weder gegen Unschuldige noch gegen sich selbst. Stattdessen sollen sie aufgehen und sich auflösen in einer geistig-würdigen Auseinandersetzung mit dem Leidverursacher persönlich, so es ihn gibt, oder mit dem namenlosen Schicksal, das über einen hereingebrochen ist. Geduldige Ausräumung von Konflikten, konstruktive Kompromisssuche, gnädige Versöhnungsbereitschaft oder heldenhafte Akzeptanz des Unabänderlichen können glorreiche Ergebnisse eines solchen geistigen Prozesses sein. Wie auch immer, Aggressionen sind grandiose Kräfte, sofern sie verwandelt werden in innere Stärke und Souveränität.

Die junge Frau, von der ich vorhin berichtet habe, hat ihre Frustrationen und Aggressionen über die erlittenen Misshandlungen ursprünglich in die falsche Richtung gelenkt. Ihre Unnahbarkeit gegenüber dem zweiten Partner war sowohl Ausdruck einer gewissen Autoaggressivität (sie »bestrafte« sich selbst damit) als auch eine Form von Übertragung einer berechtigten Abwehr von Person A auf eine Person B, die ihre Abwehr nicht verdiente. Freilich ist ihr dies nicht bewusst gewesen. Sie hat einfach weitergelitten und ihr Partner hat hilflos mitgelitten. Im Erkennen dieser Zusammenhänge deponierte sie schließlich ihren Groll am richtigen »Ort« und in der richtigen »Zeit« und befreite damit sich und ihren gegenwärtigen Partner zur Erfüllung des Augenblicks.

Es bleibt die Restfrage offen, ob und wie sie nun auch noch ihren Groll am richtigen »Ort« und in der richtigen »Zeit« nachträglich entsorgen konnte? Wie stellt sich jemand wie sie zu seinem Misshandler ein? Engel haben es leicht. Engel können verzeihen. Wir Menschen haben es diesbezüglich schwerer. Und doch können wir zumindest dahin gelangen, auf alles Richten, Urteilen und Verurteilen zu verzichten und einen, der uns »geschändet« hat, in seiner eigenen »Schande« ruhen zu lassen. »Jede Tat ist ihr eigenes Denkmal«, hat der Holocaust-Überlebende Viktor E. Frankl geschrieben. Wenn jemand wie diese junge Frau begreift, dass sich ihr Misshandler mit seinen Taten sein eigenes Denkmal gesetzt hat, ein Denkmal, das nie mehr aus der Wahrheit entschwindet, dann braucht sie dem nichts mehr hinzuzufügen, keinen Groll, keinen Hass, dann kann sie ihr Leben von ihm abkoppeln und an ihrem eigenen Denkmal arbeiten.

Man bedenke: Sollte am Ende unseres Lebens etwas Geltung haben, dann werden es nicht die fremden Taten sein, sondern nur – unsere eigenen.

Wenn ich
meinen Nächsten verurteile,
kann ich mich irren;
wenn ich ihm verzeihe, nie.

(Heinrich Waggerl)

49. Woche

Vergebung

Es geschah, als ich etwa sieben Jahre alt war. Ich wohnte damals mit meinen Eltern in einer kleinen Wohnung nahe dem Park Schönbrunn in Wien. An einem schönen Sommernachmittag erlaubte mir meine Mutter, in den Park zum Ballspielen zu gehen. Sie band mir ihre Uhr ums Handgelenk und ermahnte mich, pünktlich um 18 Uhr abends wieder zu Hause zu sein. Für mich, damals ein folgsames Mädchen, war das kein Problem. Aber gegen 16 Uhr blieb die Uhr stehen und dass ein solches Wunderding kaputtgehen könnte, lag jenseits meines Horizonts. Nichtsahnend tollte ich herum, und da die Zeiger der Uhr nicht auf 18 Uhr zurückten, ging ich auch nicht nach Hause. Schließlich dämmerte es, was mir sonderbar vorkam, und so kehrte ich heim. Ähnlich sonderbar schien es mir, dass mein Vater die Tür öffnete, der sonst nie vor 20 Uhr abends zu Hause war. Kaum, dass er mich sah, hagelte es Ohrfeigen. Das war für mich das Sonderbarste, denn ich verstand nicht, was los war. Meine Mutter murmelte, dass es jetzt für das Abendessen zu spät sei, und schickte mich ins Bett. Selbst bei diesem deutlichen Hinweis fand ich keine Erklärung für die merkwürdigen Vorgänge. Ich wusch mich, legte Mutters Uhr ab und kroch unter die Decke.

Plötzlich flammte im Schlafzimmer das Licht auf und meine Eltern kamen an mein Bett. Sie knieten nieder und *entschuldigten sich*. Offenbar hatten sie die stehen gebliebene Uhr entdeckt und in einen logischen Zusammenhang mit meiner Unpünktlichkeit gebracht. Meine Mutter holte eine aufgewärmte Suppe herbei. Mein Vater gestand, die Beherrschung verloren zu haben. Aus lauter Liebe und Sorge um mich, wie er betonte. Er habe sich fürchterlich aufgeregt, weil ich so lange verschwunden gewesen war, und habe schon Polizeihunde anfordern wollen. Nie werde ich diese Nachtstunde vergessen: Ich amüsierte mich königlich! Die Situation übertraf meine kühnsten Träume! Im Bett noch Suppe löffeln zu dürfen und Vater auf den Knien vor mir ... Es war wie Geburtstag und Weihnachten zugleich!

Heute ist mir klar: Es war eine meiner wertvollsten Erfahrungen. Denn damals haben mich meine Eltern gelehrt, dass alles, und zwar wirklich alles, was in unserer Schwachheit schiefläuft, wieder ausgebügelt werden kann. Es braucht nur die Reue, auf die Knie zu sinken, und die innere Größe, der Wahrheit das Wort zu geben. Dann ... tritt die Gnade hinzu.

Bis heute fällt es mir nicht schwer, ein Versagen zuzugeben und mich bei jemandem zu entschuldigen. Die »Gnade« wirkt immer noch nach.

Wir haben bereits gehört, dass zwei exquisite »Heilmittel der Seele« in psychologischen Fachkreisen lange Zeit vernachlässigt worden sind, nämlich die Dankbarkeit und die Vergebung. Dabei haben beide befreiende Kräfte. Die Dankbarkeit befreit vom Klammern und vom gierigen Begehren zum glückenden Loslassen-Können. Die Vergebung befreit vom Gerechtigkeitsfimmel und von Rachegelüsten zur Auferstehung der Barmherzigkeit. Vor allem aber befreien beide von jedem klagend-kläglichen Nachtragen. Wie heißt es doch bei Hermann Hesse so poetisch: »Jedem Anfang wohnt ein Zauber inne!« Dankbare und vergebungswillige Menschen schöpfen beschwingt aus der Faszination dieses Immer-wieder-neu-anfangen-Könnens. Menschen, die nicht dazu bereit sind, schleichen indes gebückt durchs Leben, klirrende Beinfesseln hinter sich herziehend. Gutes, das sie nicht loslassen, und Schlechtes, dem sie rückwärts gewandt nachhängen, bilden die ehernen Gewichte, die ihre Schritte lähmen. Sie treten auf der Stelle, was sie verhärtet und deprimiert.

Je starrer die Verhärtung und je eisiger die Verbitterung eines nicht vergebungswilligen Menschen ist, desto weniger erweist er sich als argumentativ zugänglich. Man kann ihn praktisch kaum zur Milde und Güte überreden. Was es dennoch in seine Vorstellung rückt, eine alte Fehde zu begraben, ist einzig eine offene und ehrliche Entschuldigung seines Schuldigers ohne Ausreden.

Wir alle wissen, um wie viel leichter es ist, zu vergeben, wenn man zuvor eine ernst gemeinte Entschuldigung zu hören bekommen hat. Jedes Eingeständnis eines Fehlers lockert die Verbissenheit auf der Gegenseite. Damit will ich nicht sagen, dass Vergebung kein selbstständiger Akt wäre, der nicht *auch* allein aus der Liebe heraus geschehen könnte. Er ist es. Aber die einseitige Vergebung eines »Feindes« ohne dessen Eingeständnis seiner getätigten Feindseligkeiten gleicht einem Höchstleistungsakt knapp an der Grenze des Menschenmöglichen und dergleichen gelingt uns selten.

Deshalb ist es im zwischenmenschlichen Miteinander wichtig und nötig, dass der Mut aufgebracht wird, sich zu entschuldigen. Er hilft den »Opfern«, ihren Groll ohne geistige Akrobatik loszuwerden und vom klagend-kläglichen Nachtragen befreit durchs Leben zu wandeln. Und er hilft den »Tätern«, mit ihrem *Bekenntnis* ein Stück *Erkenntnis* zu gewinnen – und Erkenntnis macht bekanntlich weise!

Nachstehend noch ein paar anregende Gedanken zum »Heilmittel« Vergebung:

Was ist die Essenz der Vergebung? Es ist wie bei der Dankbarkeit die *Wertschätzung.* Diesmal allerdings die Wertschätzung einer Person trotz ihrer menschlichen Schwächen und Unzulänglichkeiten. Die Person wird sozusagen nicht gemeinsam mit ihrem Verhalten verworfen. Ihr negatives Verhalten wird abgelehnt und darf es auch werden, aber die Würde der Person, die sich negativ verhalten hat, bleibt unangetastet. Es ist ein Nein zu sämtlichen Feindbildern und Ausgrenzungen von »Feinden«. Damit verbunden ist die Einsicht, dass wir keinen echten Grund zum Hassen haben, weil niemand ein reiner Teufel ist. Ein Lichtschimmer durchglüht jede Seele, eine Ursehnsucht nach Idealen wohnt in jeder Brust. Leider geschieht selbst im Namen jener Ideale manch Böses, aber irren ist eben menschlich. So wie niemand ein reiner Teufel ist, ist auch niemand ein reiner Engel – uns eingeschlossen. Die Vergebung dockt also am verborgenen Lichtschimmer des Schuldigers an, an den sie ungebrochen glaubt. Auf diese Weise erlöst sie denjenigen, der seinen Schuldigern vergibt, von seinem eigenen Schuldproblem. Aus der Barmherzigkeit anderen gegenüber leitet dieser die kühne Hoffnung ab, dass auch ihm einmal Barmherzigkeit zuteil werden wird. Hüben oder »drüben«.

Wann ist Vergebung angesagt? Nun dann, wenn sie sinnvoll ist, und sinnvoll ist, was allen Beteiligten gut tut. Eine nicht sinnvolle Vergebung wäre es, um ein krasses Beispiel zu nennen, wenn eine Mutter dulden würde, dass ihre Tochter

vom Vater missbraucht wird, und dem Vater vergeben würde. Eine solche Vergebung wäre deshalb nicht sinnvoll, weil
sie Schaden für alle Beteiligten stiften würde. Der Schaden,
den die Tochter erleiden würde, ist evident. Aber auch der
Vater würde in seinem Fehlverhalten nicht gebremst, was ihn
noch tiefer in seine Schuld hineinreißen würde. Und die Mutter würde sich eine gehörige Portion Mitschuld aufladen. Im
Endeffekt wären drei Menschen in Leid und Schuld verstrickt
– angesichts der unkorrigierbaren Vergangenheit unentrinn-
bar! Vergebung ist somit kein Ersatz für die aktive Verhinde-
rung von Missständen, wo nur eine solche möglich ist. Ihre
Heilkraft entfaltet sie erst in dem Augenblick, da Unabänderliches danach ruft, überwunden zu werden – in einem Gna-
denakt, der Opfer und Täter voneinander losbindet und beide
an eine bessere Zukunft anheimgibt.

Was hat Vergebung mit Einfühlungsvermögen zu tun?
Enorm viel. Nehmen wir an, ein Ehemann kommt abends
müde nach Hause. Er isst schweigend sein Abendbrot und
hockt sich zum inneren Abschalten vor den Fernseher. Seine
Frau hat auch einen arbeitsreichen Tag hinter sich und hätte
sich gewünscht, mit ihrem Partner einiges besprechen zu
können. Ferner hätte sie sich ein paar Zärtlichkeiten gewünscht oder zumindest eine Nachfrage nach ihrem Befinden. Sie schmollt. Ein gutes Einfühlungsvermögen würde ihr
dennoch erlauben, Nachsicht mit ihrem erschöpften Mann
walten zu lassen und Gespräche und Zärtlichkeiten auf das
Wochenende zu verschieben. Immerhin: Er kommt nach
Hause und versumpft nicht in einer Bar. Immerhin: Er hat
sich einen Tag lang abgerackert, um Geld für die Familie zu
verdienen. Und: Er ist nicht besonders robust und der Kon-
kurrenzdruck im täglichen Berufsstress ist hart. Irgendwann
muss er sich regenerieren und das kann er die Woche über
nur abends ... Schon ist die drohende Wolke eines heftigen
Streits am Ehehimmel vorübergezogen. Die vermeintliche
Lieblosigkeit des Ehemannes ist vergeben.

Ich weinte,
weil ich keine Schuhe hatte,
bis ich einen Mann traf,
welcher keine Füße hatte.

(Helen Keller)

50. Woche

Wendung zum Guten

Ich hatte einmal mit einem Mann zu tun, dessen wesentlich jüngere Frau ihn von einem Tag zum anderen mitsamt ihrem Kleinkind verlassen hatte und trotz seiner inständigen Bitten nicht zu ihm zurückkehrte. Sie ließ ihn wissen, er sei ihr zu alt und sie wolle die Scheidung. Der Mann war wie gebrochen, er bekam Atem- und Kreislaufbeschwerden und meinte, über den Verlust von Frau und Kind nicht hinwegzukommen. Die Familie war sein wichtigster Lebensinhalt gewesen; er konnte an nichts anderes mehr denken als an sie.

Wir überlegten gemeinsam, ob er seiner Frau noch irgendein Angebot für eine Erneuerung und Fortsetzung der Partnerschaft machen konnte, doch erfuhren wir bald, dass seine Frau definitiv mit ihm abgeschlossen hatte. Es galt, den Tatsachen ins Auge zu blicken und ihnen, wenn möglich, in Form einer sinnvollen »Antwort« eine Wendung zum Guten zu geben.

Fragen wir: Hatte dieser Mann überhaupt eine Wahl? Konnte er eine bestimmte Antwort wählen? Gewiss konnte er dies, wenngleich er nichts tun konnte, um seine Frau zurückzugewinnen. Wie er jedoch auf ihre Entscheidung reagierte, war Seines. Ich eröffnete ihm eine imaginäre Wahl, indem ich sagte: »Wenn zwei Menschen einander versprechen, in allen Lagen des Lebens zusammenzuhalten, und wenn einer dieses Versprechen bricht und den anderen allein lässt, dann ist derjenige, der weggeht, vermutlich wohlgemut, sonst würde er ja nicht gehen, und derjenige, der zurückbleibt, ist eher konsterniert, weil er ja gar keine Trennung will. Aber derjenige, der weggeht, trägt auch die Schuld an dem Ende der Partnerschaft, während derjenige, der zurückbleibt, ein reines Gewissen haben darf. Er mag zwar Fehler in der Beziehung begangen haben, doch wenn er bereit war, an ihnen zu arbeiten – so wie Sie –, hat er alles in seiner Macht Stehende getan, um die Partnerschaft zu retten. Reduzieren wir also beide Seiten auf vereinfachte Kurzformeln, dann lauten sie: Hier › Wehmut, aber das Bewusstsein, richtig gehandelt zu haben‹, und dort › Munterkeit, die mit einer Schuld erkauft ist‹. Nun frage ich Sie: was hätten Sie gewählt, wenn Sie zwischen diesen beiden Alternativen hätten wählen müssen, welchen Teil hätten Sie übernehmen wollen?«

Nach einer Pause wählte der Mann seufzend seine eigene Rolle, die er bei dem Drama gespielt hatte, nämlich die Rolle des Zurückbleibenden. Er setzte spontan hinzu, dass, wenn einer von ihnen beiden schon leiden müsse, er einverstanden sei, derjenige zu sein, der unglücklich war. Auch könne er es als Preis dafür ansehen, trotz allem am gegebenen Versprechen festgehalten zu haben. Das war der Beginn einer tapferen Akzeptanz seiner unfreiwilligen »Single-Situation« und bewies überdies die große Liebe zu seiner Frau, der er trotz ihres abweisenden Benehmens kein Leid wünschte. Ich konnte ihm zu seiner »Antwort auf das Schicksal« nur gratulieren.

Eine Wendung zum Guten herbeizuführen, ist eine Kunst, in der man sich nicht früh genug einüben kann. Es ist die Kunst, aus Gegebenheiten, an denen nichts zu ändern ist, das Beste zu machen. Berühmt geworden sind etliche Menschen, die Grandioses und unglaublich Sinnvolles aus einer Not heraus schufen, wie etwa die amerikanische Schriftstellerin Helen Keller, die seit ihrem zweiten Lebensjahr blind und taub war und dennoch ihren reichen Wirkungskreis bis auf Hochschulniveau auszudehnen vermocht hat, oder die Schwedin Elsa Brandström, die aus den Schrecknissen des ersten Weltkrieges ein Dokument echten Samaritertums in Sibirien hat entstehen lassen. Das sind zwei Beispiele, aber in Wirklichkeit gibt es unzählige Menschen, die auf dem eng begrenzten Platz, auf dem sich ihr Dasein vollzieht, Tag für Tag Zeugnis ablegen dafür, dass der Mensch fähig ist, auch unter den schlimmsten Bedingungen »sein Leiden in eine menschliche Leistung zu verwandeln« (Frankl), indem er sein Leiden mit einem Sinn verknüpft und solcherart selbst Trost findet; ja, dass gerade solche Menschen oft mehr noch als andere imstande sind, Trost auszustrahlen auf ihre Mitwelt.

Bringen wir das Gesagte in einer Grafik auf einen gemeinsamen Nenner:

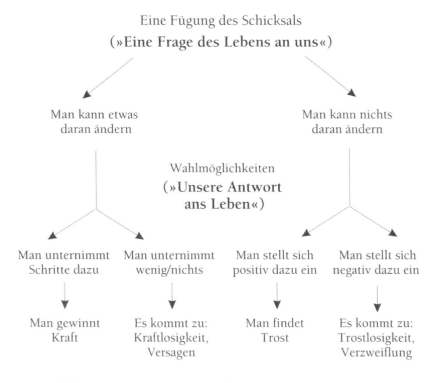

Eine Fügung des Schicksals
(»Eine Frage des Lebens an uns«)

Man kann etwas
daran ändern

Man kann nichts
daran ändern

Wahlmöglichkeiten
**(»Unsere Antwort
ans Leben«)**

Man unternimmt
Schritte dazu

Man unternimmt
wenig/nichts

Man stellt sich
positiv dazu ein

Man stellt sich
negativ dazu ein

Man gewinnt
Kraft

Es kommt zu:
Kraftlosigkeit,
Versagen

Man findet
Trost

Es kommt zu:
Trostlosigkeit,
Verzweiflung

Fazit: Es ist auf jeden Fall opportun, sich mit dem Schicksal fruchtbringend auseinanderzusetzen, es mutig gestaltend oder es weise annehmend. Für beides benötigt man jene innere Stärke, die Viktor E. Frankl die »Trotzmacht des Geistes« genannt hat. In Ausnahmefällen ist sie selbst dann noch zu mobilisieren, wenn unsere körperlichen und psychischen Reserven aufgezehrt sind, aber leichter schwingen wir uns natürlich zu ihr auf, wenn wir insgesamt fit sind. Umgekehrt aber lockt auch die stabilste psychophysische Gesundheit noch keine »Trotzmacht des Geistes« hervor, solange Wertesensibilität, Sinnorientierung und Liebe fehlen. Das heißt: Fitness- und Wellness-Programme, wie sie heute modern sind, brauchen eine spirituelle Ergänzung, etwa in Form von Einkehr- und Besinnungstagen oder »Weiterbildung in Herzensbildung«, um den Anforderungen unserer hektischen Zeit mit ihren vielschichtigen Unsicherheiten gewachsen zu sein.

Auch Humor (trotzdem lachen!), Vergebung (trotzdem verzeihen!) und Dankbarkeit (trotzdem zufrieden sein!) sind Elemente der »Trotzmacht des Geistes«, die regelmäßig aufgefrischt werden sollten. Sind diese drei doch unverzichtbare Helfer in einer Gesellschaft, in der die *Angst*, speziell vor irrationaler Bedrohung, boomt, der *Hass*, speziell in Form irrationaler Verteufelung, grassiert und die *Ansprüche*, speziell in irrationaler Überheblichkeit, explodieren. Aber: Der Humor hebt die Angst aus den Angeln. Die Vergebung erstickt den Hass im Keim. Die Dankbarkeit dämpft die Ansprüche herunter. Das heißt, die drei »Trotzkräfte« sind Korrekturelemente für eine verzerrte Optik, die ansonsten leicht tödlich enden kann. Die drei schaffen gerade noch – die Wendung zum Guten.

Niemand
außer dir kann dich glücklich
oder unglücklich machen.

(Martin Opitz)

51. Woche

Lebensrückblick

In der Zeitschrift »Psychologie heute«, Ausgabe vom Juli 2005, stand ein Artikel mit der Überschrift »Im Angesicht des Endes«. Darin wurde über Studien von Rainer Obliers und Karl Köhle von der Universität Köln berichtet. Die beiden Professoren haben in der Palliativklinik der Mildred-Scheel-Akademie unheilbar kranke Menschen darüber befragt, was für sie im gegenwärtigen Stadium und angesichts des bevorstehenden Todes noch von Bedeutung sei. Anhand des gesammelten Antwortmaterials teilten sie die Befragten in sechs Gruppen ein, von denen nur eine einzige als »seelisch ausgeglichen, gefasst und in sich ruhend« bezeichnet werden konnte. Es war die Gruppe derjenigen Personen, die ihren *Lebensrückblick als Ressource* nutzten.

Hier eine Kurzübersicht über die sechs eruierten Gruppen nach Obliers und Köhle:

Lebensrückblick als Ressource

Die Patienten dieser Gruppe konnten auf ein erfülltes Leben zurückblicken und erzählten gern aus ihrer Lebensgeschichte. Das Erinnern einzelner Ereignisse aktivierte und erfreute sie. Sie beschäftigten sich wenig mit ihren Symptomen und Diagnosen und konzentrierten sich vielmehr auf ihre Beziehungen zu ihren Mitmenschen.

Der Tod kommt zu früh

Die Patienten dieser Gruppe haderten damit, dass sie in ihren Lebenszielen und -wünschen abrupt beschnitten worden waren. Es gelang kein schlüssiges Fazit ihres Lebens. Ihr Blick richtete sich auf die Schrecken der Gegenwart. Die meisten von ihnen suchten Trost in der Religion in der Hoffnung auf eine Art von »Fortexistenz«.

Schmerz als zentrales Thema

Die Patienten dieser Gruppe kreisten um ihre aktuellen körperlichen Leiden und verfolgten ihre medizinische Behandlung mit Argusaugen, immer auf der Suche nach Linderung ihrer Schmerzen und diverser Unbequemlichkeiten. Sie nörgelten an allem herum und waren pflegerisch kaum zufrieden zu stellen.

Kämpfen

Die Patienten dieser Gruppe glaubten unbeirrt daran, ihre Krankheit mithilfe der Medizin doch noch besiegen zu können. Demzufolge schmiedeten sie als einzige Gruppe Zukunftspläne und wirkten vom drohenden Tod kaum beeinträchtigt. Allerdings verrannten sie sich in Illusionen, die sich jederzeit auflösen konnten.

Enttäuschung

Die Patienten dieser Gruppe schauten mit wenig Genugtuung auf ihr Leben zurück. Die Erfahrungen, die sie mit anderen Menschen gemacht hatten, wurden von ihnen als eher entmutigend eingestuft. Sie litten unter Depressionen, Grübelattacken, Angst und Scham. Es ging ihnen physisch und psychisch schlecht.

Nur krank

Die Patienten dieser Gruppe füllten ihr gesamtes gegenwärtiges Dasein mit ihrer Krankheit aus. Inhalte und Erlebnisse aus der Zeit jenseits ihrer Krankheit waren für sie nicht mehr erreichbar. Selbst ihre Erinnerung war voll von medizinischen Maßnahmen, die zu weiteren medizinischen Maßnahmen geführt hatten.

Aus den Ergebnissen dieser Studie ist der Schluss zu ziehen, dass es für den späteren Alterungs- und Sterbeprozess wichtig ist, sich beizeiten einen Lebensrückblick anzueignen, der als Ressource dienen kann. In diesem Zusammenhang fallen mir die Aussagen zweier prominenter Personen ein, die im Jahr 2005 Fernsehinterviews gegeben haben. Der Sänger und Schauspieler Dietrich Fischer-Dieskau wurde bei den Salzburger Festspielen gefragt, ob er gerne an seine großartigen und langjährigen Bühnenauftritte zurückdenke. »Nein«, antwortete er melancholisch. »Es war so vieles, und alles ist vorbei ...« Sean Connery alias »James Bond« wurde anlässlich seines 75. Geburtstages gefragt, ob er gerne an seine atemberaubende Filmkarriere zurückdenke. »Nein«, antwortete er. »Man müsste im Alter von 40 Jahren stehen bleiben können ...«

Als Psychotherapeutin habe ich beide Antworten mit Bedauern registriert. Millionen Menschen haben nicht so viel Anerkennung und Würdigung ihres Lebenswerkes erhalten wie diese beiden berühmten Männer, von deren Popularität, Reiseerlebnissen, materiellen Gütern und sonstigen Star-Vergünstigungen ganz zu schweigen. Und trotzdem verbinden beide ihren Lebensrückblick mit dem Schmerz der Vergänglichkeit, statt mit der Seligkeit, begnadet gewesen zu sein wie nur wenige ihrer Zeitgenossen. Aus welcher Ressource werden sie schöpfen, wenn es einmal auf das Ende zugeht?

Wer seine Lebensgeschichte als sich zugehörig bejaht, besitzt ein Schatzkästchen von unvergleichlichem Wert. Sobald er es öffnet, sieht er etwas, das es in unserer Welt nicht gibt, nämlich *Bleibendes*. In unserer Welt »fließt alles«, was bereits die griechischen Philosophen der Antike wussten, und es fließt auch »weg«. Wohin fließt es? In die Vergangenheit. Dort hört das Fließen und Wegfließen dann auf. Denn dort bleibt alles unaufhebbar und unvernichtbar in der geschichtlichen Wahrheit. Was gewesen ist, ist ein für alle Mal, für ewige Zeiten gewesen. »Gewesen-Sein« ist die sicherste Form von Sein, wie Viktor E. Frankl uns dargelegt hat.

Was kann man nun mit seinem Schatzkästchen anfangen? Hier eine kleine Auswahl an Tipps:

❊ Dem Bleiben in der äußeren Geschichte steht das Verändern in der inneren Geschichte gegenüber. Menschen können aus dem Gewesenen lernen, Menschen können Fehler bereuen, Gekralltes loslassen, Geschenktes bedanken, Geglücktes segnen usw. Der Blick in das Schatzkästchen gewährt klare Informationen, in welche Richtung wir uns *jetzt* entwickeln sollten.

❊ Es ist eine fromme Lüge, dass wir die dunklen Schätze aus unserer Schatztruhe psychologisch »aufarbeiten« könnten, auf dass sie hellfarben würden. Sie bleiben dunkel. Aber sie verleihen uns eine Erfahrungskompetenz, die in keiner Schule zu erwerben ist. Wer geschieden ist, kann Menschen in Trennungssituationen verstehen. Wer sein Geld verspielt hat, kennt die Sirenenrufe der Casinos, usw. Paart sich eine solche Erfahrungskompetenz mit einer Fachkompetenz, entstehen »Profis« von erstem Rang.

❊ Die Schatztruhe enthält geistige Zufluchtsorte, die helfen, einem posttraumatischen Psychosyndrom zu entrinnen. Wenn einen alte »Gespenster« (Assoziationen zu Schockerlebnissen) überfallen, kann man sich blitzschnell imaginativ an einen Erinnerungsort begeben, den man wirklich kennt und an dem man sich einmal wohl und im Gleichklang mit sich und der Welt gefühlt hat. Der darin Geübte wird bald von keinem »Gespenst« mehr heimgesucht werden, weil er sozusagen das Gegengift in der Tasche trägt.

❇ In jedem Leben gibt es u. a. das »Eine, das man nicht haben kann«, so gerne man es hätte. Der Partner, der nicht treu ist, das Kind, das nicht empfangen wird, die Beförderung, die nie passiert, der Berufswechsel, der zu risikoreich wäre, sind nur einige Beispiele. Um damit zurechtzukommen, braucht man bloß in das Schatzkästchen zu greifen und die strahlendsten Schätze herauszuziehen, die man darin findet, um sie auf eine Waagschale zu legen. Auf der Gegenseite deponiert man das »Eine, das man nicht haben kann« und siehe da: es ist aufzuwiegen! Welch ein Aha-Erlebnis!

❇ Manchmal steht das Leben still. Es geht irgendwie nicht weiter. Menschen haben sich wie im Nebel verirrt. Sie sehen keinen Sinn mehr und das ist schlimm. Aber auch im Nebel ist ihr Schatzkästchen bei ihnen. Die Vergangenheit verschwindet nicht und sie ist voller »Sinnspuren«. Man muss nur darin kramen, um vielleicht lange verschüttete »Sinnspuren« wieder zu entdecken. Der eine hat einst leidenschaftlich gekocht. Der andere hat Fahrradtouren geliebt ... Also, auf geht's! Mit Kochlöffel oder Gangschaltung raus aus dem Nebel!

Es lohnt sich, den Lebensrückblick als Ressource zu etablieren, und dies nicht erst knapp vor dem Tod.

Mit dem Licht

des ersten Tages ist das Jahr

so unbefleckt, bis es sich verbraucht,

als altes in der Ewigkeit versteckt.

(Kalenderspruch)

52. Woche

Memoiren

Im Jahr 2005 wurde in Österreich des denkwürdigen Jahres 1945 vor 60 Jahren gedacht. Es fanden Feiern zum Kriegsende statt, aber der Generation, die das Kriegsende miterlebt hatte, war nicht zum Feiern zumute. Österreich ist 1945 ein geschlagenes und zerschlagenes Land gewesen und am meisten haben – wie immer – die Schwächsten und Ärmsten, die Kranken, Mütter und Kinder, unter den chaotischen Verhältnissen gedarbt.

Unter den Gedenkveranstaltungen im Jahr 2005 war eine, die psychologisch bemerkenswert ist. Das Institut für Geschichtsforschung von der Universität Wien hat ältere Bürger der Stadt eingeladen, ihre Kriegs- und Nachkriegsmemoiren niederzuschreiben und an das Institut einzureichen. Aus dem erhaltenen Material wollte man herausfiltern, wie es der Zivilbevölkerung zwischen 1939 und 1949 ergangen ist, und zwar insbesondere, wie die einfachen Menschen, die weder in der Politik noch in Führungsgremien tätig gewesen sind, sondern ganz simpel ihr Leben zu bewältigen hatten, diese Dekade erlebt haben. Welche Strategien haben sie damals entwickelt, um ihre Dauerbefürchtungen in Schach zu halten, an welche Ideale haben sie sich noch geklammert und welche Denk- oder Umdenkprozesse sind bei ihnen in Gang gekommen?

Das Institut erhielt viele Zuschriften und es dauerte Monate, sie zu sichten und nach Schwerpunktthemen zu sortieren. Menschlich berührende Storys waren darunter, aber auch heftige Anklagen und bittere Berichte über verdorbene Jugendzeiten und versäumte Bildungschancen. Eine Generation meldete sich zu Wort, die in der Armut der Dreißigerjahre geboren und in den Gräueln der Vierzigerjahre erwachsen geworden ist und die in den darauf folgenden Fünfzigerjahren den akrobatischen Akt zustande bringen hat müssen, wieder zu glauben, zu hoffen und zu lieben.

Das Bemerkenswerteste am Projekt des Instituts für Geschichtsforschung aber war folgender Sachverhalt: Über 80 Prozent der Personen, die Texte einschickten, bedankten sich gleichzeitig für diese Initiative, weil ihnen *das Niederschreiben ihrer Erlebnisse*, wie sie übereinstimmend beteuerten, ungemein viel Befreiung und Besänftigung gebracht habe (ohne dass sie dafür finanziell honoriert worden wären). Die Professoren und Studenten, die das eingesandte Material bearbeiteten, staunten über diesen unerwarteten Nebeneffekt. Sie hatten gemeint, sie müssten sich für die Kooperationsbereitschaft der alten Leute, die ihre Memoiren vorwiegend noch mit der Hand geschrieben hatten, teilweise in zittriger Schrift, aber dafür in großer Ehrlichkeit und Ausführlichkeit, irgendwie erkenntlich zeigen, wofür das Institut keinen Fundus hat. Doch es war umgekehrt. Niemand wollte etwas dafür. Die Schreiber und Schreiberinnen fühlten sich reich belohnt. Das entsetzlichste Kapitel aus ihrer Lebensgeschichte war auf einmal in ihr Leben integriert, durfte dazugehören, ja, imponierte als »dunkler Schatz« in der Schatztruhe ihrer Vergangenheit, an dem sogar noch Interesse bestand seitens einer Generation jenseits der Jahrtausendwende.

Wer schreiben kann, der schreibe! Das Niederschreiben von Texten ist das Pendant zum Lesen, wie das Musizieren das Pendant ist zum Musikhören und das Malen das Pendant ist zur Bildbetrachtung. In einer Konsumgesellschaft wie der Unsrigen werden passiv-konsumatorische Vergnügungen bevorzugt angepriesen und sie haben durchaus ihren Platz, um dem »Zeit-ist-Geld-Druck«, dem viele von uns ausgesetzt sind, Paroli zu bieten. Nur haben sie einen Nachteil. Eine Reihe von Fähigkeiten wie Geschicklichkeit, Konzentration, Gedächtnis, Ausdauer, Fleiß, Frustrationstoleranz oder Kreativität werden nicht gefordert. Das Zuhören und Zusehen, das heute via Fernsehen die Hauptfreizeitgestaltung (plus Hauptinformationsquelle und Hauptentspannungsform) aller Völker rund um den Globus darstellt, fordert zum Beispiel nur minimale Fähigkeiten ein. Man muss weder mitdenken noch intellektuell mitkommen; man kann sich berieseln, sich einlullen lassen, man kann dabei innerlich wegtreten und sich mit etwas anderem beschäftigen oder einfach auch einschlafen. Das Fernsehprogramm spult sich mit und ohne seelische Beteiligung seiner Konsumenten ab, solange der Kasten eingeschaltet ist. Analoges gilt für Radio- und Musikprogramme.

Im Unterschied dazu sind aktive Vergnügungen »Trainingsmeister«. Sie trainieren Körper, Geist und Seele. Wer die Wohnung renoviert, Kanu fährt, Kräuter züchtet, das Harfenspiel erlernt, einen Russischkurs belegt, Aquarelle malt, lateinamerikanische Tänze einstudiert, etc., kann das nicht ohne innere Beteiligung und ohne Einsatz seiner Fähigkeiten tun. Ja, er steigert damit seine Fähigkeiten und beugt dem Alterungsabbau vor. Egal, was er auswählt, *aktive Beschäftigungen erhalten den Menschen jung*, solange sie mit seinen Talenten korrespondieren, regelmäßig ausgeübt und nicht übertrieben werden.

Eine von solchen aktiven Beschäftigungen ist das Verfassen von Texten, seien es Gedichte, Kurzgeschichten, Krimis, Novellen, Fachartikel oder Memoiren. Das Schreiben spendet noch mehr Fitness-Impulse als das Lesen, das seinerseits schon zu den bekömmlichsten Passiv-Vergnügungen zählt, weil es immer auch einen Schuss geistige Aktivität beinhaltet. Das Schreiben aber ist von besonderem Wert. Bei der Formulierung von Sätzen klären sich die Gedanken des Formulierenden. Bei der Gestaltung der Themen ordnet sich ihre Bedeutung für den Gestaltenden. Beim Ausfantasieren von Traumwelten verdichten sich die Visionen des Fantasierenden. Bei der Nacherzählung von wahren Begebenheiten geschieht die Schicksalsversöhnung des Erzählenden. Schreiben ist ein hochpersönlicher Akt, der ein Stück Ich in die Welt hinaustransportiert und dadurch für den Schreibenden transparent macht. Schreiben ist eine Erlösung von der Gefangenschaft in sich selbst.

Ich möchte daher jedermann zum Schreiben ermutigen. Das Ende eines Jahres oder eines Lebensabschnittes ist hervorragend geeignet, sich hinzusetzen und im Stillen Bilanz zu ziehen. Bilanz zwischen dem Gewordenen, das bereits sicher und geborgen im »Schatzkästchen« ruht, und dem (hoffentlich) noch »Werdbaren«, das in Zukunft mit hineingeholt werden soll. Bilanz zwischen den guten Taten, die vollbracht worden sind, und den Ausrutschern, die auf Korrekturen warten. Bilanz auch zwischen dem unbemerkten Wirken der Schutzengel, das irrtümlich für selbstverständlich gehalten worden ist, und den eigenen Entscheidungen, die ins Ungewisse hinein haben getroffen werden müssen. Vielleicht ergibt sich aus all dem eine lesenswerte Geschichte, die die nackte Realität mit den zarten Gespinsten der Seele verwebt.

Viele Menschen haben schriftstellerische Ambitionen, nur traut sich ein Großteil von ihnen nicht zu, die entsprechenden Worte zu finden, oder scheut vor dem Anfang zurück. Deshalb ein Tipp zum Schluss: Am besten fängt man an, indem man an einen geliebten Menschen denkt, dem man den Text widmen möchte. Am flüssigsten und ungestörtesten schreibt man für ein Du. Gewinnt man daraus eine Erkenntnis für das Ich, ist das eine faszinierende »Draufgabe« und soll auch nicht mehr sein. Im Schreiben für ein Du spürt man zudem die Verantwortung, die jeder Kunstsparte und so auch der literarischen anhaftet. Es ist keineswegs indifferent, welche Aussagen wir machen. Alles, was von uns ausstrahlt, verändert die Welt. Deswegen darf man zwar Unheiles anprangern, aber man soll dabei nicht innehalten. Wer ein Du wirklich liebt, hinterlässt ihm eine Ahnung vom Heil, das vielleicht nicht von dieser Welt ist, aber dennoch als Ursehnsucht im Herzen aller Menschen aller Völker haust, durch Kriege, Seuchen und Naturkatastrophen hindurch, stetig hinweisend auf ein göttliches Mysterium.

Sollte sich durch diese Anregungen jemand entschließen, seine Memoiren niederzuschreiben, hier noch ein allerletzter Tipp: Unsere Lebensgeschichte begann mit einem Liebesakt unserer Eltern. Sie haben uns das physische Leben geschenkt. Es kann sein, dass sie danach in unserer Erziehung »gepatzt« haben. Wer selber Kinder großgezogen hat, weiß, dass Erziehen eine Gratwanderung zwischen Abgründen ist, bei der man leicht ins Taumeln gerät. Dennoch kann man sich von seinen irdischen Erzeugern nur im Frieden verabschieden. Anderenfalls schleppt man die Altlasten vergangener Kindertage ständig mit sich herum. Ähnlich ist es im Verhältnis zu anderen Bezugspersonen. Was man ihnen nachträgt, beschwert die eigene Seele, die nicht abheben kann zum Flug in geistige Höhen. »Die Hasser verlieren ihre höheren Möglichkeiten«, heißt es in einem tibetanischen Gebetsbuch.

Deshalb vergessen wir nie das alte und ewig junge Gebot: Du sollst (nicht nur) Vater und Mutter ehren und achten (sondern alle Menschen, denen du jemals begegnet bist und noch begegnen wirst), *auf dass es dir wohl ergehe* auf Erden.

ORF- Interview mit der Autorin

Der österreichische Rundfunk sendete am 12.5.2005 anlässlich des 100. Geburtstages von Viktor E. Frankl ein von Frau Mag. Renata Schmidtkunz mit Frau Dr. Elisabeth Lukas geführtes Interview, das auf vielfachen Wunsch und mit freundlicher Erlaubnis des ORF hier wiedergegeben ist.

R. Sch.: »Die Frage nach dem Sinn des Lebens ist als die eigentlich menschliche Frage zu bezeichnen. Das Infragestellen des Lebenssinnes kann daher niemals der Ausdruck von Krankhaftem am Menschen sein, es ist vielmehr der Ausdruck des Menschlichsten im Menschen ...« – Dies war die tiefe Überzeugung des Psychiaters Viktor Emil Frankl, der mit der von ihm begründeten Psychotherapierichtung namens Logotherapie und Existenzanalyse sein Leben lang der Frage nachgegangen ist, wie es einem Menschen gelingen kann, Sinn im Leben zu finden, und wie diese »Sinnfündigkeit« zur seelischen Heilung des Menschen beitragen kann.

Viktor E. Frankl wurde am 26. April 1905 in Wien geboren. Von 1933–1937 arbeitete er am psychiatrischen Krankenhaus Baumgartnerhöhe in Wien und begann seine psychotherapeutische Lehre zu systematisieren und auszubauen. Nach dem Anschluss im Jahr 1938 durfte Frankl als Jude in Wien nur mehr eingeschränkt arbeiten. 1940 wurde er Oberarzt am jüdischen Rothschildspital. Gemeinsam mit seinen Eltern und seiner jungen Frau Tilly wurde Frankl 1943 deportiert.

Es folgten drei Jahre in verschiedenen KZs, unter anderem in Auschwitz. Am 27. April 1945 wurde Frankl, der (außer einer Schwester) als Einziger seiner Familie überlebte, von amerikanischen Soldaten aus dem KZ Türkheim befreit. Frankl kehrte nach Wien zurück und übernahm 1946 die Leitung der neurologischen Abteilung der Wiener Poliklinik. Es erging ihm wie dem sprichwörtlichen Propheten im eigenen Land. Seine Ideen wurden in Österreich anfangs eher mit

Skepsis aufgenommen, während sie im internationalen Ausland auf großes Interesse stießen. Inzwischen jedoch gilt Frankls Logotherapie neben Freuds Tiefenpsychologie und Adlers Individualpsychologie als die »Dritte Wiener Schule der Psychotherapie«.

Mein heutiger Gast ist Frau Dr. Elisabeth Lukas. Sie hat Viktor Frankl 1968 als junge Psychologiestudentin in Wien kennen gelernt und war mit ihm bis zu seinem Tod im Jahr 1997 befreundet. Als klinische Psychologin und approbierte Psychotherapeutin spezialisierte sie sich auf die praktische Anwendung der Logotherapie, die sie methodisch weiterentwickelte. Sie war Mitbegründerin und langjährige Vizepräsidentin der »Deutschen Gesellschaft für Logotherapie und Existenzanalyse e. V.« und Leiterin des »Süddeutschen Instituts für Logotherapie GmbH« im bayerischen Fürstenfeldbruck.

Frau Lukas, Sigmund Freud definierte den Menschen als ein mit einem »Seelenapparat« ausgestattetes, nach Lust strebendes Wesen und Alfred Adler definierte den Menschen als ein vorrangig nach Macht strebendes Wesen. Was war für Viktor Frankl der Mensch?

E. L.: Gerade diese Frage hat Professor Frankl als jungen Arzt sehr beschäftigt, nämlich in der Hinsicht, dass er wissen wollte, was den Menschen von anderen Lebewesen, vor allem von den Tieren unterscheidet, was also spezifisch human ist. Denn so etwas wie einen »Seelenapparat« haben ja auch die höheren Tiere. Auch sie streben danach, ihre Triebe zu befriedigen und ihre Bedürfnisse zu stillen. Genauso findet sich so etwas wie ein Machtstreben im Tierreich. Die Tiere rivalisieren miteinander, entwickeln eine »Hackordnung«, kämpfen um ihr Territorium, beißen zurück, wenn sie gebissen werden, und so weiter. Aber das, was menschliches Sein ausmacht, was über das tierische Leben hinausgeht, ist eben die Frage nach Sinn und Werten, nach gut und böse, nach richtig und falsch. Es sind die Fragen, wofür man lebt, was der Sinn unserer Existenz sein könnte, trotz ihrer Brüchigkeit und Vergänglichkeit, wozu wir überhaupt da sind und was wir während unseres Erdendaseins bewirken können. Ja, ob wir überhaupt etwas von Bedeutung bewirken können. Diese Fragen sind spezifisch human. Deshalb hat sich Professor Frankl bemüht, wissenschaftlich zu erforschen, was aus diesem besonderen menschlichen Potenzial für die Psychotherapie ableitbar und herausholbar ist.

R. Sch.: Das heißt, der Mensch war für ihn mehr als dieser »Seelenapparat«, mehr als ein triebgesteuertes höheres Tier, mehr als ein nach Macht strebendes, auf Hierarchie und nach gesellschaftlicher Position ausgerichtetes Wesen.

E. L.: Das Wort »mehr« passt gut. Denn natürlich stecken auch in uns animalische Triebe und all die übrigen Aspekte unseres biologischen Erbes. Es ist nicht so, dass wir nie nach Macht streben würden, leider, und es ist auch nicht so, dass wir nicht gerne unsere Triebe befriedigen würden. Aber beides ist nicht das, was uns als Menschen kennzeichnet. Unser Eigentlichstes ist, dass wir mit einer Sinnorientierung begabt sind und von daher immer wieder neu eine Aufgabe finden wollen und sollen, die wir innerlich bejahen können, die uns zufrieden stellt, die uns beglückt und von der wir am Ende unseres Lebens rückblickend sagen können: »Gut, dass ich diese (oder jene) Aufgabe erfüllt habe. Gut, dass ich da war. Ich bin zufrieden mit dem, was ich schaffen konnte. Ich kann mein Leben absegnen.«

R. Sch.: Nachdem wir nach dem Menschenbild Frankls gefragt haben, lassen Sie uns jetzt von dem Menschen Frankl reden. Sie waren seine Schülerin. Sie waren fast 30 Jahre lang, bis zu seinem Tod mit ihm befreundet, obwohl Sie größtenteils in Deutschland wohnten. Sie haben in Deutschland ein logotherapeutisches Institut aufgebaut und geleitet. Frankl war hier in Wien an der Poliklinik tätig und dann später ein

Pensionist. Kein untätiger Pensionist, aber ein Pensionist. Frau Lukas, was hat denn diese Freundschaft zwischen Ihnen und Viktor Frankl gefestigt? Welche Freundschaftsfähigkeit haben Sie an ihm erlebt?

E. L.: Für mich war er einfach mein Vorbild und Lehrer. Er blieb bis zum Ende mein Lehrer, auch wenn er mich freundschaftlich behandelt hat. Ich hatte das große Glück, schon während meines Studiums Ende der Sechzigerjahre Vorlesungen von ihm zu hören. Ich war tief beeindruckt. Damals habe ich gerade ein Dissertationsthema gesucht und so habe ich dann meine Dissertation über Logotherapie geschrieben; unter Professor Frankls Supervision könnte man sagen. Diese »Supervision« erhielt ich immer wieder durch ihn. Wenn mein Mann und ich ihn in Wien besuchten oder er in München war, konnte ich ihn alles fragen, was mir unklar war und auf der Seele brannte. Ich war ja anfangs eine junge Psychotherapeutin und bei manchen Fällen überfordert. Es kam vor, dass ich mir eine therapeutische Intervention nicht zugetraut habe oder bei schwierigen Fällen nicht recht weiterwusste. Ich konnte Professor Frankl immer fragen, was ich machen sollte, oder ihm ein fachliches Problem schildern. Er hat mir mit Geduld zugehört, mitunter gelächelt, und wenn er sagte: »Na, Frau Lukas, das können Sie bestens allein!«, dann wusste ich: Ich kann es. Gelegentlich hat er mir auch sehr gute Tipps gegeben. Wenn wir uns mit ihm und seiner Frau getroffen haben, entstand stets ein harmonisches Gesprächsklima.

R. Sch.: Ich habe nach der Freundschaftsfähigkeit Frankls gefragt. War er ein verbindlicher Mensch, der auch Bindungen aufgebaut hat? Oder war ihm seine mitmenschliche Umgebung eher egal? Wollte er vielleicht bloß seine Pläne durchziehen?

E. L.: Keineswegs war ihm seine Mitwelt egal! Er war den Menschen äußerst zugeneigt. Es gibt ein schönes Wort von Pestalozzi, das lautet: »Ihr müsst die Menschen lieben, wenn ihr sie ändern wollt!« Ich glaube, Professor Frankl war so jemand, der die Menschen geliebt hat und kraft dessen auch viel bei ihnen in Bewegung setzen konnte. Ob er verbindlich war? Er war jedenfalls enorm treu, sowohl seiner Heimatstadt Wien als auch seiner Frau, mit der er noch die Goldene Hochzeit feiern konnte, als auch seinen Freunden. Er war den Menschen überhaupt zugewandt. Schon in den Dreißigerjahren des vorigen Jahrhunderts hat er gemeinsam mit Charlotte Bühler Jugendberatungsstellen gegründet, und dies neben seinem Beruf – ehrenamtlich. An diese Stellen konnten sich junge Menschen kostenlos mit ihrem seelischen Kummer wenden. Er hat Abende lang mit ihnen zusammengesessen, um ihnen zu helfen. Ferner hat er sich für Arbeitslose engagiert, ohne irgendeinen Gewinn davon zu haben, weder Ruhm noch Geld.

Im Übrigen war er ein bescheidener und humorvoller Mensch. Weil Sie vorher Sigmund Freud erwähnt haben: Professor Frankl pflegte ein Gleichnis zu formulieren. Er sagte: »Wenn ein Zwerg auf der Schulter eines Riesen steht, dann sieht der Zwerg ein bisschen weiter als der Riese.« Damit wollte er auf scherzhafte Weise ausdrücken, dass Sigmund Freud zwar ein »Riese« gewesen ist, einer der großen Pioniere der Psychotherapie, dass aber er, Professor Frankl, der sich im Vergleich dazu als »Zwerg« bezeichnete, auf Freuds Schulter stehend mehr und weiter sah als der Altvater Freud. Wiederum ist es dieses »Mehr«, das Menschsein ausmacht, welches Professor Frankl »mehr« sah als Freud.

R. Sch.: Haben Sie jemals an Frankl so etwas wie eine Verbitterung beobachtet? Es wäre ja auch nicht weiter verwunderlich. Frankl hat seine Angehörigen im KZ verloren. Als er nach seiner Befreiung nach Wien zurückkehrte, ist er zwar gut behandelt worden (im Gegensatz zu anderen Exhäftlingen), aber trotzdem haben die furchtbaren Jahre im KZ sicherlich Spuren an ihm oder in ihm – in seiner Seele – hinterlassen. Haben Sie also jemals erlebt, dass er bitter gewesen wäre?

E. L.: Das habe ich niemals erlebt. Ob man ihn allerdings nach dem Krieg so gut behandelt hat, weiß ich nicht einmal. Er hat einen Arbeitsplatz bekommen, das war sicher günstig für ihn, aber man dürfte ihn in Wien ziemlich ignoriert haben. Seine Thesen ließen zunehmend die Fachwelt aufhorchen, nur im eigenen Land beschäftigte sich kaum jemand mit ihnen. Doch war er ein unglaublich versöhnlicher Mensch, den dies nicht irritierte. Seltsamerweise hat man ihm sogar vorgeworfen, »zu« versöhnlich zu sein, weil er nicht ununterbrochen über sein Schicksal geklagt oder Verursacher seines Schicksals angeklagt hat.

R. Sch.: Das ging so weit, dass man Frankl in manchen Kreisen als den »Vorzeigejuden« bezeichnet hat, als einen, der als Überlebender des Holocausts noch hingeht und behauptet, Versöhnung sei wichtig. Hat er damit nicht sozusagen die fragwürdige Funktion übernommen, jene Österreicherinnen und Österreicher, die zugeschaut, wenn schon nicht mitgemacht haben, die also zugeschaut und geduldet haben, von ihrer Schuld freizusprechen? War das einer der Vorwürfe gegen Viktor Frankl?

E. L.: Ich denke, das muss man sehr viel differenzierter betrachten. Professor Frankl hat jedwede Kollektivschuld verneint. Kollektivschuld bedeutet, dass ein ganzes Volk an etwas generell schuldig gesprochen wird. Nach Professor Frankl gibt es jedoch nur personale Schuld. Jeder ist an dem schuld, was er selber getan oder verbrochen hat. Aber es kann nicht ein Enkel an dem schuld sein, was sein Großvater getan hat. Man darf nicht etwas, das ein Verwandter oder sonst ein anderer falsch gemacht hat, einem Menschen ankreiden, der selber zu jener Zeit noch ein Kind war oder gar nicht in der Lage war, etwas zu entscheiden. Der Gedanke an eine Kollektivschuld ist abzulehnen. Ihm zu huldigen, wäre ja dem Gedankengut der Nazis sehr ähnlich, die eben die Juden in Bausch und Bogen verdammt haben. Es ist kollektivistisches

Denken, eine ganze Volksgruppe pauschal zu be- oder verurteilen, ohne die einzelnen Personen und ihre persönlichen Verdienste oder Fehler zu berücksichtigen. Einem solchen Primitivdenken hat Professor Frankl widersprochen.

Aber noch eine Ergänzung zum Thema »Versöhnlichkeit«: Dies ist ein wesentliches Element des logotherapeutischen Heilungskonzepts. Denn wir haben es auch in der Psychotherapie wiederholt mit Menschen zu tun, die Traumata erlitten haben, die Tragödien hinter sich haben, in deren Vergangenheit schwer zu verarbeitende Erlebnisse liegen; Menschen, die in die Lage versetzt werden sollen, dies alles zu bewältigen. Man muss ihnen *mehr* anbieten als nur einen Raum, in dem sie ungehindert ihre alten Blessuren beweinen und betrauern können. Natürlich dürfen sie dies ein Leben lang, aber davon werden sie nicht froh werden. Und es gibt absolut keine Möglichkeit, ihnen abzunehmen, was gewesen ist. Es braucht ein Stück Ehrlichkeit, klarzustellen, dass, wenn jemand zum Beispiel eine schlechte Kindheit gehabt hat, es die *einzige* Kindheit ist, die er jemals haben wird. Er wird keine zweite mehr bekommen, durch keine psychotherapeutische Behandlung der Welt. Er muss schon mit dieser Kindheit auskommen, die seine ist – ein Leben lang. Die Frage ist bloß: Wird sein ganzes Leben von dieser seiner schlechten Kindheit überschattet werden oder kann er sich darüber hinaus entwickeln, kann er sich darüber erheben und neu durchstarten auf Grund eigener Kräfte, die er mobilisiert? Letzteres hat uns Professor Frankl vorgelebt. Freilich hätte er bis ans Ende seines Lebens – und er ist über 90 Jahre alt geworden! – mit seiner KZ-Vergangenheit hadern können. Aber das wäre doch unfruchtbar gewesen! Nein, er hat seine KZ-Vergangenheit auf exzellente Weise bewältigt, indem er sein Buch »... trotzdem ja zum Leben sagen« geschrieben hat. Darin hat er seine dramatische Geschichte noch einmal beleuchtet, man könnte sagen »aufgearbeitet«, und sogar fruchtbar gemacht für Tausende Menschen rund um die Erde, die aus diesem Buch Mut für sich selbst geschöpft haben. Dann hat er eine Art Schlussstrich hinter sein Trauma gezogen, eine neue Familie gegründet und sich einem neuen beruflichen Wirkungsbereich gewidmet.

R. Sch.: Frau Lukas, Viktor Frankl hat im KZ seine junge Frau verloren, es sind ihm beide Eltern gestorben, es ist sein Bruder umgekommen, er hat unzählige Tote gesehen, das ist eine enorme emotionale Belastung. Man könnte da auch vermuten, dass Frankl, na ja, vielleicht ein eiskalter Mensch war. Dass er einfach drei Jahre, nachdem das alles passiert ist, sämtliche Gräuel für sich abgehakt hat, weil es sein Ziel war, seine wissenschaftliche Arbeit weiter voranzutreiben. Ich weiß, dass Sie mir widersprechen werden, aber sagen Sie mir: Was war ihre persönliche Erfahrung mit Frankl, wodurch Sie *wissen*, warum Sie mir widersprechen?

E. L.: Vielleicht können Sie sich ein Bild machen, wenn Sie Folgendes hören: Professor Frankl hat mir einmal von einer Frau erzählt, die er in Israel getroffen hat. Sie hat ihm sehr imponiert. Diese Frau war die Leiterin eines Waisenhauses. Während des Besuchs bei ihr hat Professor Frankl bemerkt, dass sie ein Armband aus Zähnchen von kleinen Kindern trug. Er hat sie gefragt, was das für ein Armband sei. Daraufhin hat sie ihm anvertraut, dass dies die ausgefallenen Milchzähne ihrer Kinder seien – sie hat zehn Kinder gehabt, die alle im Holocaust umgekommen sind. Das Armband war ihre Erinnerung an ihre Kinder. Professor Frankl hat weiter gefragt, wie sie damit leben könne. Die Frau antwortete: »Schauen Sie sich dieses große Waisenhaus hier an. Ich habe es aus Liebe zu meinen toten Kindern gegründet, um anderen Kindern, fremden Kindern, zu helfen, die auch Furchtbares erlitten haben. Meine ganze Liebe zu Kindern, die ich in mir trage, schenke ich diesen Kindern hier. Das lässt mich leben.« Wahrlich, diese wunderbare Einstellung hat die Frau die schlimmsten Qualen ertragen lassen! Ihr Leid kam anderen armen Kindern zugute; sie war Mutter gewesen und geblieben, Mutter für viele, die einer liebenden Mutter bedurften.

Ich glaube, Professor Frankl war dieser Frau ähnlich. Er hat die Liebe zu seinen Eltern, zu seinem Bruder, zu seiner ersten Frau, diese ganze Liebe, später nicht nur seiner zweiten Frau, sondern auch seinen Patienten und Mitmenschen geschenkt. Dass er nicht kalt war, gerade etwa den Eltern gegenüber, kann man daraus ablesen, dass er ihnen zuliebe auf eine Emigration nach Amerika verzichtet hat. Noch bevor er ins KZ kam, hatte er nämlich ein Ausreisevisum erhalten, um das er schon lange angesucht hatte. Eigentlich wollte er in Amerika seine Logotherapie ungestört praktizieren und wissenschaftlich fundieren. Lange hatte er darauf gewartet und als endlich das Visum ausgestellt wurde, wollte er es zunächst auch verwenden und am nächsten Tag abfliegen. Es gab ja kaum mehr Flüge aus Wien heraus. Doch plötzlich kam ihm zu Bewusstsein, dass seine Eltern ihren Deportationsschutz verlieren würden, wenn er das Visum benützen würde. Diesen Deportationsschutz hatten sie damals nur, weil er noch Oberarzt am jüdischen Rothschildspital war. Wäre er, wie geplant, nach Amerika ausgewandert, wäre dieser Schutz seiner Eltern verfallen. Ohne zu zögern, hat Professor Frankl seine Chance auf ein neues unbehelligtes Leben geopfert, um seine Eltern zu retten.

Später hat man manchmal angemerkt, dass sein Opfer umsonst gewesen sei, weil er die Eltern doch nicht hat retten können. Aber Professor Frankl ließ dies nicht gelten. Er meinte, er hätte keine sinnzentrierte Psychotherapie in Amerika aufbauen können mit einem mitzuverantwortenden Grab der Eltern im Rücken. Wer selbst sinnwidrig handelt, kann anderen nicht glaubwürdig empfehlen, sinnvoll zu handeln. Er meinte, sein Opfer sei gut und richtig gewesen, wie immer es ausgegangen ist.

R. Sch.: Das gibt mir das Stichwort »Wille zum Sinn« – ein zentraler Begriff in der Logotherapie. Vielleicht können wir kurz darüber reden. Dieser »Wille zum Sinn«, von dem

Frankl spricht, setzt ja voraus, dass man Anstrengungen unternehmen muss. Wollen kostet immer Anstrengung. Zumindest muss man (im Franklschen Sinne) gefasst sein, dass der Sinn auf einen zukommt, und muss sich anstrengen, sich seiner bewusst zu werden. Wie hat sich denn – soweit Sie Frankl kennen gelernt haben – dieser »Wille zum Sinn« in seinem eigenen Leben gezeigt? Was waren seine emotionalen, psychischen, körperlichen und auch familiären Voraussetzungen, um so zu sein, wie er war, wie Sie ihn erlebt haben?

E. L.: Aus Professor Frankls Sicht kann man Sinn auf verschiedenen Wegen erfahren und realisieren. Professor Frankl sprach von drei »Hauptstraßen« der Sinnfindung. Eine ist die Sinnfindung durch die Verwirklichung schöpferischer Werte. Man findet Sinn in einem kreativen Tun und Gestalten, indem man Initiativen setzt und sich engagiert einbringt. Ferner kann man Sinn finden im Erleben der Natur, der Kunst, in Liebes- und Freundschaftserfahrungen oder auch in religiösen und meditativen Erlebnissen. Drittens kann man Sinn finden, indem man sich tapfer und mit Würde zu etwas Unabänderlichem einstellt. Meistens ist es etwas unangenehmes Unabänderliches, um das es geht, eine schwere Krankheit zum Beispiel, die man bekommt, eine Amputation, die notwendig geworden ist, eine unerwartete Kündigung am Arbeitsplatz etc. In der Art und Weise, wie man sein Unglück trägt, wenn man es nicht ändern kann, gibt es vorbildliche Sinnmöglichkeiten. Professor Frankl hat wohl alle drei »Sinnfindungsstraßen« hinreichend ausgeschritten. Er hat viel geschaffen, also schöpferische Werte verwirklicht: Er hat Bücher geschrieben, Vorträge gehalten, Patienten betreut ... immerhin ist sein Werk mit 29 Ehrendoktoraten ausgezeichnet worden! Er war aber auch aufgeschlossen für Erlebniswerte: Er liebte das Bergsteigen, war überhaupt offen für die Natur und er liebte die Musik. Über seine bewundernswerte Einstellung zu unabänderlichen Schicksalsfaktoren haben wir bereits gesprochen. Ein Beispiel noch dazu: Er ist im späten Alter erblindet und hat sich auch dazu ungemein heroisch eingestellt. Er war einfach dankbar für die vielen Jahre, in denen er hat sehen können.

Bei all solchen Katastrophen hat man stets die Wahl: Man kann rebellisch dagegen protestieren oder man kann zutiefst dankbar sein, dass man so lange behütet und beschützt gewesen ist, was eben nie selbstverständlich ist. Auch wenn ein Mensch ein schweres Trauma hinter sich hat, dann hat er es ja schließlich zumindest physisch überlebt und ist nicht daran zu Grunde gegangen. Dies dankbar zu registrieren, hilft enorm, das Trauma auch seelisch zu überleben.

R. Sch.: Was Sie jetzt gesagt haben, klingt sehr schön in meinen Ohren. Wahrscheinlich will jeder Mensch es können, die Dinge positiv zu sehen. Es gibt ja auch das Bild vom halb vollen oder halb leeren Glas ... Der Grund aber, warum viele Menschen in Depressionen verfallen und den Sinn ihres Lebens verlieren, ist der, dass der Alltag anders aussieht. Auch wenn man es sich vornimmt – das sind dann diese berühmten Neujahrsvorsätze –, die Dinge positiv zu sehen, funktioniert es trotzdem nicht. Deswegen frage ich Sie nochmals: Was waren Frankls Voraussetzungen, es zu können? Oder umgekehrt, was befähigt einen Menschen, der zu Frankl oder zu Ihnen kommt, weil er diesen Positivschlüssel zu seinem Leben nicht besitzt, einen solchen zu ergattern?

E. L.: Ich denke, dass Professor Frankl nichts anderes an Voraussetzungen mitgebracht hat als die übrigen Menschen auch. Sinnverwirklichung oder das Ausführen von sinnvollen Vorsätzen muss immer wieder neu erobert werden, von jedem von uns. Dazu muss man sich buchstäblich aufraffen. Hilfreich ist, wenn einem Menschen etwas einleuchtet, wenn er in einer Sichtweise einfach ein Stück Wahrheit entdeckt, also nicht etwas positiv oder schön Eingefärbtes vor Augen hat, sondern etwas Echtes. Ein kurzes Beispiel dazu: Mir wurde einmal ein Patient vorgestellt, der seit sieben Jahren, nämlich seit dem

Verlust seiner Frau, in einer schweren Krise steckte. Er war ein schüchterner Mensch und hatte seine Frau erst im vorgerückten Lebensalter kennen gelernt. Sie wurde zur großen Liebe seines Lebens. Sein Glück währte aber nur kurze Zeit. Seine Frau erkrankte an Krebs und lag zum Sterben danieder. Er saß den ganzen Tag im Krankenhaus bei ihr und beide hatten noch eine sehr innige Zeit miteinander. Nach ihrem Tod, also seit sieben Jahren, ging er kaum mehr aus dem Haus und interessierte sich für nichts mehr.

Im Gespräch erzählte er mir, dass es sein letzter Liebesdienst an seiner Frau gewesen sei, ihr die Füße zu waschen. Jetzt könne er nichts mehr für sie tun, rein gar nichts ... An dieser Stelle unterbrach ich ihn und sagte: »Na, immerhin können Sie mitbestimmen, was hinter Ihrer Frau zurückbleibt.« Er wurde nachdenklich, schaute mich an und fragte: »Was kann ich mitbestimmen?« Ich erklärte ihm, dass es doch zum größten Teil von ihm abhinge, ob hinter seiner Frau ein »Trümmerhaufen« zurückbleibe, ein Mann, der total gebrochen sei und nie mehr auf die Beine komme, oder ob hinter seiner Frau ein Mensch zurückbleibe, der aufrecht durchs Leben geht und kraft seiner Ausstrahlung bezeugt, wie sehr sein Leben bereichert und beglückt worden ist durch die Liebe einer durch und durch liebenswerten Frau. Der bezeugt, wie sehr die Begegnung mit ihr, auch wenn sie kurz gewesen ist, sein Leben nachhaltig aufgewertet hat.

Der Mann wurde still, ging auf und ab, überlegte, kam zu mir zurück, zupfte mich am Ärmel und rief aus: »Das hat sie nicht verdient, dass hinter ihr nur ein Trümmerhaufen zurückbleibt! Das will ich nicht!« Ich gab ihm den schönen Satz von Hilde Domin mit, welcher lautet: »Es blüht hinter uns her.« Der Satz gefiel ihm. Er meinte: »Ja, das möchte ich, dass es hinter ihr herblüht!« Und siehe da, der Mann hat sich wieder aufgerichtet, ist wieder unter Menschen gegangen. Er wollte nicht, dass seine geliebte Frau nur einen Trümmerhaufen hinterließ. Eine Sinnperspektive hat plötzlich für ihn aufgeleuchtet. Warum sollte er sich noch einmal aufrichten?

Klar, damit ihre Liebe vorzeigbare Spuren hinterließ in seinem Leben, die er auch nach außen hin irgendwie dokumentieren konnte. Einige Zeit später übernahm er einen freiwilligen Besuchsdienst in dem Spital, in dem seine Frau gestorben war. Er hat darin eine sinnvolle Aufgabe gefunden und war dem Leben zurückgegeben.

R. Sch.: *Da muss man als Therapeutin oder Therapeut aber ziemlich einfallsreich sein?*

E. L.: Das kann ich nur bestätigen. Doch unsere Patienten sind ebenfalls einfallsreich und das ist das Schöne an unserem Beruf. In der Psychotherapie muss man sehr genau hinhorchen und zu den Menschen hinspüren. Genaugenommen ahnt jeder selbst, was das Beste in seiner Lage wäre und wozu er »gerufen« ist. Nur hat manch einer Blockaden der Trauer, der Angst, der Abhängigkeit oder was immer, und darüber muss man ihm hinweghelfen. Sinn kann man sowieso nicht geben, sondern höchstens aufzeigen, oder man kann verstärken, was längst keimhaft in einem Menschen angelegt ist. Sinn liegt in jeder Situation verborgen. Wenn man gut zuhört und ein »dichtes« Gespräch führt, das heißt, einen Menschen geradezu geistig berührt, dann spürt man, was in ihm schlummert und gelebt werden will.

R. Sch.: Frau Dr. Lukas, können Sie uns erklären, was Logotherapie bedeutet? Frankl hat ja seine Logotherapie schon vor dem 2. Weltkrieg entwickelt. Er und seine Theorien waren damals durchaus umstritten. Frankl war als junger Mann sowohl mit der Freud'schen Schule als auch mit der Adler'schen Schule verbunden, hat sich dann aber von beiden Denkrichtungen gelöst, was ihm Adler nie verziehen hat. Frankls Ansatz hat es lange Zeit schwer gehabt, akzeptiert zu werden, auch deshalb, weil man ihm vorwarf, es handle sich um eine Art Religionsersatz. Hat sich Frankl darüber gekränkt?

E. L.: Das sind viele Fragen auf einmal. Zunächst einmal dies: Logotherapie bedeutet »sinnzentrierte Psychotherapie«. Der Name stammt vom griechischen Wort »logos« ab, das mehrere Bedeutungen hat. Logos heißt »Wort«, »Plan«, »Entwurf«, »Konzept«, »Zusammenhang« und eben auch »Sinn«. Im Zusammenhang mit der Logotherapie bedeutet »logos« einfach »Sinn«. Als sinnzentrierte Psychotherapie hat die Logotherapie das Fernziel, Menschen zu einem sinnerfüllten Leben zu geleiten und sie zu motivieren, sinnvolle Antworten auf die Fragen zu entwickeln, die ihnen das Leben stellt. Das Nahziel ist wie bei jeder Psychotherapie die Gesundung eines seelisch kranken Patienten.

Zur Frage, warum Professor Frankls Theorien umstritten waren, Folgendes: Professor Frankl war in gewisser Weise seiner Zeit voraus wie andere Genies auch. Oft schon hat es Künstler gegeben, zum Beispiel exzellente Komponisten oder Maler, die ihrer Zeit voraus waren und daher in ihrer Zeit auch nicht verstanden wurden, ja, deren Werke zu ihrer Zeit sogar abgelehnt worden sind. Jahrhunderte später hat man sie hoch geehrt. Professor Frankl befand sich diesbezüglich durchaus in guter Gesellschaft. Im Übrigen wurde auch Sigmund Freud in seiner Zeit nicht allseits geschätzt. Die Wiener Ärztekammer beispielsweise hat ihn ausgeschlossen, er musste nach London flüchten. Und Alfred Adler hat seine Psychotherapie hauptsächlich in Amerika lehren müssen, weil er in Europa keine Zukunft für sich sah. Analog hat es zahlreiche Entdecker und Erfinder gegeben, deren Leistungen zu ihren Lebzeiten nicht gewürdigt oder nur im Ausland bekannt geworden sind.

Dem entsprechend hat Professor Frankl manches vorausgesehen. Um nur ein Beispiel zu nennen: In den Dreißigerjahren herrschte in Europa große Not. Die Menschen hatten keine Arbeit, nichts zu essen und kein soziales Netz, das sie aufgefangen hätte. Bereits damals hat Professor Frankl vorausgesagt, dass die Menschen nicht wesentlich glücklicher sein würden, wenn sie ihre Bedürfnisse problemlos stillen könnten und dazu noch einen gewissen Luxus besäßen: Autos, Eigenheime, schöne Kleider, Gelegenheiten für Reisen, Freizeit und Mitspracherechte. Professor Frankl befürchtete, dass die Menschen dann sogar an innerem Halt verlieren könnten. In den Dreißigerjahren hat jedermann darüber nur gelächelt. Jedermann dachte, die Menschen würden selig sein, wenn sie nur genug Geld hätten, um sich kaufen zu können, was sie wollten. Als in den Sechziger- und Siebzigerjahren das Wirtschaftswunder erfolgte, hat man erkannt, dass dem nicht so ist. Mit dem Wohlstand, der in unserer Gesellschaft entstand, stiegen die Depressionen, die Suizidrate, die Kriminalität an; es nahmen die Drogentoten zu, die Perversionen, die Familienkräche und so weiter. Das alles hat Professor Frankl vorausgesehen! Aber es erschwerte es seinen Zeitgenossen, ihn zu verstehen.

Dazu kommt, dass seine Konzepte dem Menschen ein hohes Maß an individueller Freiheit und Verantwortung zusprechen. Damit liegt die Logotherapie nicht im Zeittrend mit eher narzisstischen und egozentrischen Tendenzen. Freiheit wünscht man sich zwar, aber dass sie mit Verantwortung verknüpft ist, ist weniger geläufig. Auch ist es nicht populär, sich kurativ und präventiv um eine Anhebung des ethischen Niveaus zu kümmern, was im logotherapeutischen Ansatz immer mitschwingt. Das bringt mich zu Ihrer Frage, ob man Professor Frankls Ansatz als Religionsersatz auslegen könnte.

Damit liegt man falsch. Professor Frankl war äußerst zurückhaltend, was die Religiosität des Menschen betrifft, obwohl er selbst ein gläubiger Mensch war. Doch erachtete er den Glauben eines Menschen als etwas sehr Intimes und Persönliches, das durch keinerlei Zurschaustellung oder Zerredung entweiht werden sollte.

R. Sch.: Darf ich ein Zitat von Frankl einschieben, das die Frage nach der Religiosität Frankls vielleicht beantworten hilft. Er stammte ja aus einer relativ assimilierten jüdischen Familie, aber es finden sich in seinen Texten Aussagen zum Gottesbegriff. Eine dieser Aussagen möchte ich zitieren: »Von Gott kann man meiner Ansicht nach per ER – oder man könnte heute gemäß der feministischen Theologie sagen: per SIE – gar nicht sprechen, sondern man kann nur zu ihm oder zu ihr sprechen als zu einem Du.«

E. L.: Das ist ein bekanntes Zitat, das eine sanfte Warnung darstellt. Menschen mögen sich nicht erheben und nicht überschätzen, indem sie über Gott reden, wie man über einen Gegenstand redet, den man begreifen kann: Der liebe Gott will das und jenes, der liebe Gott ist so und so, er hat diese Eigenschaften, er ist lieb und nett und hält seine Hand über uns ... Für Professor Frankl war Gott oder, wenn man so will, die Transzendenz etwas, das sich menschlichem Begreifen entzieht, das zu unvorstellbar groß ist, als dass ein Mensch sich anmaßen könnte, Aussagen darüber zu machen. Professor Frankl mahnte zur Bescheidenheit. Wir kleine Menschlein, so argumentierte er, können uns im Gebet an Gott wenden, wir können unsere inbrünstigen Gebete hinausschicken in die unendliche Transzendenz, wir können also *zu* Gott sprechen, aber *über* Gott oder *von* Gott zu sprechen, dafür sind wir einfach zu winzig.

R. Sch.: Ich will Ihnen sagen, wie ich diesen Satz empfinde. Mir kommt es so vor, als ob sich Frankl gegen jede Art Vereinnahmung einer göttlichen Instanz, um Macht auszuüben oder um Verantwortlichkeit abzuschieben, verwehrte. Die Beziehung zu Gott kann nur in diesem Du passieren. Das heißt, ich muss mich selber fragen, wie ich diesem Du gerecht werde, wie ich dem entspreche, was ich als Transzendenz definiere. Meiner Ansicht nach spricht sich Frankl in diesem Satz gegen jede Art von hierarchischer, machtorientierter Vereinnahmung einer Transzendenz aus, die man selber mit Attributen schmückt, indem man sagt: *Das* ist der Sinn, *das* ist die Wahrheit, *das* will Gott.

E. L.: So kann man es auch interpretieren. Nur darf man nicht vergessen, dass in der psychotherapeutischen Praxis die Patienten auch ihre religiösen Fragen an den Therapeuten herantragen. Heute gehen sie damit eher zum Psychotherapeuten als zum Seelsorger. Dadurch haben wir diverse seelische Krisen auf Grund von verzerrten oder strafenden Gottesbildern auf dem Tisch. Derlei pathogene Gottesvorstellungen sind weder im Sinn der Religion noch im Sinn menschlicher Psychohygiene.

Das Zitat, das Sie erwähnten, will dem vorbeugen. Wenn ich einem strafenden Gottesbild huldige, dann habe ich zuvor eine Aussage über Gott gemacht: Gott wird mich strafen, wenn ich nicht genug an ihn glaube, wenn ich nicht nach seinen Spielregeln lebe und so weiter. Genaugenommen ist das ein Anthropomorphismus, eine Fehlprojektion menschlicher Verhaltensweisen in die divine Ebene. Professor Frankl empfahl dringend, solche Aussagen zu vermeiden. Wir dürfen uns mit den Fühlern des Glaubens und den Antennen des Vertrauens zur Transzendenz vortasten, aber immer im Wissen, dass unser Verstand zu begrenzt ist, um das Geheimnis jenseits der Grenze zu lüften.

R. Sch.: Was Sie da andeuten, die Kleinheit und Begrenztheit des Menschen im Verstehen der Transzendenz, ist für mich eine spirituelle Richtlinie. War das die Linie, die Frankl selber vorgegeben hat? Oder hat sich das aus seinem Gedankengut im Laufe der Jahre entwickelt?

E. L.: Wir verfolgen zwei parallele Linien in der Psychotherapie. Die eine betrifft die Verantwortlichkeit des Menschen. Sie ist dort gegeben, wo wir einen Handlungsspielraum haben, ein Stück Freiheit, eine Entscheidungsmacht. Dort sind wir verantwortlich für das, was wir tun. In der Logotherapie betonen wir diese Entscheidungsmacht und laden Menschen zu sinnvollem Handeln ein, weil es das ist, was für sie und alle Beteiligten bekömmlich ist.

Die andere Linie betrifft Situationen, in denen wir keinen Handlungsspielraum (mehr) besitzen. Wir sind »ohnmächtig«, und in dieser unserer Ohnmacht bricht die Sinnfrage extrem heftig auf. Professor Frankl schilderte ein Beispiel in seinen Büchern: Eine Mutter verlor ihren kleinen Sohn durch einen Blinddarmdurchbruch und unternahm daraufhin einen Selbstmordversuch. Sie landete in der Poliklinik bei Professor Frankl. In der Therapie schrie sie ihm geradezu ins Gesicht: »Was hat der Tod meines Kindes für einen Sinn?«

Natürlich sieht niemand einen Sinn darin, dass ein Kind stirbt. Da darf man auch keinen Sinn hineindeuten. Aber ohne Sinn kommt es schnell zum nächsten Aufschrei, nämlich, wie Gott das furchtbare Ereignis hat zulassen können? Auch Professor Frankl wurde damit konfrontiert. Daraufhin fragte er die Mutter: »Kann ein Affe, der gestochen wird, etwa um ein wichtiges Serum gegen eine ansteckende Krankheit zu testen, begreifen, wozu er leiden muss?« Die Mutter verneinte. Professor Frankl fuhr fort: »Der Affe kann die Welt des Menschen nicht begreifen, und doch hat sein Schmerz (in dieser Welt des Menschen) einen Sinn. Nun, ist es nicht denkbar, dass darüber hinaus eine »Überwelt« existiert, die der Mensch wiederum nicht begreifen kann und in der das menschliche Leiden einen Sinn hat, der uns einfach nicht zugänglich ist, weil wir, wie der Affe von unserer Welt, nichts von dieser »Überwelt« verstehen? Wir können nicht ausschließen, dass dort, wo wir keinen Sinn sehen, kein »höherer Sinn« waltet. Es könnte auch bedeuten, dass unser Sehbereich dafür einfach nicht ausreicht.«

R. Sch.: In der Religionsgeschichte des jüdisch-christlichen Bereichs gab es wiederholt die Tendenz, im Unglücksfall zu sagen: »Also nimm dein Leiden auf dich, auch wenn du es nicht verstehst, das hat schon alles seine Ordnung, und akzeptiere die Umstände, unter denen du lebst.« Dann haben sich jedoch die Stimmen gemehrt, die sagten: »Nein, wir akzeptieren das Leiden nicht, wir wollen das Leben der Menschen verändern, wir wollen, dass sie ein besseres Leben haben!«, und so begannen Bewegungen wie die Befreiungstheologie, die meinte, es gehe nicht an, dass der Mensch hier auf Erden in seinem Leiden verhaftet bleibe und man ihm auch noch weismacht, das habe irgendwo oben im Himmel einen höheren Sinn.

E. L.: Jetzt rennen Sie aber bei mir und bei der Logotherapie offene Türen ein. Solange und sowie ein Leiden *änderbar* ist, etwa auch durch politische und soziale Projekte, würde Professor Frankl sagen: »Nichts wie ändern! Akzeptieren Sie niemals etwas Negatives, das Sie ändern können!« Er sprach sogar von der *Priorität* des schöpferischen Tuns und aller konkreten Maßnahmen, um einen Missstand abzuschaffen. Es ist überaus sinnvoll, Menschen Sorgen und Kummer zu ersparen, wo dies nur möglich ist, und es wäre völlig sinnwidrig, untätig, feige oder gleichgültig zuzuschauen.

Nur wissen Sie so gut wie ich, dass wir Menschen an die Grenzen des Machbaren stoßen. Professor Frankl fasste sie in der »tragischen Trias« zusammen: Leid, Schuld und Tod. Eine Schuld, die Sie begangen haben, können Sie nicht mehr aus der Welt schaffen. Sie können sie bereuen, Sie können versuchen, sie wieder gutzumachen, aber geschehen ist geschehen. Auch gibt es kein menschliches Leben ohne Leid, da können Sie noch so viel vorbeugen oder sich absichern. Und der Tod bleibt schon gar niemandem erspart. Diese »tragische Trias« gehört offenbar zum Schöpfungskonzept dazu. Und genau dann, wenn Sie an einer Tatsache nichts mehr ändern können, ist eines immer noch änderbar, nämlich die innere Einstellung dazu. *Dann* eine würdige Haltung angesichts des Unabänderlichen einzunehmen und nicht in Wut und Hass zu versinken, hat nach Professor Frankl die *Superiorität*. Ist es doch das Höchste, das ein Mensch sich selbst abverlangen kann, denn es erfordert mehr von ihm als die schöpferische Änderungskraft. Es verlangt ihm ab, Mensch zu bleiben, sogar noch in der Weißglut des Schmerzes, und nicht abzurutschen auf ein aggressives oder autoaggressives inhumanes Niveau.

R. Sch.: Jetzt bin ich in der glücklichen Lage, dass ich sozusagen eine Pionierin der Logotherapie vor mir sitzen habe. Sie sind selber seit Jahren Ausbilderin und haben Generationen von Logotherapeuten und Logotherapeutinnen geschult. Gehen wir in medias res, Frau Lukas: Es kommt jemand zu Ihnen und sagt: »Ich habe eine totale Sinnkrise, ich habe Depressionen, ich weiß nicht, warum ich morgens aufstehen soll, ich habe Aggressionsschübe, Schlaflosigkeit, Suizidgedanken ...«, was auch immer. Ich nehme an, Sie werden erst einmal zuhören. Sie müssen ja wissen, wer der Patient ist, der Ihnen gegenüber sitzt. Und was dann?

E. L.: Ich muss nicht nur zuhören, ich muss mir auch ein diagnostisches Bild machen, denn gerade bei den Depressionen gibt es verschiedene Formen. Es gibt solche, die organisch bedingt sind und, vereinfacht gesagt, durch einen Neurotransmitterflussmangel an den Synapsen der Nervenzellen verursacht werden. Es gibt auch Depressionen, die eine krankhafte Überreaktion auf einen Schicksalsschlag darstellen. Und schließlich gibt es Depressionen, die auf eine vermeintliche Sinnleere im Leben oder auf Sinnzweifel zurückgehen. Folglich muss ich mir ein klares diagnostisches Bild machen, ehe ich eine therapeutische Intervention in Gang setzen kann. Doch wenn ich zu dem Schluss kommen sollte, dass bei einem Patienten dasjenige vorliegt, was Professor Frankl mit dem Ausdruck »existenzielles Vakuum« bezeichnet hat, dass der Patient also gegenwärtig wie im Nebel auf der Stelle tritt, keine sinnvolle Aufgabe für sich erblickt und daran verzweifelt, dann werde ich mich gemeinsam mit ihm auf die Suche begeben; wir werden miteinander suchen, was das Seine ist.

Wir werden suchen in der Überzeugung, dass eine Sinnmöglichkeit auf ihn wartet, die bloß noch verhüllt ist und von der wir nur eines wissen: Sie passt exakt zu ihm und zu seinen Fähigkeiten, und sie wird früher oder später bei ihm »anklopfen«. Bis dahin ist es vielleicht der »Sinn des Augenblicks«, eine gewisse Durststrecke durchzuhalten im Vertrauen darauf, dass sich das Richtige weisen wird, und vor allem, sensibel zu bleiben für die Signale aus dem eigenen Innersten.

Auch kann man die Sinnsuche fördern, indem man die Ressourcen der Person betrachtet: die Talente, Erfahrungen und Begabungen, die eine Person hat. Sinn erfüllen kann sie ja hauptsächlich mittels ihrer Stärken, und jeder besitzt irgendwelche Stärken. Diese sollen fruchtbar werden. Somit habe ich schon einen »roten Faden«, dem ich entlangspüren kann: Was hätte diese Person der Welt zu geben? Ich lenke ihren Blick in die unmittelbare Mitwelt und Umwelt hinein: Wo wäre ein Bedarf, zu dessen Deckung es jemanden brauchen würde mit exakt den Fähigkeiten, die diese Person hat? Unsere Welt ist ja eine unvollkommene Welt, in der jeder Einzelne wichtig ist, um zu ihrer Vervollkommnung beizutragen. Willigt eine Person darin ein, diesem Auftrag zu folgen, ist beiden geholfen. Sie selbst sieht wieder Sinn in ihrem Leben und die Welt rings um sie profitiert von ihrem Engagement.

R. Sch.: Wir leben in einer Zeit, in der ein Mensch zunehmend nach seinem Markt- oder Arbeitswert beurteilt wird. Demzufolge haben viele Menschen Probleme, nicht weil sie nichts zu tun hätten, sondern weil sie auf Grund der wirtschaftlichen Situation und der politischen Systeme, in denen wir leben, immer mehr leisten müssen, um finanziell ihren Lebensstandard sichern zu können. Was würden Sie solchen Menschen raten? Man verliert doch völlig den Fokus im Leben, wenn man nur mehr wie ein Hamster im Rad vor sich hinrattert!

E. L.: Letztlich kommt es immer auf die Person selbst an: was sie mit sich machen lässt, wobei sie mitspielt, wozu sie ja oder nein sagt und wie sie ihren eigenen Wert einschätzt. Unser

Selbstwert hängt nicht davon ab, was andere von uns denken. Wir haben einen bedingungslosen Wert, der unverlierbar ist, und wir sollten uns dessen bewusst sein. Wir sind nicht nur das wert, was wir leisten; wir sind auch dann etwas wert, wenn wir nichts oder nur wenig leisten. Diesbezüglich ist eine Festigung der inneren Gewissheit angesagt.

Überdies ist es manchmal gut, ein bisschen zurückzustecken und dafür mehr »Luft« zu haben, das heißt, sich die Zeit geschickt einzuteilen. Zeit ist etwas Kostbares, ist eine nicht regenerierbare Ressource, weswegen man sorgsam prüfen muss, wofür man seine Zeit verwendet. Viele Menschen hocken heutzutage stundenlang vor dem Bildschirm und Computer und dabei wird schrecklich viel Zeit vergeudet. In der selben Zeit könnten sie einen schönen Spaziergang machen oder musizieren und singen oder Freundschaftskontakte pflegen. Nachher beschweren sie sich, dass sie zu nichts kommen. Meiner Erfahrung nach sollte man keine Pauschalurteile über unsere Gesellschaft fällen, sondern lieber ganz individuell mit denjenigen Menschen, die sich wie Hamster im Rad fühlen, überlegen, welche sinnvollen Möglichkeiten sie hätten, ihr Leben konstruktiv und zeitachtsam umzustrukturieren.

R. Sch.: Was ist wirklich sinnvoll? Kann man das nicht von Kultur zu Kultur, von Geschlecht zu Geschlecht, von Generation zu Generation sehr unterschiedlich betrachten? Was für den einen Menschen Sinn ergibt, muss doch für einen anderen noch lange keinen Sinn ergeben! Oder gibt es so etwas wie einen universellen Sinn, und wenn ja, wer definiert dann, wie dieser universelle Sinn aussieht?

E. L.: Ein allgemeiner Sinn? Auch dazu hat Professor Frankl ein hervorragendes Gleichnis verwendet. Er sagte: »Wenn Sie einen berühmten Schachexperten fragen würden, was der beste Schachzug sei, den es gibt – was würde er Ihnen wohl antworten? Er würde Ihnen sicherlich keinen Schachzug benennen, sondern vielmehr erklären, dass es stets darauf ankommt, wie die Figuren stehen und wie die jeweilige Partie aussieht. Aber: In der bestimmten Konstellation eines Schachspiels gibt es durchaus einen besten oder einen zweitbesten Schachzug. Je nachdem, wie die Figuren stehen, könnte er Ihnen schon sagen: › Jetzt schieben Sie diesen Bauern vor‹ und Ähnliches. Nur allgemein könnte er Ihnen nicht sagen, was der beste Schachzug sei.«

Analog lässt sich auch kein universeller Sinn im Leben definieren, sondern es kommt immer darauf an, wie die Gesamtlage einer einzigartigen Person gerade aussieht.

Es ist unsere logotherapeutische Überzeugung, dass es in jeder Lebenssituation, wie sie auch beschaffen sein mag und solange das Bewusstsein einer Person intakt ist, eine Möglichkeit für diese gibt, ihr Leben sinnvoll zu gestalten. Selbst wenn jemand sehr krank ist, ans Bett gefesselt ist, sehr alt ist, sehr schwach ist ... selbst dann hat er noch Sinnchancen. Und wenn sie nur darin bestehen, Vorbild für andere zu sein oder denjenigen, die ihn pflegen, die Pflege so leicht wie möglich zu machen; und wenn sie nur darin bestehen, einen klugen Gedanken zu denken, einem Schuldiger zu vergeben oder einen lieben Gruß zu verschicken. In jeder Lebenssituation gibt es für einen Menschen eine sinnvolle Möglichkeit. Und wenn er sie zupackend wahrnimmt, hat dies eine positive Rückwirkung auf ihn selbst. Er ist mit sich zufrieden, er ist im Gleichklang mit seinem Gewissen, er kann (trotzdem) *ja* zu sich und zu seinem Leben sagen.

R. Sch.: Fassen wir also zusammen: Es gibt diesen universellen Sinn nicht, niemand definiert einen solchen. Frankl hat einmal gesagt: Der Mensch ist vom Leben befragt und nicht der Fragesteller ans Leben. Der Mensch ist offenbar angefragt, seinen Sinn selbst zu finden.

Mittlerweile hat sich die Logotherapie in der »Psychoszene« etabliert. Es gibt auch in Deutschland und Österreich genügend Ausbildungsstätten für Logotherapeuten. In den USA ist sie ja schon lange anerkannt. Ist Frankls Vermächtnis aufgegangen, hat sein Leben Sinn gehabt, wenn wir jetzt anlässlich seines 100. Geburtstags zurückblicken?

E. L.: Na, das will ich doch hoffen! Die Logotherapie kann wirklich unzähligen Menschen, auch gesunden Menschen, Orientierung und Lebenshilfe bieten. Allein aus der logotherapeutischen Literatur und dem darin gezeichneten Menschenbild können sie viel für ihr Leben herausnehmen, sozusagen prophylaktisch, damit sie nicht allzu schnell in seelische Turbulenzen geraten. Das Vermächtnis von Professor Frankl wird zweifellos noch weit über seinen Tod hinaus an Bedeutung gewinnen. Ich persönlich glaube sogar, dass es »beschützt« ist. Aber das ist nur meine persönliche Meinung. Denn es war derart unwahrscheinlich, dass Professor Frankl das KZ Auschwitz überleben würde, und doch war es so – sein Werk sollte sich der Welt schenken dürfen!

Und wenn etwas beschützt ist, dann geht es nicht unter.

R. Sch.: Frau Lukas, ich danke Ihnen für dieses aufschlussreiche Gespräch.

Über die Autorin

Frau Dr. phil. habil. Elisabeth Lukas wurde 1942 in Wien geboren. In den Sechzigerjahren studierte sie Psychologie an der Wiener Universität, wo sie Viktor E. Frankl begegnete. Die Begegnung mit dem Begründer der Logotherapie wurde für sie wegweisend: schon als Dissertantin entwickelte sie auf der Basis seiner Thesen ein psychologisches Testverfahren (den »Logo-Test«), das später in vierzehn Sprachen übersetzt werden und in zahlreichen Forschungsarbeiten Verwendung finden sollte.

Nach ihrer Promotion zog sie mit ihrem Mann und ihrem Sohn nach Deutschland, wo sie im Frühjahr 1973 ihre Berufstätigkeit als Klinische Psychologin und Psychotherapeutin begann. Zuerst arbeitete sie dreizehn Jahre lang in Familien- und Lebensberatungsstellen (neun Jahre davon in leitender Position), danach übernahm sie die fachliche Leitung des »Süddeutschen Instituts für Logotherapie GmbH« in Fürstenfeldbruck bei München, eine von ihrem Mann und ihr 1986 gegründete gemeinnützige Wissenschafts- und Ausbildungsstätte mit psychotherapeutischer Ambulanz, in der die originäre Logotherapie nach Viktor E. Frankl gelehrt, angewandt und weiterentwickelt wird. 1995 adoptierte das Ehepaar Lukas eine junge Philippinin.

Seit den Achtzigerjahren wurde Elisabeth Lukas zusätzlich zu ihrem therapeutischen Wirken als Referentin, Dozentin und Autorin bekannt. Mehr als 50 Universitäten im In- und Ausland haben sie zu Gastvorlesungen eingeladen, darunter waren länger andauernde Lehraufträge an den Universitäten München, Innsbruck und Wien. 1991 erhielt sie die Ehrenmedaille der »Santa Clara University« in Kalifornien für »Outstanding Contributions in Counseling Psychology to the World Community«. 1995 wurde sie als Gutachterin und Supervisorin (BDP) anerkannt; 1999 bekam sie die Approbationsurkunde des Freistaates Bayern sowie ihre Anerkennung als Lehrtherapeutin; 2000 habilitierte sie sich an der

»Internationalen Akademie für Philosophie« im Fürstentum Liechtenstein; 2002 wurde ihr der Große Preis des »Viktor-Frankl-Fonds der Stadt Wien zur Förderung einer sinnorientierten humanistischen Psychotherapie« verliehen.

Ihre mehr als 30 Bücher sind in vierzehn Sprachen erschienen. Mit ihrer Unterrichts- und Öffentlichkeitsarbeit ist es Elisabeth Lukas gelungen, wesentliche Impulse zur Entstehung neuer Logotherapiezentren in den verschiedensten Ländern Europas und Übersees zu setzen und dadurch das großartige und hilfreiche Gedankengut Viktor E. Frankls verstärkt in der internationalen Fachwelt zu verankern. Im Frühjahr 2003 kehrten ihr Mann und sie in ihre österreichische Heimat zurück, wo sie noch als Hochschuldozentin beim österreichischen Ausbildungsinstitut für Logotherapie und Existenzanalyse ABILE tätig ist. Daneben erfüllt sie sich mit einem privaten Klavierstudium einen lang gehegten Lebenstraum.

Anschrift der Autorin:

Frau
Dr. Elisabeth Lukas
Iglseegasse 13
A-2380 Perchtoldsdorf
ÖSTERREICH

Das literarische Werk
von Elisabeth Lukas (Stand 2005):

1. »Auch dein Leben hat Sinn. Logotherapeutische Wege zur Gesundung«, Verlag Herder, Freiburg, 3 Auflagen 1980–1987, Neuausgabe, 4 Auflagen 1991–1997. Eine Ausgabe erschien in Brailleschem Blindendruck, erhältlich bei der Blindenschriftdruckerei in D-33098 Paderborn, Andreasstr. 20

2. »Auch deine Familie braucht Sinn. Logotherapeutische Hilfe in der Erziehung«, Verlag Herder, Freiburg, 2 Auflagen 1981–1988. Überarbeitete Neuausgabe unter dem Titel »Sinn in der Familie. Logotherapeutische Hilfen für das Zusammenleben«, ebd. 1995

3. »Auch dein Leiden hat Sinn. Logotherapeutischer Trost in der Krise«, Verlag Herder, Freiburg, 3 Auflagen 1981–1990, Neuausgabe, 3 Auflagen 1994–1998

4. »Von der Tiefen- zur Höhenpsychologie. Logotherapie in der Beratungspraxis«, Verlag Herder, Freiburg, 2 Auflagen 1983–1988. Mehrere Kapitel wurden auf Kassetten gesprochen, auszuleihen bei der Kath. Blindenbücherei in D-53117 Bonn, Graurheindorfer Str. 151 a. Gekürzte Neuausgabe unter dem Titel »Höhenpsychologie. Die andere Sicht vom Menschen«, 1992. Völlig überarbeitete Neuausgabe unter dem Titel »Heilungsgeschichten. Wie Logotherapie Menschen hilft«, ebd. 2 Auflagen 1998–2002

5. »Dare un senso alla vita. Logoterapia e vuoto esistenziale«, Cittadella editrice, Assisi/Italien, 2 Auflagen 1983–1986

6. »Tu vida tiene sentido. Logoterapia y salud mental«, General Tabanera, Ediciones S. M., Madrid/Spanien, 1983

7. »Tu familia necesita sentido. Aportaciones de la logoterapia«, General Tabanera, Ediciones S. M., Madrid/Spanien, 1983

8. »Je gezin, je houvast. Op weg naar nieuwe waarden via de logotherapia«, Uitgeverij Dekker & van de Vegt, Nijmegen/Niederlande, 1983

9. »Dare un senso alla sofferenza. Logoterapia e dolore umano«, Cittadella editrice, Assisi/Italien, 2 Auflagen 1983–1988

10. »Meaningful Living. A Logotherapy Guide to Health«, Grove Press Inc, New York/USA, 2 Auflagen 1984–1986

11. »Sinunkin elämälläsi on tarkoitus«, Kirjayhtymä, Helsinki/Finnland, 1984

12. »Psychologische Seelsorge. Logotherapie – die Wende zu einer menschenwürdigen Psychologie«, Verlag Herder, Freiburg, 2 Auflagen 1985–1988, ebd. Neuausgabe, 2 Auflagen 1993–1996. Völlig überarbeitete Neuausgabe unter dem Titel »Rendezvous mit dem Leben. Ermutigungen für die Zukunft«, Kösel-Verlag, München, 2 Auflagen 2000–2001. Abgedruckt im Blindenschrift-Verlag »Pauline von Mallinckrodt«, Andreasstraße 20, D-33098 Paderborn

12a. Dazugehörige CD: »Ermutigungen für die Zukunft« mit Musik von Michael Habecker, Kösel-Verlag, München, 2001

13. »Sinn-Zeilen. Logotherapeutische Weisheiten« mit Grafiken von Michael Eberle, Verlag Herder, Freiburg, 2 Auflagen 1985–1987, englische Sonderausgabe Berkeley/California/USA, 1989

14. »Elämän voimat«, Kirjayhtymä, Helsinki/Finnland, 1985

15. »I tvoja patnja smisla ima. Logoterapeutska utjeha u krizi«, Kršćanska sadašnjost, Zagreb/Serbien, 1985
»Von der Trotzmacht des Geistes. Menschenbild und Methoden der Logotherapie«, Verlag Herder, Freiburg, 1986, ebd. Neuausgabe 1993. Überarbeitete Neuausgabe unter dem Titel »Lehrbuch der Logotherapie. Menschenbild und Methoden«, Verlag Profil, München, 3 Auflagen 1998–2005

17. »Meaning in Suffering. Comfort in Crisis through Logotherapy«, Institute of Logotherapy Press, Berkeley/California/USA, 1986

18. »Logo-Test. Test zur Messung von innerer Sinnerfüllung und existenzieller Frustration«, Verlag Deuticke, Wien 1986

19. »Gesinnung und Gesundheit. Lebenskunst und Heilkunst in der Logotherapie«, Verlag Herder, Freiburg, 1987, Neuausgabe, 2 Auflagen 1993–1995

20. »Dare un senso alla famiglia. Logoterapia e pedagogia«, Edizioni paoline, Mailand/Italien, 1987

21. »L'immagine dell'uomo nella logoterapia«, Centro italiano di solidarietá, Rom/Italien, 1987
22. »Rat in ratloser Zeit. Anwendungs- und Grenzgebiete der Logotherapie«, Verlag Herder, Freiburg, 1988, Neuausgabe 1994
23. »Chajim mashma-utijim«, hebräische Ausgabe von »Meaningful Living. A Logotherapy Guide to Health«, Dvir Publishing House, Tel Aviv/Israel, 1988
24. »Psychologische Vorsorge. Krisenprävention und Innenweltschutz aus logotherapeutischer Sicht«, Verlag Herder, Freiburg, 1989
25. »Sinn-Bilder. Bibliotherapeutische Weisheiten« mit Holzschnitten von Otmar Wiesmeyr, Verlag Herder, Freiburg, 1989. Sammel-Neuausgabe der Bücher »Sinn-Zeilen« und »Sinn-Bilder« unter dem Titel »Worte können heilen. Meditative Gedanken aus der Logotherapie«, Verlag Quell, Stuttgart, 1998, übernommen vom Gütersloher Verlagshaus, Gütersloh, 2. Auflage 2003
26. »Logoterapia. A forca desafiadora do espirito. Methodos de Logoterapia«, Edicoes Loyola, Sao Paulo/Brasilien, 1989
27. »Geist und Sinn. Logotherapie – die dritte Wiener Schule der Psychotherapie«, Psychologie Verlags Union, München, 1990
28. »Mentalização e Saúde. A arte de viver e Logoterapia«, Vozes, Petrópolis/Brasilien, 2 Auflagen 1990–1994
29. »Die magische Frage ›Wozu?‹. Logotherapeutische Antworten auf existenzielle Fragen«, mit Beiträgen von Rita Malcomess und Franz Sedlak, Verlag Herder, Freiburg, 1991. Überarbeitete Neuausgabe unter dem Titel »Sehnsucht nach Sinn. Logotherapeutische Antworten auf existenzielle Fragen«, Verlag Profil, München, 3 Auflagen 1997–2004
30. »Prevenire le crisi. Un contributo della logoterapia«, Cittadella editrice, Assisi/Italien, 1991
31. »Spannendes Leben. In der Spannung zwischen Sein und Sollen – ein Logotherapiebuch«, Verlag Quintessenz, München, 2 Auflagen 1991–1993. 1996 von Psychologie Verlags Union, Weinheim/Bergstr. übernommen. TB-Ausgabe bei DTV, München, 1996. Im Verlag Profil, München, 3. Auflage 2003

32. »Assistência Logoterapêutica. Transicão para uma psicologia humanizada«, Vozes, Petrópolis/Brasilien, 1992
33. »Prevenção Psicologica. A prevenção de crises e a proteção do mundo interior do ponto de vista da Logoterapia«, Vozes, Petrópolis/Brasilien, 1992
34. »Geborgensein – worin? Logotherapeutische Leitlinien zur Rückgewinnung des Urvertrauens«, Verlag Herder, Freiburg, 2 Auflagen 1993–1994. Neuausgabe unter dem Titel »Urvertrauen gewinnen. Logotherapeutische Leitlinien zur Lebensbejahung«, 2 Auflagen 1997–1999, Teilneuausgabe unter dem Titel »Vom Sinn des Augenblicks. Facetten erfüllten Lebens«, Kösel-Verlag, München, 2002
35. »Dru ina in Smisel«, Mohorjeva Druzba, Celje/Slowenien, 1993
36. »Tudo tem seu Sentido. Reflexóes logoterapêuticas«, Vozes, Petrópolis/Brasilien, 1993
37. »Alles fügt sich und erfüllt sich. Die Sinnfrage im Alter«, Edition Johannes Kuhn, Verlag Quell, Stuttgart, 3 Auflagen 1994–1997, übernommen vom Gütersloher Verlagshaus, Gütersloh, 3 Auflagen 2000–2004. Das Buch wurde auf 3 Kassetten gesprochen; auszuleihen bei der »Deutschen Blinden-Hörbücherei (in der Deutschen Blindenstudienanstalt e. V.), Postfach 1160, D-35001 Marburg sowie Am Schlag 2 a, D-35037 Marburg
38. »Psychotherapie in Würde. Logotherapeutische Lebenshilfe nach Viktor E. Frankl«, Verlag Quintessenz, München, 1994. 1996 von Psychologie Verlags Union, Weinheim/Bergstr. übernommen. In der Verlagsgruppe Beltz 2. Auflage 2003
39. »Smiselnice. Logoterapevtske modrosti«, Mohorjeva Druzba, Celje/Slowenien, 1994
40. »Una vida fascinante. En la tensión entre ser y deber ser. Un libro de Logoterapia«, San Pablo, Colección Noesis, Buenos Aires/Argentinien, 1. Auflage und Nachdruck 1994–1998
41. »Auf den Spuren des Logos. Briefwechsel mit Viktor E. Frankl« (gemeinsam mit Joseph Fabry), Verlag Quintessenz, München, 1995
42. »Lebensbesinnung. Wie Logotherapie heilt«, Verlag Herder, Freiburg, 2 Auflagen 1995–1997, Sonderdruck daraus bei Quintessenz, München, 1995

43. »De la vida fugaz« (gemeinsam mit Claudio Garcia Pintos), Editorial Almagesto, Buenos Aires/Argentinien, 1995. Neuauflage bei Ediciones LAG, Colección Sentido, México, DF/Mexico, 2 Auflagen 2002–2004

44. »Mashmauth hasevel«, hebräische Ausgabe von »Meaning in Suffering. Comfort in Crisis through Logotherapy«, Verlag Modan, Tel Aviv/Israel, 1995

45. »Psicoterapia en dignidad. Apoyo para la vida con orientación hacia el sentido según Viktor Frankl«, San Pablo, Colección Noesis, Buenos Aires/Argentinien, 1995

46. »Podobe smisla. Biblioterapevtske modrosti«, Mohorjeva Druzba, Celje/Slowenien, 1995

47. »Wie Leben gelingen kann. 30 (31) Geschichten mit logotherapeutischer Heilkraft«, Verlag Quell, Stuttgart, 4 Auflagen 1996–2000, übernommen vom Gütersloher Verlagshaus, Gütersloh, Neuauflage 2000. Das Buch wurde für Blindenbüchereien auf Kassetten gesprochen; auszuleihen bei: Dr. Hans-Eugen Schulze, Albert-Braun-Straße 10 b, D-76189 Karlsruhe

48. »Tras las huellas del logos. Correspondencia con Viktor E. Frankl« (gemeinsam mit Joseph Fabry), San Pablo, Colección Noesis, Buenos Aires/Argentinien, 1996

49. »Weisheit als Medizin. Viktor E. Frankls Beitrag zur Psychotherapie«, Verlag Quell, Stuttgart, 1997, übernommen vom Gütersloher Verlagshaus, Gütersloh, 2. Auflage 2001

50. »Logotherapie ve vychove«, Portal, Prag/Tschechien, 1997

51. »Spirituelle Psychologie. Quellen sinnvollen Lebens«, Kösel-Verlag, München, 5 Auflagen 1998–2006

52. »Wertfülle und Lebensfreude. Logotherapie bei Depressionen und Sinnkrisen«, Verlag Profil, München, 2 Auflagen 1998–2003

53. »I tvoje utrpení má smysl. Logoterapeutická útêcha v krizi«, Cesta, Brünn/Tschechien, 1998

54. »In der Trauer lebt die Liebe weiter«, Kösel-Verlag, München, 4 Auflagen 1999 – 2005. Das Buch wurde von der Blindenbibliothek der Schweizerischen Caritasaktion der Blinden (CAB) auf Kassetten gesprochen; auszuleihen bei: CAB, Hinterdorfstraße 29, CH-8597 Landschlacht.

55. »Lebensstil und Wohlbefinden. Logotherapie bei psycho-

somatischen Störungen«, Verlag Profil, München, 2 Auflagen 1999–2003. Abgedruckt im Blindenschrift-Verlag »Pauline von Mallinckrodt«, Andreasstraße 20, D-33098 Paderborn.

56. »Konzentration und Stille. Logotherapie bei Tinnitus und chronischen Krankheiten. Nachwort von Helmut Schaaf«, Verlag Profil, München, 3 Auflagen 2000–2005

57. »Quand la vie retrouve un sens. Introduction à la logothérapie«, Pierre Téqui éditeur, Le Roc Saint-Michel, F-53150 Saint-Cénéré/Frankreich, 2 Auflagen 2000–2002

58. »Psicologia espiritual. Manantiales de vida plena de sentido«, San Pablo, Colección Noesis, Buenos Aires/Argentinien, 2 Auflagen 2000–2001

59. »También tu sufrimiento tiene sentido. Alivio en la crisis a través de la logoterapia«, Ediciones LAG, Colección Sentido, México, DF/Mexico, 2 Auflagen 2000–2002

60. »Elu mote. Logoteraapilised vastused eksistentsiaalsetele küsimustele«, Johannes Esto Ühing, Tartu/Estland, 2000

61. »Logotherapy Textbook. Meaning-centered Psychotherapy«, Liberty Press, Toronto/Kanada, 2000

62. »Auf den Stufen des Lebens. Meine bewegendsten Fallbeispiele aus der Seelenheilkunde nach Viktor E. Frankl«, Gütersloher Verlagshaus, Gütersloh, 2001

63. »Familienglück«. Verstehen – annehmen – lieben. Kösel-Verlag, München, 2001

64. »Verlust und Gewinn. Logotherapie bei Beziehungskrisen und Abschiedsschmerz«, Verlag Profil, München, 2002

65. »Paz vital, plenitud y placer de vivir. Los valores de la logoterapia«, Paidós, Barcelona/Spanien, 2001

66. »Duhovna psihologija. Izvori smislena zivota«, Karitativni fond UPT, U Pravi Trenutak 409, Dakovo/Kroatien, 2001

67. »En la tristeza pervive el amor«, Paidós, Barcelona/Spanien, 1. Auflage und Nachdruck 2002

68. »Freiheit und Identität. Logotherapie bei Suchtproblemen«, Verlag Profil, München, 2 Auflagen 2002–2005

69. »De ta souffrance même tu peux faire quelque chose«, Pierre Téqui éditeur, Le Roc Saint-Michel, F-53150 Saint-Cénéré/Frankreich, 2002

70. »Psicologia espiritual«, Paulus, Sao Paulo/Brasilien, 2002

71. »Tudi tvoje trpljenje ima smisel«, Mohorjeva Druzba, Celje/Slowenien, 2002
72. »Kleines 1x1 der Seelenheilkunde. Impulse zur Selbsthilfe«, Gütersloher Verlagshaus, Gütersloh, 2003
73. »También tu vida tiene sentido. Logoterapia y salud mental«, Ediciones LAG, Colección Sentido, México, DF/Mexico, 2003
74. »Für dich. Heilende Geschichten der Liebe«, Kösel-Verlag, München, 2003
75. »Logoterapia. La búsqueda de sentido«, Paidós, Barcelona/Spanien, 2003
76. »La felicidad en la familia. Comprender, aceptar, amar«, San Pablo, Colección Noesis, Buenos Aires/Argentinien, 2003
77. »Equilibrio y curación a través de la logoterapia«, Paidó, Barcelona/Spanien, 2004
78. »Chant du signe«, Pierre Téqui éditeur, Le Roc Saint-Michel, F-53150 Saint-Céneré/Frankreich, 2004
79. »La saggezza come medicina. Il contributo di Viktor E. Frankl alla psicoterapia«, Piero Gribaudi Editore srl, Via C. Baroni 190, I-20142 Mailand/Italien, 2004
80. »La logothérapie. Théorie et pratique«, Pierre Téqui éditeur, Le Roc Saint-Michel, F-53150 Saint-Céneré/Frankreich, 2004
81. »Viktor E. Frankl. Arzt und Philosoph«, Verlag Profil, München, 2005
82. »Libertad e identidad. Logoterapia y problemas de adicción«, Paidós, Barcelona/Spanien, 2005
83. »Der Seele Heimat ist der Sinn. Logotherapie in Gleichnissen von Viktor E. Frankl« mit Texten von Viktor E. Frankl, Kösel-Verlag, München, 2 Auflagen 2005
84. »Spirituális lélektan. Az értelmes elet forrasai«, A kiadványt támogatta a Nemzeti Kulturális Örökség Minisztériuma és a Nemzeti Kluturális Alapprogram, Ungarn, 2005
85. »Histórias que curam ... Porque dão sentido à vida«, Verus Editora, Campinas/SP/Brasilien, 2005

Kassetten mit Vorträgen von Elisabeth Lukas zu verschiedenen Themen sind erhältlich bei:

AUDITORIUM Netzwerk
Habspergstraße 9a
D-97379 Müllheim/Schwarzwald